教員採用試験対策

セサミノート

一般教養

穴埋め式だから狙われやすい語句やポイントがよくわかる。
関連知識を書き込んで自分だけの参考書ができる！
教員採用試験必携の合格ノート

東京アカデミー 編

東京アカデミー七賢出版

は じ め に

教員採用試験は，自治体ごとに実施され，その出題傾向は多種多様です。そのため，受験生にとっては対策を立てる上で大変困難を極めます。また，近年の試験では，人物試験を重視する傾向にあり，その対策にも多くの時間が必要となります。これらの状況を考えると，筆記試験においては，限られた時間の中でより的確かつ効率よく学習を進めていくことが求められます。

このオープンセサミシリーズは，全国に拠点をもつ東京アカデミーのネットワークを最大限に活かして過去の教員採用試験を徹底的に分析し，より効率よく，かつ合理的に，合格に必要な知識を身に付けることができるよう編集されたものです。

多くの受験生が見事合格を勝ちとり，晴れて教師としてご活躍されますよう，ご健闘を心からお祈り申し上げます。

本書が，受験生の皆さまの合格の一助となりましたら幸いです。

東京アカデミー編集部スタッフ一同

表示説明

重要度➡教員採用試験における出題頻度を示します。

A　非常に重要（出題頻度が非常に高い）

B　重要　　　（出題頻度が高い）

C　普通　　　（出題がある）

この本の構成や内容は，オープンセサミシリーズの参考書，問題集に準拠しています。参考書，セサミノートで知識の定着をはかり，問題集で実践力をつけることでより効果的な学習ができます。併用して利用されることをおすすめします。

一般教養

Contents

人文科学

社会科学

1 世界史

2 日本史

3 地理

4 政治

5 経済

6 国際関係

7 環境

自然科学

1 数学

2 物理

3 化学

4 生物

5 地学

6 コンピュータ・情報社会

解答解説

Open Sesame 人文科学

1 国語

●解答解説P228～P230

1 漢字　重要度A

ここが要点　高校までに学習した常用漢字が主な出題範囲である。読みは難読語を，書きは意味の違いを明確にした上で，同音異義語を特に押さえておこう。四字熟語は，読み・書きがまぎらわしいものに注意しよう。

1 漢字の読み

(1) 難読語

曖昧	あいまい	斡旋	あっせん	軋轢	[1]
安堵	あんど	迂回	うかい	怨念	おんねん
苛酷	かこく	葛藤	かっとう	危惧	きぐ
華奢	[2]	逆鱗	げきりん	解脱	げだつ
勤行	ごんぎょう	権化	ごんげ	混沌	こんとん
些細	ささい	弛緩	しかん	叱咤	しった
疾病	[3]	執拗	しつよう	洒落	[4]
所詮	しょせん	辛辣	しんらつ	推敲	すいこう
出納	すいとう	脆弱	ぜいじゃく	刹那	せつな
相殺	そうさい	堪能	たんのう	厨房	ちゅうぼう
重複	[5]	体裁	ていさい	伝播	でんぱ
匿名	とくめい	頓着	とんちゃく（とんじゃく）		
貪欲	どんよく	捺印	なついん	破綻	[6]
氾濫	はんらん	庇護	ひご	払拭	ふっしょく
不憫	ふびん	侮蔑	ぶべつ	呆然	[7]
補塡	ほてん	翻弄	ほんろう	無垢	むく
謀反（叛）	[8]	由緒	[9]	所以	ゆえん
拉致	らち	流罪	るざい	流布	るふ
賄賂	[10]				

(2) 熟字訓・あて字

小豆	[11]	海女	あま	息吹	いぶき
海原	うなばら	乳母	うば	蚊帳	[12]
桟敷	さじき	早苗	さなえ	芝生	しばふ
砂利	[13]	数珠	じゅず	白髪	しらが
素人	[14]	草履	ぞうり	太刀	たち
七夕	たなばた	稚児	ちご	築山	つきやま
梅雨	つゆ	投網	とあみ	読経	どきょう
仲人	なこうど	名残	[15]	野良	のら
祝詞	のりと	博士	はかせ	猛者	もさ
紅葉	もみじ	大和	やまと	浴衣	ゆかた
行方	ゆくえ	寄席	よせ	若人	わこうど

2 漢字の書き取り

(1) 重要漢字

- 空気がカンソウ[1]する。
- 害虫をクジョ[2]する。
- 交渉はケツレツ[3]した。
- ケンシン[4]的な看護をする。
- 映画をサツエイ[5]する。
- 計画をジッシ[6]する。
- 仕事のジャマ[7]をする。
- ショウコ[8]の品を見せる。
- シンギ[9]を確かめる。
- 客をセッタイ[10]する。
- ソウゴ[11]理解を深める。
- 隅々までソウジ[12]する。
- 社員をハケン[13]する。
- 実力をハッキ[14]する。
- ヨユウ[15]のある生活を送る。

(2) 同音異字（類似形字）

ジョ
- [16]行…ゆっくりと
- [17]外…のぞく

テツ
- [18]回…やめにする
- [19]底…つらぬきとおす

ヘイ
- [20]害…悪いこと
- 貨[21]…ぜに

ボウ
- 予[22]…ふせぐ
- [23]害…さまたげる

(3) 同訓異字

- 目録にオサ[24]める。
- 注文品をオサ[25]める。
- 領土をオサ[26]める。
- 学問をオサ[27]める。

- 話し声をキ[28]く。
- 演奏をキ[29]く。
- 薬がよくキ[30]く。
- 機転がキ[31]く。

- 食事をタ[32]つ。
- 縁をタ[33]つ。
- 布を細くタ[34]つ。
- 見通しがタ[35]つ。
- 校舎がタ[36]つ。

- 手にト[37]る。
- 社員をト[38]る。
- 指揮をト[39]る。
- 映像をト[40]る。
- 昆虫をト[41]る。

(4) 同音異義語

- 運賃をセイサン[42]する。
- 過去をセイサン[43]する。
- 勝利のセイサン[44]がある。

- 調査のタイショウ[45]となる。
- 左右タイショウ[46]。
- 本文とタイショウ[47]する。

- 責任をツイキュウ[48]する。
- 利益をツイキュウ[49]する。
- 真理をツイキュウ[50]する。

- 災害のホショウ[51]をする。
- 安全をホショウ[52]する。
- 品質をホショウ[53]する。

3 反対語

普通――[1]	[2]――理性	勤勉――[3]
故意――[4]	自然――[5]	創造――[6]

4 四字熟語

・[1]同音	イクドウオン	人々の意見が一致すること。
・意味[2]	イミシンチョウ	言葉の底に深い意味が含まれている。
・言語[3]	ゴンゴドウダン	言葉では説明できないこと。もっての外。
・衆人[4]	シュウジンカンシ	大勢の人が周囲を取りかこんで見ていること。
・針[5]棒[5]	シンショウボウダイ	小さいことを大げさに言うこと。
・[6]絶命	ゼッタイゼツメイ	のがれようのない危険な状態。
・[7]載[7]遇	センザイイチグウ	千年に一度しか会えないほどの好機会。
・[8]直入	タントウチョクニュウ	前置きなしにいきなり本論に入ること。
・天衣無縫	[9]	詩歌などで技巧のあとがなく，しかも美しいこと。
・付[10]雷[10]	フワライドウ	信念もなく他の説にすぐ賛同すること。
・[11]骨[11]身	フンコツサイシン	力の限り努力すること。
・傍若無人	[12]	人前をはばからず，勝手気ままにふるまうこと。

過去問に挑戦！

1 次の漢字の読み方が誤っているものをすべてあげよ。

1．便乗（びんじょう）　2．境内（けいだい）　3．発願（はつがん）
4．流布（るふ）　5．久遠（きゅうえん）　6．成就（せいじゅ）
7．風情（ふぜい）　8．夭逝（ようせつ）

（秋田県　改題）

2 次のア～カの下線部の語の中で，正しい漢字が使われている文の組み合わせとして適切なものは，下の1～5のうちどれか。

ア．「まさか…と言いたいところだが，」と意味慎重な口調で語った。
イ．参加者たちは，異句同音にほめ言葉をおくった。
ウ．いつでも卒先して困難な課題に立ち向かう姿に尊敬の念を抱く。
エ．最近のあなたの専横な振る舞いは，まったく言語道断だ。
オ．あの人の専門家としての力量と人柄を，私が保障しよう。
カ．今回の件について，この場で，はっきりと意思表示をする必要がある。

1．ア・ウ・オ
2．ア・オ・カ
3．イ・ウ
4．イ・エ
5．エ・カ

（東京都　改題）

2 ことば 重要度A

ここが要点　ことわざは，その意味だけでなく，類似や反対の意味をもつものも押さえておこう。

1 ことわざ・慣用句・故事成語

(1) ことわざ

・あとは野となれ山となれ	自分が去ったら，あとはどうなってもかまわない。 (類)旅の恥はかき捨て (対)立つ[1]跡を濁さず
・虻蜂捕らず	二つを同時に得ようとして，両方とも取り逃がす。 (類)二兎を追う者は一兎をも得ず
・石橋を叩いて渡る	念には念を入れて確かめる。 (対)危ない橋を渡る
・[2]の不養生	他人には立派なことを言いながら，自分は実行しない。 (類)紺屋の白袴
・[3]の子は[3]	子は親に似る。凡人の子は凡人である。 (類)瓜の蔓に茄子はならぬ (対)鳶が鷹を生む
・弘法にも筆の誤り	どんなに優れた人でも時には間違いをおかすことがある。 (類)河童の川流れ　[4]も木から落ちる
・蛇の道は蛇	同じ仲間のすることは，その道の者にはすぐわかる。
・[5]にかすがい	手ごたえや効き目がない。 (類)のれんに腕押し　糠に釘
・泣き面に[6]	悪いことの上にさらに悪いことが起こる。 (類)弱り目にたたり目
・情けは人のためならず	人に情けをかけておけば，それがめぐりめぐって自分によい報いがある。
・[7]に小判	価値がわからない人に貴重なものを与えても無駄である。 (類)豚に真珠
・寝耳に[8]	不意の出来事にびっくりする。 (類)藪から棒　青天の霹靂
・仏作って[9]入れず	ほぼできあがっているが，最も肝心な点が欠けている。 (類)画竜点睛を欠く
・待てば海路の日和あり	ゆっくり待っていれば，やがて好機がおとずれる。 (類)果報は寝て待て
・餅は餅屋	世の中のいろいろなことは，その道の専門家にまかせるのが一番確実だ。
・焼け石に[10]	少しばかりの援助や労力では効果がない。
・渡る世間に鬼はない	世の中には薄情な人ばかりではなく，人情に厚い人も必ずいる。 (対)人を見たら泥棒と思え

(2) 慣用句

・気が置けない	気をつかう必要がなく，気楽につきあえる。
・釘をさす	前もって念押しして注意する。
・さじを投げる	これ以上手だてがないとあきらめる。
・雀の [11]	ごくわずか。
・虎の子	大切にして手放さない金や宝物。
・流れに棹さす	物事が順調に進む。
・錦を飾る	立派な仕事をして故郷に帰る。
・根も [12] もない	何の証拠・根拠もない。
・ふるいにかける	多くのものの中から選び分ける。
・ [13] の居所が悪い	いつもより不機嫌でおこりっぽい。

(3) 故事成語

・ [14] は藍より出でて 藍より [14] し	弟子が努力して，先生よりも優れること。
・温故知新	古い事柄や学説などを研究して，そこから新しい知識や現代的意義を見出すこと。
・株を守りて兎を待つ（株を守る，守株）	古い慣習にこだわって，臨機応変の処置や態度がとれないこと。
・ [15] に縁りて魚を求む	手段や方法が誤っているために，目的が達せられない。
・杞憂	無用の心配。取り越し苦労。
・漁父の利	二者が争っているすきに第三者が利益を横取りする。
・鶏口となるも 牛後となるなかれ	大きな組織の末端にいるより，小さな組織でも長になるほうが良いということ。
・巧言令色	言葉を飾り，人にこびへつらうこと。
・呉越同舟	仲の悪い者同士が同じ所にいること。
・虎穴に入らずんば 虎子を得ず	危険をおかさなければ，大事は成しえない。
・五十歩百歩	似たりよったりで大差がない。
・塞翁が [16]	人生の禍福や吉凶は予測しがたい。
・推敲	詩や文章の字句や内容を何度も練り直すこと。
・他山の [17]	他人のとるに足りない言動でも自分の向上の助けとなる。
・蛇足	無駄な行為。余計なつけたし。
・白眉	多くの同類の中で最も優れているもの。

2 敬語

(1) 敬語の識別

次の下線部を正しい言葉に直せ。

① 皇太子殿下はオランダをご訪問しました。 [1]

② 先生がそちらに参ります。 [2]

③ 私の母がおっしゃったことは本当です。 [3]

④ 明日拙宅までおうかがいいただきたい。 [4]

3 文法

(1) 品詞の分類

- 単語
  - 自立語
    - 活用する ― 述語になる
      - 動作・状態を表す 終止形ウ段 …………［ 1 ］
      - 性質・状態を表す 終止形「い」 …………［ 2 ］
      - 性質・状態を表す 終止形「だ」 …………［ 3 ］
    - 活用しない
      - 主語になる
        - ものの名を表す…………名詞
        - 名前の代わりに事物を指し示す…………［ 4 ］
      - 主語にならない
        - 修飾語になる
          - 体言を修飾する…………連体詞
          - 主に用言を修飾する…［ 5 ］
        - 修飾語にならない
          - 接続語になる…………［ 6 ］
          - 独立語になる…………感動詞
  - 付属語
    - 活用する…………［ 7 ］
    - 活用しない…………助詞

(2) まぎらわしい語の識別

▶次の文の傍線部「ない」と同じ用法のものを選べ。…［ 8 ］

今日は，クラブ活動を休んだ人は一人もいない。

① わたしの弟はまだおさない。
② 今は遊んでいる時間がない。
③ 今日は曇っていて富士山が見えない。
④ 貯金が少ない。

▶次の文の傍線部「だ」と同じ用法のものを選べ。…［ 9 ］

桜の花はきれいだ。

① 今日は雨が降りそうだ。
② 彼は病気だ。
③ 教室はとても静かだ。
④ 彼は高校の教師だ。

▶次の文の傍線部「そうだ」と同じ用法のものを選べ。…［ 10 ］

雨が降りそうだから，傘を持って出かけた。

① 明日は雨が降るそうだ。
② お風呂の水があふれそうだ。
③ 昨日手紙の返事がきたそうだ。
④ 病気の友達がかわいそうだ。

4 国語常識

(1) 年齢を表す言葉

[1]	じゃっかん	20才
而立	[2]	30才
[3]	ふわく	40才
[4]	ちめい	50才
耳順	じじゅん	[5] 才
[6]	かんれき	60才(数え年61才の祝い)
古稀	[7]	70才(杜甫の詩による)
喜寿	きじゅ	[8] 才
傘寿	[9]	80才
[10]	べいじゅ	88才
卒寿	そつじゅ	[11] 才
[12]	はくじゅ	99才

(2) 手紙の書き方

書き出しと結び	書き出し	結び
一般的には	[13] 謹啓	[14] 敬白
改まったときには	謹啓 敬呈	敬白 [15]
急ぎの場合には	急啓 急呈	以上 [16]
前文を略す場合には	[17] 冠省	[16] 不備

過去問に挑戦!

1 次の①～⑤の意味を表す慣用句として正しいのはA, Bのどちらか。

① 悪いこともしていないのに疑いをかけられる。
[A. 痛くもない腹を触られる　B. 痛くもない腹を探られる]

② 実力があって堂々としている。
[A. 押しも押されぬ　B. 押しも押されもせぬ]

③ 頼み事や相談をしたくても, 相手の態度が冷ややかで, 言い出すきっかけも見出せない。
[A. 取りつく暇がない　B. 取りつく島がない]

④ 肝心な点を確実にとらえる。
[A. 的を射る　B. 的を得る]

⑤ 驚きのあまり, 次に言うことばが出てこない。
[A. 二の句が継げない　B. 二の句も告げない]

(東京都　改題)

2 次のことわざの組み合わせで, 類似の意味をもつものを選べ。

ア. あとは野となれ山となれ——立つ鳥跡を濁さず
イ. 君子危うきに近寄らず——虎穴に入らずんば虎子を得ず
ウ. 瓜の蔓に茄子はならぬ——鳶が鷹を生む
エ. 忠言耳に逆らう——良薬口に苦し
オ. 蒔かぬ種は生えぬ——果報は寝て待て

(神奈川県　改題)

3 次の下線部を正しい敬語表現に直せ。

はい。○○学校です。失礼ですが, ①<u>誰ですか</u>。ああ, PTA会長の鈴木さんですか。いつもお世話になっています。②<u>校長先生ですか</u>。今 ③<u>おでかけになっていらっしゃいます</u>。④<u>用件は何ですか</u>。わかりました。そのように, ⑤<u>言っておきます</u>。

(茨城県　改題)

3 読解・鑑賞

重要度 A

ここが要点　読解力は簡単に身につくものではないので，日頃から文章を読む練習をする必要がある。古文・漢文については，基本的な知識を正確に身につけよう。また，和歌・俳句については，技法や季語，代表的な作者とその作品や作風を押さえておこう。

1 現代文

〈例題〉

たとえば価値観が一変した，というのなら，むかしのそれはどうだったかが，まず明らかにされねばならない。なぜそんな価値が生まれたか，その経緯もつきとめられねばなるまい。いまはむかしとは違う，という主張がなされるのは，そのあとでなくてはならない。

[　A　]，ともするとこの前提がいとも簡単に無視されてしまう。[　I　]のことなどはじめから知ろうともされず，古いものはまるでスクラップのように十ぱ一からげにして否定されがちだ。

人間とはいままで，先人の残した文芸，思想，生活倫理などを踏まえ，それをたたき台として，より[　Ⅱ　]を生み出してきた。前代を超克するという意味では，いついかなる時代にも世代の断絶はあった，といえる。[　B　]，その断絶とはあくまで，[　Ⅲ　]をふまえた上での異議申し立てであった。

だがどうやら，ここへきて様子はいささか違ってきた。現代の[　　　]とは，過去の文化を継承することを拒否する，という意味までをふくんでいるようだ。[　Ⅳ　]を表現することに全精力が注がれ，過去何千年の歴史の中で，人間がなにを考え，どう生きてきたかをふり返る，といった作業はあっさりと敬遠される。

驚くほどに古典を知らぬ若者が少なくないのも，この風潮のあらわれと思えてならない。わずか二，三世紀前の文芸にさえ，敵意にも似たアレルギーを持つものがまれではない。なにが書かれているのか，はじめからのぞいてみようともしない。週刊マンガ誌をかかえることより，ポケットに文庫本を入れることに強い抵抗感があるようだ。

（若者文化の落とし穴）

【問】

① 空欄A・Bにあてはまる接続詞を選べ。

a．ところが　b．したがって　c．すると　d．もし
e．だが　A [1]　B [2]

② 空欄Ⅰ～Ⅳにあてはまる適切な言葉を選べ。

a．新しい文化　b．過ぎ去った時代　c．現在の感情
d．前代の遺産　Ⅰ [3]　Ⅱ [4]　Ⅲ [5]　Ⅳ [6]

③ [　　　]にあてはまる言葉を文中から二字で抜き出せ。 [7]

2 古文

(1) **重要単語…次の文の口語訳を完成させよ。**

① 言ひ返すべうもあらずあさまし。：返答もできないほど [1]。

② 筆にも書きとめぬればやがて定まりぬ。
：書き留めてしまうと [2] 事実となってしまう。

③ 青葉の梢はなほあはれなり。：青葉の梢もやはり [3]。

④ 冬はつとめて。：冬は [4]（が情趣深い）。

⑤ 雨など降るもいとをかし。：雨などが降るのも [5]。

⑥ こころもとなき日数重なるままに
：[6] 日数が過ぎていくうち

⑦ 呼ばれていらへむと，ねんじて寝たるほど
：呼ばれてから返答しようと [7] 寝ているうちに

⑧ ののしるうちに夜ふけぬ。：[8] うちに夜がふけてしまった。

⑨ 憶良らは今はまからむ。：私，憶良はもう [9]。

⑩　中納言まゐりたまひて，御扇奉らせたまふ。
：中納言が［10］，扇を差し上げなさる。

⑪　つゆおとなふものなし。：［11］訪れる人もいない。

⑫　返す返すすさまじといふはおろかなり。
：何度も何度も［12］と言っても不満足である。

(2)　**係り結びの法則・敬語**

①　係り結びの法則では，文末に「ぞ・なむ・や・か」がくると［13］形，「こそ」がくると［14］形になる。以下の例文の下線部を適切な形にせよ。

例　山のかげにぞありけり　［15］
　　恋こそまさり　［16］

②　「のたまふ」のように直接相手の行為を敬う語を［17］語，「参る」のように自分がへりくだって相手に敬意を表す語を［18］語という。

(3)　**古典常識**

①　1月は睦月，3月は［19］，7月を［20］という。
また長月は［21］を指す。

②　方位と時刻は［22］を用いて表した。
午前0時ごろは［23］の刻という。

3　漢文・漢詩

(1)　漢字の左下につけ，読む順序を示すものを［1］という。［1］には［2］点，一・二点，上・下点などがある。また，一・二点と上・下点では［3］を先に読む。

〈例題〉　書き下し文にしてみよう。

①　返り点
1. 光陰如《シ》レ矢《ノ》。　（光陰矢の如し。）
2. 衣《テ》レ錦《ヲ》帰《ル》二故郷《ニ》一。　（［4］）
3. 勿《カレ》下以《ツテ》二悪《ノ》小《ナルヲ》一為《スコト》上之《ヲ》。　（［5］）

②　再読文字
1. 人未《ダ》レ還《ヘラ》。　（人未だ還へらず。）
2. 将《ニ》レ送《ラント》レ君《ヲ》。　（［6］）

③　使役と受身
1. 天帝使《ム》三我《ヲシテ》長《タラ》二百獣《ニ》一。　（［7］）
2. 信《ニシテ》而見《れ》レ疑《ハ》、忠《ニシテ》而被《る》レ謗《そしラ》。　（信にして疑はれ、忠にして謗らる。）

④　疑問と反語〈疑問と反語に共通な形〉
1. 疑問なら文末は、［8］＋（ヤ・カ）
2. 反語なら文末は、［9］＋ン（ンヤ）

(2)　漢詩は唐代以前に確立されたものを古体詩，唐代以降に確立されたものを［10］という。［10］の形式には［11］と律詩がある。［11］のうち，一句が5字から成るものを［12］，7字から成るものを［13］という。

4 俳句・和歌

(1) 古典俳諧・現代俳句

作者	俳句	季語・季節
[1]	五月雨をあつめて早し最上川	[2]・夏
	草の戸も住み替る代ぞ雛の家	[3]・春
	名月や池をめぐりて夜もすがら	[4]・秋
	野ざらしを心に風のしむ身かな	風のしむ身・[5]
[6]	菜の花や月は東に日は西に	菜の花・[7]
	牡丹散りて打ちかさなりぬ二三片	牡丹・[8]
	鳥羽殿へ五六騎いそぐ野分かな	[9]・秋
[10]	我と来て遊べや親のない雀	[11]・春
	痩蛙まけるな一茶これにあり	[12]・春
	やれ打つな蠅が手を揩り足をする	蠅・[13]
千代女	朝顔につるべとられてもらひ水	朝顔・[14]
[15]	雪残る頂一つ国境	[16]・春
	糸瓜咲いて痰のつまりし仏かな	糸瓜・[17]
	柿くへば鐘が鳴るなり法隆寺	[18]・秋
高浜虚子	桐一葉日当りながら落ちにけり	桐一葉・[19]
	遠山に日の当りたる枯野かな	枯野・[20]
飯田蛇笏	いわし雲大いなる瀬をさかのぼる	いわし雲・[21]
河東碧梧桐	赤い椿白い椿と落ちにけり	椿・[22]

(2) 和歌

和歌	作者
① [23]垂水の上のさわらびの萌えいづる春になりにけるかも	志貴皇子
② [24]紫野行き標野行き野守は見ずや君が袖振る	[25]
③ 熟田津に船乗りせむと月待てば潮もかなひぬ今は漕ぎ出でな	
④ 東の野に炎の立つ見えてかへり見すれば[26]	[28]
⑤ [27]山鳥の尾のしだり尾のながながし夜をひとりかも寝む	
⑥ [29]ゆうち出でて見れば真白にぞ富士の高嶺に雪は降りける	山部赤人
⑦ 花の色は移りにけりないたづらに我が身世にふるながめせしまに	[30]
⑧ 秋来ぬと目にはさやかに見えねども[31]にぞおどろかれぬる	藤原敏行
⑨ さびしさはその色としもなかりけりまき立つ山の[32]	[33]
⑩ 心なき身にもあはれは知られけり鴫立つ沢の[32]	[34]
⑪ 見渡せば花も紅葉もなかりけり浦の苫屋の[32]	[35]

※上記の①～⑥は[36]，⑦～⑧は[37]，⑨～⑪は[38]に収められている。とくに⑨～⑪は情趣深い[32]について歌ったことから，[39]とよばれている。

(3)　短歌

作者	短歌
[40]	[41]二尺伸びたる薔薇の芽の針やはらかに春雨の降る
[42]	海恋し潮の遠鳴りかぞへては少女となりし父母の家
	清水へ祇園をよぎる桜月夜こよひ逢ふ人みな[43]
[44]	不来方のお城の草に寝ころびて空に吸はれし十五の心
北原白秋	草わかば色鉛筆の赤き粉の散るがいとしく寝て削るなり
[45]	[46]母の命を一目見ん一目見んとぞただにいそげる
	のど赤き玄鳥ふたつ屋梁にゐて足乳根の母は死にたまふなり

過去問に挑戦！

1　「季節のうつりかわりにもかかわらず存在するもののすさまじさ，秋の深まりゆく様子を表している」という鑑賞文に当てはまる俳句を選べ。

(ア)　ほろほろと山吹散るか滝の音
(イ)　くろがねの秋の風鈴鳴りにけり
(ウ)　ゆうぜんとして山を見る蛙かな
(エ)　啄木鳥や落葉をいそぐ牧の木々

（香川県　改題）

2　六歌仙のうち，空欄になっている１名を補充せよ。
喜撰法師，大伴黒主，文屋康秀，僧正遍昭，在原業平，（　　　）

（佐賀県　改題）

3　次の５つの短歌の中で，与謝野晶子の作品はどれか。

①　くれなゐの二尺伸びたる薔薇の芽の針やはらかに春雨の降る
②　その子二十櫛にながるる黒髪のおごりの春のうつくしきかな
③　春の鳥な鳴きそ鳴きそあかあかと外の面の草に日の入る夕
④　のど赤き玄鳥ふたつ屋梁にゐて足乳根の母は死にたまふなり
⑤　やはらかに柳あをめる北上の岸辺目に見ゆ泣けとごとくに

（熊本県　改題）

4 文学史

重要度B

ここが要点

日本文学史は出題頻度が高い分野である。各時代の主要な作品とその特徴，主要な作者を押さえておこう。特に近・現代の主要な作者の主義（派）・代表作品に注意しよう。また，作品の冒頭部分やあらすじから，作品名や作者名を問う問題が見られるので，主要な作品に目を通しておこう。

1 日本文学

(1) 和歌集

① 勅撰和歌集（八代集）

[1]	紀貫之らの撰	理知的で繊細。
後撰和歌集	梨壺の五人の撰	明るく，笑いと遊びの精神が強く，心思うままを歌いあげる。
拾遺和歌集	花山院撰（一説に藤原公任）	洗練された趣。
後拾遺和歌集	藤原通俊撰	散文的，叙情的。
金葉和歌集	源俊頼撰	叙景歌に優れ，革新的。
詞花和歌集	藤原顕輔撰	保守と革新の調和。
[2]	藤原俊成撰	幽玄体を基調とした静寂な歌風。
[3]	藤原定家らの撰	絵画的・音楽的・象徴的・物語的な美の世界。

・古今，後撰，拾遺を「[4]」と呼ぶ。

② 三大歌集

万葉集（760年頃成立）	「[5]」（男性的）。素朴・雄大で簡明。五七調（二句・四句切れ）。
古今和歌集（905年頃成立）	「[6]」（女性的）。優雅・繊細。七五調（三句切れ）。
新古今和歌集（1205年成立）	幽玄・有心体。夢幻的。本歌取り。七五調（初句・三句切れ）。

(2) 平安時代

作品名	作者	特徴
[7]	不明	【作り物語】「竹取の翁の物語」として有名。
土佐日記	[8]	【日記】我が国初の男性によるかな日記。
[9]	不明	【歌物語】在原業平と思われる男の一代記。
[10]	藤原道綱母	【日記】我が国初の女流文学日記。
枕草子	[11]	【随筆】一条天皇の中宮定子に仕えた作者が宮中での見聞等を綴る。「[12]」の文学。
[13]	紫式部	【物語】[14]帖で構成。光源氏を中心に貴族社会の女性との愛の遍歴を描いた物語。「[15]」の文学。
栄華（花）物語	不明	【[16]】藤原道長の栄華を描く。編年体。
[17]	菅原孝標女	【日記】少女期から老境にいたるまでの夢と憧れを回想的・浪漫的に綴った日記。
[18]	不明	【説話集】すべて「今は昔」という書き出し。芥川龍之介の『羅生門』『鼻』の素材となった。

[19]	不明	【歴史物語】『今鏡』『水鏡』『増鏡』と合わせて四鏡という。

(3) **鎌倉・室町時代**

作品名	作者	特徴
[20]	鴨長明	【随筆】仏教的無常観。和漢混交文。
[21]	不明	【軍記物語】平家一家の栄枯盛衰の物語。琵琶法師により，「[22]」として語られる。
[23]	不明	【説話集】「今は昔」「昔」で始まる書き出し。当時の人々の生活や人間性を描く。
[24]	兼好法師（吉田兼好）	【随筆】243段。当時の世相に対する意見や主張，人生観，無常観などが表現されている。
風姿花伝	[25]	【能芸論書】『花伝書』とも呼ぶ。我が国最古の演劇論書。「花」を美的理論とする。

(4) **江戸時代の文学**

① 俳諧：三大俳人

作者	特徴・代表作品
[26]	「不易流行」「さび」の精神を根底に置いている。 『[27]』『笈の小文』『野ざらし紀行』
[28]	客観的描写を基調とし，浪漫的・絵画的な作風。『新花摘』
[29]	生活感と人間味にあふれ，個性的・庶民的な作風。『おらが春』

② 国学

作者	特徴・代表作品
[30]	『万葉考』：「ますらをぶり」を主張。
本居宣長	『[31]』：国学を完成。日本古来の考えに基づき，古典を解明。 『[32]』：源氏物語の本質を「もののあはれ」とした。

③ 小説

作者	特徴・代表作品
[33]	【浮世草子】好色物：『好色一代男』『好色五人女』　武家物：『武道伝来記』　町人物：『日本永代蔵』『世間胸算用』
上田秋成	【読本】『[34]』
滝沢馬琴	【読本】『[35]』『椿説弓張月』
[36]	【滑稽本】『東海道中膝栗毛』

④ 浄瑠璃

作者	特徴・代表作品
[37]	時代物（義の精神を主張）と世話物（町人の現実生活に題材を求める）などの作品を中心に，義理と人情の絡み合いを描く。 時代物：『出世景清』『国性爺合戦』　世話物：『曾根崎心中』

(5) **明治・大正・昭和時代**

作者	作品	特徴
坪内逍遙	『[38]』	【写実主義】これまでの勧善懲悪主義を排し，写実主義を主張。
[39]	『浮雲』	【写実主義】我が国初の言文一致体。またロシア文学の翻訳『あひびき』が有名。

40	『金色夜叉』	【擬古典主義】財力が権力をふるう時代背景を描写。硯友社を結成。
41	『風流仏』『五重塔』	【擬古典主義】伝統的な精神や恋の美しさを描写。
泉鏡花	『 42 』	【浪漫主義】修行僧の神秘と怪異に満ちた小説。
43	『たけくらべ』	【浪漫主義】吉原竜泉寺町を舞台に少年少女の淡い恋を描いた作品。他の作品は『大つごもり』『にごりえ』など。
国木田独歩	『 44 』	【浪漫主義】詩的散文の短編小説。武蔵野の面影を残す近郊の風物を新鮮な感覚で描写。
45	『夜明け前』	【自然主義】主人公の悲劇的な生涯を軸に明治維新前後の時代の苦悩を描く歴史小説。
46	『蒲団』『田舎教師』	【自然主義】自己の体験を小説化。私小説の流れを形成。

▶反自然主義

作者	作品・特徴
森鷗外	【 47 派】『雁』：薄幸な女性の自我の目覚めと挫折を描いた作品。『阿部一族』『山椒大夫』『高瀬舟』（すべて歴史小説）
48	【 47 派】『吾輩は猫である』：人間を猫の目から風刺的に描いた小説。『草枕』『こころ』など。
49	【耽美派】『 50 』：大阪の富裕商家の四人姉妹の生き方を描いた小説。『春琴抄』『刺青』『痴人の愛』（すべて小説）
51	【白樺派】『お目出たき人』『友情』『幸福者』『或る男』（小説）
52	【白樺派】小説の神様。『暗夜行路』『小僧の神様』（小説）
53	【白樺派】『カインの末裔』『生まれ出づる悩み』（小説）
54	【新思潮派】初期は古典作品の主人公の心理を理知的に解釈。後に自伝的小説が増加。『鼻』『羅生門』『河童』
55	【新思潮派】『恩讐の彼方に』（小説）『父帰る』（戯曲）

▶昭和時代の文学

作者	作品・特徴
56	【プロレタリア文学】『蟹工船』
57	【新感覚派】日本初のノーベル文学賞受賞者。感覚的でイメージや象徴を重視する作風。『伊豆の踊子』『古都』『雪国』
58	【新興芸術派】『黒い雨』『山椒魚』『屋根の上のサワン』
59	【無頼派】『斜陽』『人間失格』『走れメロス』『富嶽百景』『津軽』
60	『潮騒』『仮面の告白』『金閣寺』
61	『海と毒薬』『沈黙』
62	ノーベル文学賞受賞者。『 63 』（芥川賞受賞）
64	『太陽の季節』（芥川賞受賞）
65	『限りなく透明に近いブルー』（芥川賞受賞）

▶詩

時代	ジャンル	作者	作品
明治時代	浪漫詩	45	『若菜集』『落梅集』
	象徴詩	上田敏	『海潮音』（訳詩集）
		66	『邪宗門』
大正時代	口語詩	室生犀星	『愛の詩集』『抒情小曲集』
		67	『道程』『智恵子抄』

大正時代	口語詩	68	『月に吠える』『青猫』
昭和時代	四季	中原中也	『山羊の歌』
	歴程	草野心平	『蛙』

▶短歌

作者	作品
与謝野晶子	『みだれ髪』
69	『赤光』『あらたま』
石川啄木	『一握の砂』『悲しき玩具』
66	『桐の花』
70	『歌よみに与ふる書』（歌論）

2 文学作品の冒頭

作品	作者名	冒頭文
1	紀貫之	男もすなる日記といふものを，女もしてみむとてするなり。
2	清少納言	春はあけぼの。やうやう白くなりゆく，山ぎはすこしあかりて，紫だちたる雲のほそくたなびきたる。
3	紫式部	いづれの御時にか，女御更衣あまたさぶらひ給ひける中に，いとやむごとなききはにはあらぬが，すぐれて時めき給ふありけり。
4	（不詳）	祇園精舎の鐘の声，諸行無常の響きあり。娑羅双樹の花の色，盛者必衰のことわりをあらはす。
5	鴨長明	ゆく河の流れは絶えずして，しかも，もとの水にあらず。淀みに浮ぶうたかたは，かつ消えかつ結びて，久しくとどまりたる例なし。
6	菅原孝標女	東路の道のはてよりも，なほ奥つ方に生ひ出でたる人，いかばかりかはあやしかりけむを，……。
7	松尾芭蕉	月日は百代の過客にして，行きかふ年もまた旅人なり。舟の上に生涯を浮かべ，馬の口とらへて老いを迎ふるものは日々旅にして旅を栖とす。
8	夏目漱石	山路を登りながら，こう考えた。智に働けば角が立つ。情に棹させば流される。
9	島崎藤村	木曾路はすべて山の中である。あるところは岨づたいに行く崖の道であり，あるところは数十間の深さに臨む木曾川の岸であり，……。
10	志賀直哉	私が自分に祖父のある事を知ったのは，私の母が産後の病気で死に，その後二月程経って不意に祖父が私の前に現れて来た，その時であった。
11	芥川龍之介	ある日の暮れ方の事である。一人の下人が，羅生門の下で雨やみを待っていた。
12	芥川龍之介	禅智内供の鼻と云えば，池の尾で知らない者はない。長さは五六寸あって上唇の上から顋の下まで下がっている。
13	芥川龍之介	或日の事でございます。御釈迦様は極楽の蓮池のふちを，独りでぶらぶら御歩きになっていらっしゃいました。

[14]	太宰治	朝，食堂でスウプを一さじすっと吸ってお母さまが，「あ。」と幽かな叫び声をお挙げになった。
[15]	太宰治	恥の多い生涯を送って来ました。自分には，人間の生活というものが，見当つかないのです。
[16]	樋口一葉	廻れば大門の見返り柳いと長けれど，お歯ぐろ溝に燈火うつる三階の騒ぎも手に取るごとく，明けくれなしの車の行来にはかり知られぬ全盛をうらなひて，……。
[17]	川端康成	道がつづら折りになって，いよいよ天城峠に近づいたと思う頃，雨脚が杉の密林を白く染めながら，すさまじい早さで麓から私を追ってきた。

3 外国文学

国	作者	作品
イギリス	[1]	『ハムレット』『ヴェニスの商人』『リア王』
	[2]	『クリスマスキャロル』
ドイツ	[3]	『若きウェルテルの悩み』『ファウスト』
	トーマス・マン	『[4]』
フランス	[5]	『レ・ミゼラブル』
	[6]	『赤と黒』『パルムの僧院』
	モーパッサン	『[7]』
	カミュ	『[8]』『ペスト』
[9]	ツルゲーネフ	『初恋』『[10]』（二葉亭四迷が一部翻訳し『あひびき』を発表）
	[11]	『戦争と平和』『復活』『アンナ・カレーニナ』

過去問に挑戦！

1 次の作品を成立年代が古い順に並べ替えよ。
ア．方丈記　イ．更級日記　ウ．万葉集　エ．土佐日記　オ．古今和歌集
（富山県　改題）

2 次の文はある小説の冒頭の部分である。この小説の著書名と著者名を記号で選べ。
① 木曽路はすべて山の中である。あるところは岨づたいに行く崖の道であり，あるところは数十間の深さに臨む木曽川の岸であり，…
② 野島が初めて杉子にあったのは帝劇の二階の正面廊下だった。野島は脚本家をもって秘かに任じてはいたが，…
〈著書名〉
ア．伊豆の踊子　イ．鼻　ウ．夜明け前　エ．友情　オ．潮騒
〈著者名〉
ア．島崎藤村　イ．川端康成　ウ．芥川龍之介　エ．三島由紀夫　オ．武者小路実篤
（秋田県　改題）

3 『雪国』などの作者で，日本で初めてノーベル文学賞を受賞した人物は誰か。
（大分県　改題）

2 倫理

●解答解説P231

1 西洋の倫理

重要度C

ここが要点　ギリシアの哲学，経験論・合理論などの近代ヨーロッパ思想，実存主義，プラグマティズムなどの現代思想が重要。各思想家の著書や思想的キーワード，言葉を確実に把握しておこう。

1 古代ギリシア思想

プロタゴラス	「人間は万物の尺度である」
[1]	**無知の知　問答法　「汝自身を知れ」**
[2]	**イデア論　哲人政治**　『国家』 「統治者は知恵の徳をもった哲人でなくてはならない」
アリストテレス	**形相　『政治学』「人間は [3] 的動物である」**

2 西洋の近代思想

(1)　ルネサンス

[1]	自らの自由意志で自分の生き方を決定できるところに，人間の尊さがあると主張。**『人間の尊厳について』**
エラスムス	司祭や教会の在り方を厳しく批判した。『愚神礼讃』
マキャヴェリ	政治権力からキリスト教道徳を排除すべきとし，君主は，キツネのずるがしこさとライオンの強さをもたなければならないと主張した。『君主論』
[2]	囲い込み運動を批判し，私有財産制を否定した理想社会を描いた。**『ユートピア』**

(2)　モラリスト

モンテーニュ	自己省察を行い，人間性の真実を追究した。 「[3]（私は何を知るか）」**『エセー**（随想録）**』**
[4]	自然の中で最も弱い存在である人間は，考えるところにその尊厳の根拠があるとした。 **「人間は考える葦である」『パンセ**（瞑想録）**』**

(3)　宗教改革

[5]	信仰のよりどころは聖書のみとする**聖書中心主義**を根本原理とし，神を信仰するものはすべてキリスト者である（**万人司祭主義**）と説いた。 『キリスト者の自由』
[6]	人が救われるかどうかは，神によってあらかじめ決定され（**予定説**），職業は神によって与えられたものである（**職業召命説**）とした。 『キリスト教綱要』

(4) 社会契約論

7	**「万人の万人に対する闘争」** 国家に全面的に自然権を譲渡 結果的にイギリスの絶対王政を擁護 『 8 』
9	**抵抗権(革命権)** をもつ。名誉革命に理論的な根拠を付与 **『統治論(市民政府二論)』**
10	**「自然に帰れ」 一般意志** フランス革命に理論的な根拠を付与 **『社会契約論』** 『 11 』 『人間不平等起源論』

(5) 経験論・合理論

立場	人物	思想・言葉・著書
経験論 人間の認識や知識の成立根拠を，感覚的経験に求める立場	12	13 **法**…個々の具体的な事実の観察や実験から，一般法則を導き出す方法。 **「知は力なり」** **『ノヴム・オルガヌム**(新機関)**』**
合理論 人間の認識や知識の成立根拠を，理性の働きに求める立場	14	15 **法**…普遍的な原理を前提としてそこから推論によって論理的に結論を導く方法。 **方法的懐疑 「われ思う，ゆえにわれあり」** **『方法序説**(方法叙説)**』** **『省察』**

(6) ドイツ観念論

16	**善意志 人格 目的の王国** **『純粋理性批判』** 『実践理性批判』 『判断力批判』 「人間は教育によってのみ人間となる」
ヘーゲル	絶対的精神 17 **法** 人倫 **『法の哲学』** 『精神現象学』

(7) 功利主義

18	**量的功利主義 「最大多数の最大幸福」** **『道徳および立法の諸原理序説』**
19	**質的功利主義** 「満足した豚であるよりは不満足な人間である方がよく，満足した愚か者であるよりは不満足なソクラテスである方がよい」

3 現代社会の思想

(1) 社会主義

1	**唯物史観** 労働疎外 **階級闘争** 『 2 』 **『共産党宣言』**

(2) 実存主義

3	**実存の三段階 単独者** 『死に至る病』
4	**超人 「神は死んだ」 『ツァラトゥストラはかく語りき』** 「人間は深淵にかけわたされた一条の綱である」
5	**「実存は本質に先立つ」 アンガージュマン 『存在と無』**

(3) プラグマティズム

6	プラグマティズムの創始者
7	『プラグマティズム』
8	**道具主義 『学校と社会』** 『 9 と教育』

2 東洋の倫理

重要度 **C**

ここが要点 各人物の思想のキーワード及び著書名を問う問題がほとんどを占める。特に，中国の諸子百家について問われることが多いため，得点源となるよう，確実に押さえておきたい。

1 中国の思想

(1) 諸子百家

儒家	[1]	**仁**　**礼**　**徳治主義**　『**論語**』(弟子による編集) 「吾十有五にして学に志す。三十にして立ち，四十にして惑わず。五十にして天命を知る」
	孟子	[2]**説**　四端の心　**王道**
	荀子	[3]**説**　**礼治主義**
道家	[4]	万物の根源は**道**(タオ)　**無為自然**
	[5]	**真人**
墨家	墨子	**兼愛**　**非攻**

(2) 儒家の展開

朱子	[6]**二元論**
[7]	**知行合一**　**致良知**

2 日本の思想

(1) 日本の伝統的な思想

古学	[1]	古義学派の祖　**仁**　**誠**　『童子問』
	[2]	古文辞学の祖　**先王の道**　**経世済民**　『弁道』
国学	[3]	**ますらをぶり**　『国意考』
	[4]	**惟神の道**　**真心**　**たをやめぶり**　**もののあはれ** 『**古事記伝**』　『源氏物語玉の小櫛』

(2) 日本の近代思想

[5]	**実学**を奨励　**独立自尊**　『**学問のすすめ**』　『西洋事情』 「天は人の上に人を造らず，人の下に人を造らず」 「一身独立して一国独立す」
[6]	「東洋のルソー」　自由民権運動の理論的指導者　『**民約訳解**』
[7]	**二つのJ**　**非戦論**
[8]	**間柄的存在**　『人間の学としての倫理学』　『**風土**』
[9]	純粋経験(主客未分)　『**善の研究**』

過去問に挑戦！

1 次の思想家とその著書，考え方の組合せとして正しいものを２つ選べ。

① アリストテレス…『政治学』……………………………「人間は，本来ポリス的動物である。」
② プラトン…………『省察』…………………………………「統治者は知恵の徳をもった哲人でなくてはならない。」
③ ホッブズ…………『リヴァイアサン』…………………「万人の万人に対する闘争」
④ ルソー……………『道徳および立法の諸原理序説』…「最大多数の最大幸福」
⑤ デカルト…………『国家』…………………………………「われ思う，ゆえにわれあり」

（秋田県　改題）

2 次の説明文に該当する人物名を答えよ。

(1) 彼は，「知は力なり」と述べ，個々の事実の観察から一般法則を導き出す帰納法を説き，近代的な科学技術の確立に貢献した。著書には『ノヴム・オルガヌム（新機関）』がある。
(2) アポロン神殿に刻まれた「汝自身を知れ」という神託を受けた彼は，無知の自覚（無知の知）を真の知に至るための出発点とした。彼は，問答法によって市民に対して無知の自覚を促し，徳をつむことをすすめた。彼の行いはその弟子の著書『クリトン』にみられる。
(3) 彼は，「人間は考える葦である」と説き，自然の中で最も弱い存在である人間は，考えるところにその尊厳の根拠があるとした。著書には『パンセ』がある。
(4) 彼は，「われ思う，ゆえにわれあり」と述べ，あらゆるものを疑ったうえでなお疑いきれない自己自身の存在を認識の根拠とした。著書には『方法序説』がある。
(5) 彼は，「ク＝セ＝ジュ（私は何を知るか）」と述べ，偏見や独断を排して柔軟に自己省察を行うことを説いた。著書には『エセー』がある。

（大阪府・大阪市　改題）

3 次の文章における考え方と，最も関連の深い人名を選べ。

(1) 仁と礼による道徳の完成を目指した。
(2) 無為自然を理想の境地とした。
(3) 兼愛や非攻を説いた。
(4) 性善説を唱えた。
(5) 信賞必罰による法治主義を主張した。

ア．孔子　　イ．老子　　ウ．孟子　　エ．韓非子　　オ．墨子

（京都府　改題）

4 誤っているものを選べ。

① ヘーゲルはドイツ古典哲学の代表者。彼の哲学は，自然・歴史・精神の全世界を不断の運動・変化・発展の過程として，その内的関連を明らかにしようとした巨大な試みであり，これを絶対的イデーの弁証法的発展として把握した。
② イギリスの生物学者，ダーウィンは，進化論を首唱し，生物学・社会科学および一般思想界にも大きな影響を与えた。
③ 中国，春秋時代の学者・思想家。儒家の祖。孔子は，古来の思想を大成し，仁を理想の道徳とし，孝悌と忠恕とを以て理想を達成する根底とした。
④ 古代ギリシャの哲人，ソクラテスは，半生を市民の道徳意識の改革にささげ、互いの経験を通して相手にその無知を自覚させ，相携えて真の認識に到達しようと努めた。
⑤ 日本の哲学者，西田幾多郎は，禅の宗教性と生の哲学やドイツ観念論の理論を思弁的に統合し，「無」の哲学を開拓した。

（長野県　改題）

3 英語

●解答解説P232～P234

1 語彙

重要度 B

ここが要点

英単語に関する出題パターンはさまざまであり，それぞれポイントをしぼって学習する必要がある。最近は英文で説明されている単語や語句を答える問題が目立つので，日頃から語彙力をつけておこう。略語はある程度常識的なものを覚えておけばよい。掲示・指示用語の出題では，独特の表現が多いので要注意である。

1 英単語Ⅰ

次の説明文にあてはまる語句を英単語で答えよ。

(1) the son of one's brother or sister [1]
(2) the person employed to take care of a patient [2]
(3) the middle joint of the leg, where the leg bends [3]
(4) the instrument for measuring temperature [4]
(5) the area of land without trees or water, often covered with sand [5]
(6) the drama with an unhappy ending [6]
(7) the short wise saying used for a long time by many people [7]
(8) the woman whose husband has died and who has not married again [8]

2 英単語Ⅱ

次の英文の示す内容を日本語で答えよ。

(1) a jelly-like food which is made from soybeans and is rich in protein [1]
(2) a gift sent in the middle of December [2]
(3) a card sent as a greeting for the new year [3]
(4) a poetry structured in the set form of 17 syllables, arranged in groups of 5, 7 and 5 [4]
(5) two sticks that hold food between them when people eat [5]
(6) square cloths that are used to wrap and carry things [6]
(7) an art of drawing characters with a brush and India ink [7]
(8) a picture painted in India ink [8]

3 語形変化

空欄の指定された語形を書け。

(1) decide（動詞）―――― [1]（名詞）
(2) length（名詞）―――― [2]（形容詞）
(3) memory（名詞）―――― [3]（動詞）
(4) tooth（単数名詞）―――― [4]（複数名詞）
(5) emphasis（名詞）―――― [5]（動詞）
(6) poverty（名詞）―――― [6]（形容詞）
(7) propose（動詞）―――― [7]（名詞）
(8) mouse（単数名詞）―――― [8]（複数名詞）

4 反意語

次の語の反意語を書け。

(1) increase ⇔ [1]　(2) success ⇔ [2]
(3) heavy ⇔ [3]　(4) negative ⇔ [4]
(5) wise ⇔ [5]　(6) healthy ⇔ [6]
(7) easy ⇔ [7]　(8) left ⇔ [8]

5 覚えておきたい重要略語

次の略語の正式名称を日本語で，日本語の名称についてはその略語を答えよ。

(1) M&A = [1]　(2) WTO = [2]
(3) WHO = [3]　(4) ICT = [4]
(5) ILO = [5]　(6) 日本工業規格 = [6]
(7) 国際連合 = [7]　(8) 国内総生産 = [8]

6 覚えておきたい掲示・指示用語

次の語句の意味をあとから選べ。

(1) Sold Out [1]　(2) Under Construction [2]
(3) No Admittance [3]　(4) Closed Today [4]
(5) Watch Your Step [5]　(6) No Crossing [6]
(7) Post No Bills [7]　(8) Handle with Care [8]
(9) No Vacancy [9]　(10) Emergency Exit [10]

ア．満室　イ．横断禁止　ウ．非常口　エ．工事中
オ．売切　カ．入場禁止　キ．貼紙禁止　ク．足元注意
ケ．取扱注意　コ．本日休業

過去問に挑戦！

次の英文が示す語句を①～⑤から選べ。

(1) the food made by rolling rice in the palms of the hands
① sekihan　② mochi　③ onigiri　④ umeboshi　⑤ oden

(2) the dream that occurs from the night of New Year's Day to the morning of the 2nd
① osechi　② kakizome　③ masayume　④ hatsuyume　⑤ shougatsu

（熊本県　改題）

2 文法

重要度 A

ここが要点　空欄補充問題は，熟語・構文に基づいた出題が圧倒的に多く，重要なものは暗記をしておく必要がある。特に，前置詞や不定詞・分詞・動名詞や関係詞などがよく問われるため，基礎的な内容を整理しておこう。

1 熟語Ⅰ

次の英文の[　]に適語を入れよ。

(1) This picture reminds me [1] my childhood.
(2) You had better make a reservation [2] advance.
(3) He went to Italy [3] the purpose of studying music.
(4) I just met her [4] chance on my way home.
(5) Please take [5] your shoes.
(6) The train did not arrive [6] time.
(7) She will be back [7] long.
(8) According [8] the weather forecast, it will snow tomorrow.
(9) They are getting [9] very nicely with each other.
(10) Apart [10] her temper, she's all right.

2 熟語Ⅱ

次の英文の[　]に入る適当なものを選択肢から選べ。

(1) It is easy to make plans, but difficult to [1] it out.
ア．bring　イ．carry　ウ．put　エ．take
(2) I'd like to hear each one of you sing [2] turn.
ア．at　イ．on　ウ．in　エ．to
(3) Sickness often [3] from eating too much.
ア．causes　イ．occurs　ウ．results　エ．happens
(4) Don't forget [4] the window.
ア．to close　イ．closing　ウ．close　エ．being closed
(5) She will be back [5] a week or so.
ア．at　イ．in　ウ．on　エ．to
(6) The bridge was damaged [6] the heavy rain yesterday.
ア．in spite of　イ．according to　ウ．instead of　エ．because of
(7) I can't help [7] at her.
ア．to laugh　イ．laugh　ウ．laughing　エ．being laughed
(8) The flight was [8] by the bad weather.
ア．postponed　イ．put off　ウ．delayed　エ．suspended
(9) It is [9] of your business.
ア．nothing　イ．such　ウ．about　エ．none
(10) If you don't come, I won't come [10].
ア．too　イ．either　ウ．nor　エ．neither

3 構文Ⅰ

上下の英文が同じ意味になるように[　]に適語を入れよ。

(1) He seems to resemble his mother rather than his father.
= He seems to [1] after his mother rather than his father.

(2) I asked her to extinguish the fire.
　= I asked her to [2] out the fire.
(3) Don't criticize others.
　= Don't [3] fault with others.
(4) It is difficult for him to stop smoking.
　= It is difficult for him to [4] up smoking.
(5) Our car will overtake Tom's soon.
　= Our car will [5] up with Tom's soon.
(6) They all respect him as their leader.
　= They all [6] up to him as their leader.
(7) I couldn't understand what he was trying to say.
　= I couldn't [7] out what he was trying to say.
(8) People should abolish such evil customs.
　= People should [8] away with such evil customs.
(9) They will refuse his application because of his inexperience.
　= They will [9] down his application because of his inexperience.
(10) She was not able to contact him.
　= She was not able to [10] in touch with him.

4 構文Ⅱ

次の日本文に合うように[ ]に適語を入れよ。

(1) 彼は仕事中はタバコを吸わないことにしている。
　He makes it a [1] not to smoke while working.
(2) どんなに一生懸命勉強しても，彼は試験に合格できなかった。
　[2] [3] [4] hard he studied, he couldn't pass the examination.
(3) 私は電車で財布を盗まれた。
　I had my purse [5] in the train.
(4) 例外のない規則はない。
　There is [6] rule [7] has some exceptions.
(5) その博物館は十分行ってみる価値がある。
　The museum is well [8] visiting.
(6) 聞こえるようにもっと大きな声で話して下さい。
　Talk louder so [9] I may hear you.
(7) ちょっと休憩したい気分だ。
　I feel like [10] a rest.
(8) 上着を着なさい，さもないとかぜをひくよ。
　Put your coat on, [11] you will catch cold.
(9) あなたの助けがなかったら，彼女は失敗していただろう。
　[12] [13] your help, she would have failed.
(10) 彼は英語を読むことすらできない，ましてや書くことなどできるものではない。
　He can't even read English, [14] [15] write it.
(11) 村までわずか3マイルだ。
　It is [16] [17] [18] 3 miles to the village.
(12) 来てくださってどうもありがとう。
　It is very kind [19] you to come.
(13) 今朝になってはじめて，その事故のことを知った。
　It was not [20] this morning [21] I knew the accident.

(14) 京都の人口は広島の約2倍である。
The population of Kyoto is about [22] as large as [23] of Hiroshima.

(15) 私たちは彼女が泣くのを見たことがない。
We have never seen her [24] .

(16) 警察官を見るとすぐに，その少年は逃げ出した。
[25] seeing the policeman, the boy ran away.

(17) ひとりで行くよりここにいたい。
I would [26] stay here [27] go alone.

(18) メアリーはジェーンと身長がだいたい同じであった。
Mary was about the [28] height [29] Jane.

(19) 昨日の夜に宿題をすませておくべきだった。
I [30] [31] [32] my homework last night.

(20) 彼に金を貸すくらいなら，捨てた方がましだ。
You [33] [34] [35] throw your money away as lend it to him.

(21) もちろん2人は結婚するものと思っている。
I [36] it [37] [38] that they will marry.

(22) あなたはこの薬を飲んだ方がよい。
You [39] [40] [41] take this medicine.

(23) 彼は健康増進の目的でテニスをしている。
He plays tennis [42] a [43] [44] promoting his [45] .

(24) 彼女は若い頃は美しかったかもしれない。
She [46] [47] [48] beauty in her youth.

(25) 彼は学者というよりはむしろジャーナリストだ。
He is [49] [50] [51] a scholar [52] a journalist.

過去問に挑戦！

1 次の語を並べかえて，日本語の文に相当する英文を作ると1語不足する。その語を答えよ。

(1) 彼は数年前の彼ではない。
(several years ago, not, used, to, is, he, be, he)

(2) 野菜の値段は1ヵ月で20％も上がった。
(vegetables, increased, than, the price, no, by, has, of, in a month, 20%)

(3) 彼女は毎年必ず父親にクリスマスカードを送っている。
(every year, send, never, a, Christmas card, to her father, she, to)

(4) 仙台地方では雪が2メートルも積もったということだ。
(in the Sendai District, hear, is, the, snow, I, two meters)

（神奈川県　改題）

2 (a)(b)の各文の意味が同じになるように（　　）内に適語を入れよ。

(1) (a) Mary is in charge of selling tickets and responsible for them.
(b) Mary (　　) care of selling tickets and is responsible for them.

(2) (a) It goes without saying that honesty is the best policy.
(b) (　　) to say, honesty is the best policy.

(3) (a) If it rains, the picnic will be put off.
(b) In (　　) of rain, the picnic will be put off.

（福島県　改題）

3 ことわざ

重要度 C

ここが要点

ことわざという分野は，英語本来の意味から日本語のことわざを考えていけば，覚えるのはそれほど難しくない。出題傾向として，英語同士で同様の意味を持つことわざを選ぶものもみられるので，似たような意味を持つことわざは，ひとまとめにして覚えるとよい。

1 ことわざ

次の日本文に合うように [ ] に適語を入れよ。

(1) 去る者は日々に疎し
Out of sight, out of [1] .

(2) 覆水盆に返らず
It is no use crying over [2] milk.

(3) かわいい子には旅をさせよ
Spare the rod and [3] the child.

(4) まさかのときの友こそ真の友
A friend in [4] is a friend indeed.

(5) たで食う虫も好き好き
There is no accounting for [5] .

(6) 百聞は一見にしかず
Seeing is [6] .

(7) 早いもの勝ち
First come, first [7] .

(8) 溺れるものはわらをもつかむ
A [8] man will catch at a straw.

(9) 早起きは三文の得
The early [9] catches the worm.

(10) 必要は発明の母
Necessity is the mother of [10] .

(11) 鉄は熱いうちに打て
Strike [11] the iron is hot.

(12) 弘法も筆の誤り
Even Homer sometimes [12] .

(13) 転ばぬ先のつえ
[13] before you leap.

(14) 類は友をよぶ
Birds of a feather flock [14] .

(15) 郷に入っては郷に従え
When in Rome, [15] as the Romans do.

過去問に挑戦！

次のことわざに該当する日本語のことわざを書け。

(1) So many men, so many minds.
(2) Practice makes perfect.
(3) Many a little makes a mickle.
(4) Slow and steady wins the race.

（富山県　改題）

4 会話

重要度 A

ここが要点

会話問題の出題パターンはほぼ定まっている。一連の流れの会話中の応答文を選ぶものがほとんどであるが，整序問題や会話のシチュエーションについて問う問題もまれにみられる。会話問題には，会話特有の表現がでてくることが多く，そのパターンを数多く知っておけば，応答文選択問題ばかりでなく，整序問題もずっと解き易くなるだろう。

1 会話文に特有な表現

次の[　　]に適当な語を補い，英文を完成させよ。

(1) お塩をとっていただけませんか?
Will you [1] me the salt ?

(2) どこか具合が悪いんですか?
Is anything [2] with you ?

(3) そのジャケットを試着させて下さい。
Let me [3] on the jacket.

(4) 余計なお世話です。
It's none of your [4] .

(5) 伝言をお願いできますか?
Can I [5] a message ?

(6) ここでタバコを吸ってもいいですか?――ええ，結構ですとも。
Do you [6] if I smoke here ? ―― [7] in the least.

(7) それはお気の毒に。
I'm sorry to [8] that.

(8) (電話で)どうぞ，そのまま少しお待ち下さい。
Just [9] on a minute, please.

(9) 番号が違っていますよ。
I'm afraid you have the [10] number.

(10) 私はこの辺には不案内です。
I'm a [11] here.

(11) お願いがあるのですが。
May I ask a [12] of you?

(12) 明日，雨が降るでしょうか。――降らないと思う。
Will it rain tomorrow? ――I hope [13] .

2 対話文 I

次のAとBの対話文において，[　　]に入る適当なものを選択肢から選べ。

(1) A：I'd like to send this letter by the special delivery.
B：All right. That's 75 cents, please.
A：[1]

ア．Here I am.　イ．Here it comes.　ウ．Here you are.
エ．Here they go.

(2) A：Is it okay if I borrow these books ?
B：[2] I'm going to use them.

ア．Sure.　イ．I think so.　ウ．No problem.　エ．I'm afraid not.

(3) A：I find it very difficult to sleep.
B：[3] don't you try counting sheep ?

ア．How　イ．Why　ウ．Now　エ．Please

(4) A：Shall we take a break for a while ?
B：Yes, [4] .
ア．let's　イ．we can　ウ．we shall　エ．we will

(5) A：I passed my driving test yesterday.
B：Did you really ? [5] .
ア．Good luck !　イ．Take it easy.　ウ．Well done !　エ．Go ahead.

3 対話文Ⅱ

次の対話文において，[　　]に入る適当なものを選択肢から選べ。

Hidekazu：Excuse me, operator.
Operator：[1]
Hidekazu：I'd like to make a direct call to Osaka in Japan, here from Boston.
Operator：You need to call four sets of numbers when using International Direct Dialing.
Hidekazu：[2]
Operator：You have to dial 9 first if you want to use the hotel telephone.
Hidekazu：[3]
Operator：Then dial the international prefix number 011, the country code for Japan 81 and the area code 6 if you are calling Osaka. Lastly you need local number you wish to call in Osaka.
Hidekazu：I'd like to make an overseas call to Osaka 123−4567.
Operator：All right, I'll tell you the complete number if you call to Osaka from Boston. It is 011−81−6−123−4567.
Hidekazu：Thank you very much.
Operator：[4]

ア．So I do.　イ．What to do then ?
ウ．You're welcome.　エ．That's engaged.
オ．Could you tell me how to do ?　カ．That's enough.
キ．What's the matter with you ?　ク．Why don't you call me ?

過去問に挑戦！

次の(1)～(5)の答えとして適切なものを下から選んで答えよ。
(1) Did you enjoy your trip this summer?
(2) May I use this telephone?
(3) Will it rain tomorrow?
(4) Thank you for inviting me to the party.
(5) Would you like to have a cup of tea?
ア．I hope not.　イ．Every moment of it.　ウ．Sure, go right ahead.
エ．Yes, please.　オ．No, I don't.　カ．You will.
キ．You are welcome.

（名古屋市　改題）

5 英文読解

重要度 A

ここが要点　英文読解の問題は，内容に関する出題がかなりの割合を占めている。形式は，選択問題や内容に関する英語の質問に日本語で答えるもの，英文にタイトルをつけるものなどがある。すばやく，正確に理解する力が要求されるが，これはすぐに身につくものではないので日頃から英文を読む習慣をつけ，練習を重ねる必要がある。

1 文章整序

次のA～Dまでの4つの文を意味がつながるように並べ替えるとき，適切な組み合わせを選択肢から選べ。 [1]

A．No one is quite sure of the effect of growing up as a latchkey child.

B．This is especially true when the child is given some duties by the parents.

C．However, some children seem to gain in confidence and maturity by being left alone for a few hours a day.

D．For example, a child who has chores to do after school, such as shopping for dinner or cleaning the house, often gains a sense of personal importance from these duties.

ア．ABCD　　イ．ACBD　　ウ．BCDA　　エ．BDCA

2 内容把握Ⅰ

次の英文の説明している内容は何か。日本語で答えよ。

(1) It is the traditional etiquette of preparing and drinking tea when one has guests. In it, special powdered tea, different from ordinary Japanese tea is mainly used. The powdered tea is put into a tea cup, hot water is poured on it, it is whipped with a bamboo whisk till it foams and it is drunk. [1]

(2) It is a traditional game for girls. A string tied in a loop is held by the wrists or fingertips of both hands and made into various shapes like a bridge, *koto*, or river. One person alone can play by manipulating the fingers of both hands, and two persons can change the shapes by passing them back and forth to each other in various styles of holding the string. [2]

(3) These are plums pickled in salt and exposed to the sun for drying. Since the tartness strongly stimulates the sense of taste and causes saliva to flow, this was popular as a convenient preserved food in those times when there were food shortages. Today, this is still a basic food item, essential for rice balls and lunches, for the Japanese. [3]

3 内容把握Ⅱ

次の英文を読んで，あとの問いに答えよ。

When you imagine French food, a traditional dish such as snails[※1] baked in garlic and butter may first come [1]; in other words, exotic ingredients prepared to achieve a rich taste. On the other hand, you may imagine something from the healthful new cuisine, like codfish[※2] with grapefruit or another unusual combination. To be sure, restaurants in France and French restaurants elsewhere around the world do serve such gourmet dishes, both old and new, for tourists. But what do the French themselves actually prefer to eat ?

A recent survey [2] one thousand French people over the age of 15 asked them to rank items in a list of foods. Number one, surprisingly, was beef steak with fried potatoes. 71% of the people [3 chose] it for the top position even though it uses no complex sauce and contains artery-clogging fat. Ranked second was lamb chops, just the sort of delicacy you would expect Frenchmen to savor. Astonishment returns in the third choice：couscous※3, a dish made of wheat grains, meat and vegetables. This item was brought into France relatively recently by immigrants from North Africa.

※1 snail：カタツムリ　※2 codfish：鱈
※3 couscous：クスクス（北アフリカ料理）

(1) [1]・[2] に適語を入れよ。ただし，[1] は2語，[2] は1語とする。

(2) [3] の現在形を書け。

(3) 次の英文に続く文として，正しいものを1つ選べ。

According to the survey, more than half of French people over the age of fifteen chose [4]

① lamb chops as their first favorite meal.
② beef steak and fried potatoes as their top choice.
③ healthy, simple foods over traditional French food.
④ a Japanese food as one of their favorite foods.

過去問に挑戦！

次の英文を読んで，あとの問いに答えよ。

There are some expressions that have many meanings. For example, "Don't mention it" means "You're welcome" instead of "You don't have to say that."

One day, Jimmy was invited to the party in his friend's home. Before going to the party, his mother told him not to forget to thank them. Having the nice time there, he felt that the time passed in a short minute. He heard many his friends give their thanks, but as the host said to them "Don't mention it", Jimmy had gone to his home without saying things.

(1) 帰りにJimmyは何と言えばよかったのか，英語で答えよ。

(2) "without saying things" とあるが，Jimmyはどうしてそのような行動をとったのか，日本語で述べよ。

（北海道　改題）

4 音楽

●解答解説P235～P236

1 音楽一般　重要度C

ここが要点　楽典は，音楽用語など常時使用するものの他，拍子や調性などについても覚えておこう。また，西洋音楽の楽曲の種類，パートと演奏形態を問う出題もあるので，正確に名称や意味を理解しておきたい。

1 楽典

(1) 音符と休符

a. ♩ ＋ ♩ ＝ [1]　　b. ♩ ＋ [2] ＝ ♩.

c. 𝅗𝅥. － [3] ＝ 𝅗𝅥　　d. ♪. － [4] ＝ ♪

e. 𝄽 ＋ [5] ＝ 𝄼.　　f. 𝄾 ＋ 𝄾 ＝ [6]

(2) 変化記号

♯	[7]	半音[8]げる
[9]	フラット	半音[10]げる
[11]	ナチュラル	もとの高さで

(3) 主要音楽用語

[12]	メッゾ・ピアノ	少し弱く
ff	フォルティッシモ	[13]
Andante	アンダンテ	[14]
Moderato	モデラート	[15]
Allegro	アレグロ	[16]
rit.	[17]	だんだん遅く
𝄐	[18]	その音符（休符）をほどよくのばす
a tempo	ア・テンポ	[19]
	[20]	同じ高さの二つの音符をつなぐ
	[21]	違う高さの二つ以上の音符をなめらかに

2 西洋音楽の楽曲の種類

(1) 舞曲

[1]：上品で優雅なフランスの舞曲。4分の3拍子の中ぐらいのテンポ。

[2]：優美で流麗なドイツ，オーストリアの舞曲。4分の3拍子の緩やかなテンポと軽快なテンポに大別。

[3]：生き生きとしたリズムをもつスペインの舞曲。4分の3拍子の緩やかなテンポ。

[4]：粗野で熱烈悲壮なポーランドの舞曲。4分の3拍子，8分の3拍子の緩急様々なテンポ。

[5]：特定のリズムをもつ騎士風で壮麗なポーランドの舞曲。4分の3拍子の緩やかなテンポ。

ガボット：明快なリズムをもつ愛らしい[6]の舞曲。2分の2拍子，4分の2拍子，4分の4拍子の中ぐらいのテンポ。

[7]：軽快で活気があるポーランド，ボヘミアの舞曲。4分の2拍子，多くは速いテンポ。

(2) 器楽曲

[8]：ソナタ形式の楽章をもつ多楽章からなる管弦楽曲。

[9]：ソナタ形式の楽章をもつ独奏楽器と管弦楽のための曲。

[10]：単一楽章の管弦楽曲で標題音楽の一種。自然や文学的な内容などを自由な形で描く音楽。

ソナタ：ソナタ形式の楽章をもつ多楽章からなる独奏楽器のための曲。

[11]：他の楽曲へ導入的役割をする器楽曲。管弦楽の他，独奏曲も多く形式も比較的自由。

[12]：演奏技術を高め，表現力をみがくことを目的として書かれた曲。

[13]：歌曲のような様式をもつロマン派のピアノ曲。

[14]：物語的な内容と叙事的，英雄的，民族的な色彩をもつ曲。

[15]：即興的な部分をもつ鍵盤楽器のための曲。

(3) 大規模な声楽曲

[16]：独唱・重唱・合唱などの声楽曲と管弦楽を中心に，文学，美術，舞踊，演劇などを総合して構成される舞台芸術。

[17]：宗教的な題材による演奏会形式の劇的音楽。独唱・合唱・管弦楽を用いる。

[18]：種々の伴奏形態により，独唱・重唱・合唱などからなる声楽曲の一つ。

ミサ曲：カトリック教会の儀式であるミサに歌われる聖歌。

[19]：死者の冥福を祈るために歌われる礼拝用の音楽で，カトリック教会のミサ曲の一種。

(4) その他の楽曲

[20]：夕暮れや夜の情緒にふさわしい静かで叙情的な声楽曲，器楽曲。恋人の家の窓辺で歌われるような恋の歌が多い。

3 楽器の種類と演奏形態

(1) 管弦楽の楽器の種類

管楽器	木管楽器	オーボエ　クラリネット　サクソフォーン　[1]など
	金管楽器	トランペット　トロンボーン　テューバ　[2]など
弦楽器		ヴァイオリン　ヴィオラ　コントラバス　[3]など
打楽器		大太鼓　小太鼓　シンバル　[4]など

【語群】チェロ　ホルン　ティンパニ　フルート

(2) 演奏形態

独奏	ピアノ，ヴァイオリンなどの楽器を単独で演奏する。
[5]	第1ヴァイオリン，第2ヴァイオリン，ヴィオラ，チェロによる編成が最も多い。
[6]	ソプラノ，アルト，テノール，バス

2 民族音楽

重要度 C

ここが要点　日本の郷土の伝統音楽及び世界の諸民族の代表的な音楽，楽器の名称やその特徴について学習しておこう。

1 日本の郷土の伝統音楽

【語群】こきりこ節　阿波踊り　五木の子守歌　ソーラン節　斎太郎節
安里屋ユンタ　南部牛追歌　かりぼし切り歌　貝殻節　こんぴら船々

2 アジア

[1]：朝鮮半島の12弦の箏琴類楽器。胴の片方を膝に乗せて指で弾く。
[2]：中国の劇音楽。役柄によって声の質が決まっている。
[3]：中国の2弦の弦楽器。細かく音を揺すって演奏する。
[4]：モンゴルの2弦の弦楽器。膝の間に胴をはさんで演奏する。
ガムラン：[5]，マレーシアの打楽器中心の合奏音楽。きらびやかな楽器の響きやリズムの構造などに特徴がある。
[6]：インドネシア（バリ，ジャワなど）の合唱舞踊劇。楽器を使わず，「チャッ」という声を様々なリズムで組み合わせてくり返す。
[7]：北インドの弦楽器。曲中の大部分を即興的に演奏する。
[8]：インドの大小一対の片面太鼓。打ち方を使い分けることで多種の音色を出すことができる。
[9]：西アジア，アフリカ北部の弦楽器。洋梨形の木胴に2本1組にした5組の弦が張られている。
サントゥール：[10]の打弦楽器。台形の木箱に多数張られた金属弦を木製の撥で打つ。

3 ヨーロッパ

[1]：ヨーロッパ・アルプス地方の民謡や歌唱法。胸に響かせた声と高い裏声を交互に使う。
フラメンコ：スペイン南部・アンダルシア地方の歌と踊りと[2]が一体となった音楽。
[3]：スコットランド，アイルランド，イングランドの空気袋にリード付きの管を取り付けた楽器。
[4]：ヨーロッパ・アルプス地方の木製の管楽器。
[5]：ロシアの三角形の胴をもつ弦楽器。アンサンブルに活用。
[6]：ヴァイオリンとツィンバロム（打弦楽器）を中心とした職業音楽家たちのバンドがよく知られている。急速に変化するテンポやリズムが特徴的で，ハンガリーのものが有名。
シャンソン：[7]のポピュラー音楽。歌詞が物語になっていることが特徴で，日常使われる言葉で作られている。
カンツォーネ：[8]のポピュラー音楽。誰でもすぐに口ずさみたくなるような明るく美しい旋律が魅力。

4 南北アメリカ

[1]：19世紀末にブラジルのリオデジャネイロで起こった黒人系住民の舞踊音楽。テンポの速い陽気な音楽。
[2]：19世紀末にアルゼンチンのブエノスアイレスで起こった舞踊音楽。主役楽器はアコーディオンの一種である[3]。
[4]：アメリカ南部のアフリカ系アメリカ人の生活から生まれた哀愁を帯びたポピュラー音楽。
ジャズ：19世紀から20世紀初めに，アメリカ南部の[5]のアフリカ系アメリカ人の間で生まれたポピュラー音楽。4《フォー》ビートのリズムと即興演奏が特徴。
[6]：ペルーなど南米のアンデス地方で使われていたインディオの縦笛。葦や竹などで作られている。
[7]：ラテンアメリカの一対の太鼓。
[8]：ラテンアメリカの長い胴をもつ1枚皮の太鼓。

3 西洋音楽史

重要度 B

ここが要点　各時代の特徴，活躍した代表的な作曲家などを理解しておく必要がある。

1 古代・中世・ルネサンス（紀元前～1600年頃）

古代の音楽：中国，インド，オリエントの古代文明社会では，すでに音楽は生活や祭典などに結び付いていた。リラや[1]などの楽器が使われていたと考えられる。また，主に単旋律であった古代ギリシアの音楽は，演劇や舞踊，祭典や競技と一体となっていた。代表的な楽器には，弦楽器の[2]や管楽器のアウロスなどがあり，高度な音楽理論は中世の音楽に影響を与えた。

中世の音楽：キリスト教を中心として[3]が発達した。単旋律の[4]を基に多声音楽が現れ，中世も後半になると教会以外の世俗音楽が盛んになり，対位法も発達した。

ルネサンスの音楽：市民階級を中心とした精神的，文化的なルネサンス運動は，古代ギリシアやローマの文化を再確認しようとするものであった。音楽では，15世紀頃からその影響がみられ，多声音楽が高度に発展し，様々な[5]が盛んに演奏された。

【語群】ハープ　器楽曲　聖歌　教会音楽　キタラ

2 バロック（1600～1750年頃）

ヴィヴァルディ	協奏曲集『和声と創意の試み』より第1集〈[1]〉
[2]	『ブランデンブルク協奏曲』『小フーガ ト短調』
[3]	オラトリオ『救世主《メサイア》』より第2部終曲〈ハレルヤ〉，管弦楽組曲『水上の音楽』

3 古典派（1750～1820年）

ハイドン	交響曲第94番『[1]』，オラトリオ『天地創造』
[2]	オペラ『フィガロの結婚』『魔笛』『ドン・ジョヴァンニ』，セレナード『アイネ・クライネ・ナハトムジーク』
ベートーヴェン	交響曲第3番『英雄』・第5番（『運命』）・第6番『[3]』・第9番『合唱付き』，ピアノソナタ『悲愴』『月光』『熱情』

4 ロマン派（1820～1900年）

[1]	オペラ『魔弾の射手』，ピアノ曲『舞踏への勧誘』
[2]	オペラ『セビリアの理髪師』『ウィリアム・テル』
シューベルト	交響曲第7番（第8番）『[3]』，歌曲『野ばら』『魔王』『ます』，連作歌曲集『冬の旅』
ウェルナー	『野ばら』

4	ヴァイオリン協奏曲 ホ短調，劇の付随音楽『真夏の夜の夢』，ピアノ曲『無言歌集』
5	ピアノ曲『英雄ポロネーズ』『小犬のワルツ』マズルカ
6	ピアノ曲集『謝肉祭』『子供の情景』，歌曲集『詩人の恋』
7	ピアノ曲『ラ・カンパネラ』『愛の夢』，交響詩『前奏曲』
8	オペラ『タンホイザー』『ローエングリン』，楽劇『トリスタンとイゾルデ』
9	オペラ『アイーダ』『リゴレット』『椿姫』
10	連作交響詩『 11 』より第2曲〈モルダウ（ブルタバ）〉
12	交響詩『中央アジアの草原にて』
13	交響曲第1番，ハンガリー舞曲集，歌曲『子守歌』
14	管弦楽組曲『動物の謝肉祭』
15	オペラ『カルメン』，管弦楽組曲『アルルの女』
16	ピアノ組曲『展覧会の絵』，交響詩『禿山の一夜』
チャイコフスキー	交響曲第6番『 17 』，バレエ音楽『白鳥の湖』『くるみ割り人形』
18	交響曲第9番『 19 』，弦楽四重奏曲第12番『アメリカ』
20	管弦楽組曲『ペール・ギュント』，ピアノ協奏曲 イ短調
プッチーニ	オペラ『蝶々夫人』『トスカ』
21	交響曲第1番『 22 』・第8番『一千人の交響曲』，『大地の歌』

ロシア五人組：ボロディン，キュイ，バラキレフ， 23 ，ムソルグスキー

5 近代・現代（1900年～）

1	2 派。 交響詩『海』，ピアノ組曲『ベルガマスク組曲』第3曲〈月の光〉，管弦楽曲『牧神の午後への前奏曲』
シェーンベルク	連作歌曲『月に憑かれたピエロ』，『グレの歌』
ホルスト	管弦楽組曲『惑星』より第4曲「木星」
3	管弦楽曲『ボレロ』『スペイン狂詩曲』，ピアノ曲『水の戯れ』
バルトーク	オペラ『青ひげ公の城』，ピアノ曲集『ミクロコスモス』
4	バレエ音楽『火の鳥』『春の祭典』
5	管弦楽曲『ラプソディ・イン・ブルー』『パリのアメリカ人』，オペラ『ポーギーとベス』
6	バレエ音楽『ガイーヌ（ガヤネー）』
7	管弦楽組曲『道化師』
8	『4分33秒』
バーンスタイン	ミュージカル『ウエスト・サイド物語』

過去問に挑戦！

次の作曲家A～Eを，年代の古い順に並べかえよ。
A．モーツァルト　B．ハチャトゥリャン　C．シューベルト
D．ブラームス　E．ヴィヴァルディ

（埼玉県　改題）

4 日本音楽史

重要度 B

ここが要点 日本の伝統音楽に関する出題率が高くなってきている。伝統音楽や伝統楽器，作曲者と代表作についてなどが出題されやすいため，日本の伝統音楽についても十分に学習しておく必要がある。

1 平安時代（9世紀～12世紀）

雅楽	［ 1 ］	日本音楽の宗教的な声楽と舞。神楽，久米歌，東歌など。
	外来系楽舞	外来音楽を日本化した器楽と舞。管絃，舞楽など。
	世俗歌曲	［ 2 ］を伴奏に用いる平安時代の声楽曲。催馬楽，朗詠など。
［ 3 ］		鼓などの伴奏で歌った歌謡，および，「今風の」という意味の新しい歌謡のこと。
［ 4 ］		仏教儀式で僧侶が唱える声楽曲。梵讃（梵語によるもの），漢讃（漢語によるもの），講式・論義など（日本語によるもの）など。

2 鎌倉・室町・安土桃山時代（13世紀～16世紀）

［ 1 ］	琵琶の伴奏で『平家物語』を語る音楽。声明の要素を取り入れて生まれ，鎌倉時代に成立した。盲人音楽家によって伝承された。
［ 2 ］	能と狂言からなる歌舞芸能。田楽や猿楽などを取り入れ，室町時代に観阿弥・世阿弥父子によって総合芸術として大成された。

3 江戸時代（17世紀～19世紀）

三味線音楽	浄瑠璃	三味線を伴奏にした〈語り物〉音楽の総称。代表種目には，義太夫節，常磐津節，清元節などがある。
	［ 1 ］	江戸時代に大阪（大坂）の竹本義太夫が創始した〈語り物〉の一種。人形芝居の伴奏音楽として発達した。
	［ 2 ］	江戸時代に誕生した歌舞伎の舞踊伴奏音楽。歌舞伎の変遷とともに発達した。
［ 3 ］		八橋検校が，室町時代末期にできた筑紫流箏曲を基に改革，発展し，後に生田流，山田流が生まれた。
［ 4 ］		読経の代わりに尺八を吹く仏教の一派である，普化宗の虚無僧専用の宗教音楽として普及した。

4 明治時代～現代（19世紀～）

［ 1 ］	『春がきた』『春の小川』『もみじ』『ふるさと』『おぼろ月夜』
高野辰之	『日のまる』『春がきた』『春の小川』『もみじ』『ふるさと』『おぼろ月夜』
［ 2 ］	『荒城の月』『花』『お正月』『箱根八里』『鳩ぽっぽ』

[3]	『赤い靴』『青い眼の人形』『通りゃんせ』
[4]	『早春賦』
[5]	『からたちの花』『赤とんぼ』『この道』『待ちぼうけ』『砂山』
[6]	『砂山』『カチューシャの唄』『肩たたき』
[7]	『浜辺の歌』『かなりや』
宮城道雄	箏と尺八の二重奏曲『[8]』
[9]	『かくれんぼ』『ほたる』『電車ごっこ』
[10]	『みかんの花咲く丘』『お猿のかごや』
[11]	『とんぼのめがね』『スキー』『ひなまつり』
[12]	『夏の思い出』『小さい秋みつけた』『雪の降るまちを』
[13]	『花の街』『ぞうさん』『やぎさんゆうびん』，オペラ『夕鶴』
[14]	管弦楽曲『ノヴェンバー・ステップス』『弦楽のためのレクイエム』

過去問に挑戦！

次の文章は，日本の作曲家について述べたものである。誤っている内容のものを①～⑤から1つ選べ。

① 團伊玖磨は，オペラ『夕鶴』で毎日音楽賞などを受賞した。童謡『ぞうさん』，混声合唱組曲『筑後川』は彼の作品である。

② 滝廉太郎は，東京に生まれた。『荒城の月』『箱根八里』『鳩ぽっぽ』『お正月』は，彼の作品である。

③ 宮城道雄は，兵庫県に生まれた。幼い時に目が不自由となったが，箏の演奏家として活躍するとともに，『さくら変奏曲』『春の海』などを作曲した。

④ 武満徹が作曲した『ノヴェンバー・ステップス』では，尺八と琵琶が用いられる。

⑤ 山田耕筰は，ドイツに留学した。代表的な歌曲に，『赤とんぼ』『からたちの花』『花の街』がある。

（さいたま市　改題）

5 保健体育

●解答解説P237

1 保健

重要度 C

ここが要点　日本人の死亡原因の上位を占める病気は，生活習慣と深い関わりがある。中でも喫煙による健康への被害について理解しておくこと。また，エイズ，感染症，薬物乱用などの事項についても押さえておこう。

1 病気とその予防

(1)　主な死因…日本人の死亡原因の上位を占めているのは，[1]，心疾患（心臓病），老衰，[2]，肺炎で，これらで全体の約65％を占める。

(2)　[3]…主として食事・運動・休養・喫煙・飲酒など，ふだんの生活習慣がその発病や進行に関わる病気のこと。[1]，心疾患（心臓病），[2]の他，糖尿病，歯周病などがある。

(3)　食中毒…食物中の病原体や毒素などの摂取でおこる症状。

[4]：病原性大腸菌の1つで，腸管内でベロ毒素を産生し出血性腸炎をおこす。熱に弱く75℃で1分以上の加熱により死滅する。

[5]：自然界に広く分布し，牛・豚・鶏などの家畜，犬や猫，カメなどのペットも保有。低温や乾燥に強い。

[6]：夏の海水中で発見され，魚介類の表面につきやすい。熱に弱く，また5℃以下ではほとんど増殖しない。

(4)　感染症…細菌やウイルスなどが体内に侵入・繁殖して引きおこされる疾病。

エイズ：HIV〔[7]〕の感染によっておこる病気。HIVは体の免疫機能を低下させ，肺炎や悪性腫瘍など様々な病気を引きおこす。感染経路としては，HIV感染者との[8]による感染が最も多い。

2 喫煙・薬物乱用と健康

(1)　喫煙

有害物質	作用	健康への悪影響
[1]	末梢血管収縮による血圧の上昇，依存性	動脈硬化，習慣化
[2]	発がん作用，がん促進作用	各種のがん
[3]	ヘモグロビンとの結合による血液が運搬する酸素量の減少	心臓に負担，動脈硬化

喫煙者が吸う煙を[4]というが，[4]だけでなく，たばこの点火部から出る煙〔[5]〕にも有害物質は多く含まれているため，喫煙者以外の者もたばこの煙を吸うことになる。このことを[6]という。

(2)　薬物乱用…医薬品を本来の目的からはずれて使用したり，医療目的にない薬物を不正に使用したりすること。

有機溶剤（シンナー）：脳（中枢神経）を[7]させる作用。

覚せい剤：脳（中枢神経）を[8]させる作用。

3 応急手当

(1) 心肺蘇生～JRC蘇生ガイドライン（2020）～

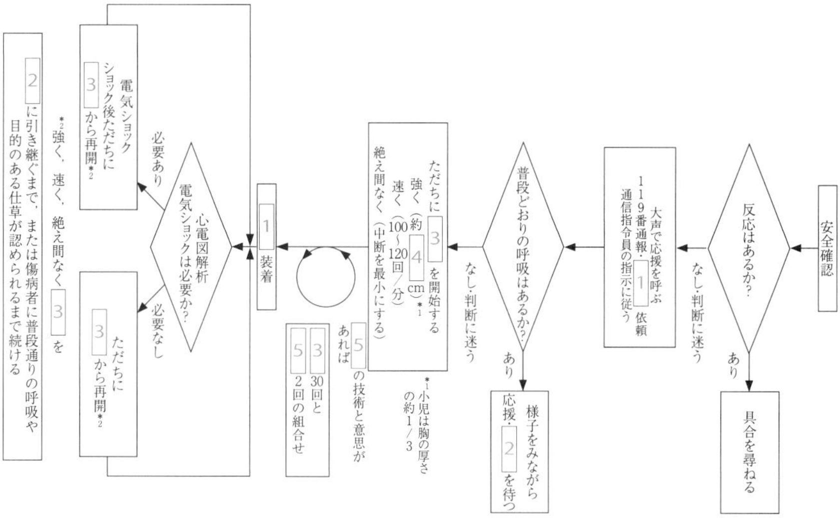

(2) けがの応急手当

① 止血の方法

[6]法：傷口に直接清潔なガーゼなどを当て，その上を強く圧迫する。

[7]法：傷口より心臓に近い動脈のある止血点を，強く圧迫する。

[8]法：傷口から心臓に近いところを包帯や布などで固く結ぶ。

② 日常的なけがに対する応急手当

やけど：流水で，痛みや熱さを感じなくなるまで冷やす（15分程度）。着衣のときは，その上から水をかける。[9]はつぶさない。

※成人の場合，体表面積の[10]％以上のやけどをすると重症となる。

突き指：濡れタオルや冷湿布で冷やす。副木で固定する。腫れをひかせるため，患部は[11]くしておく。指を引っ張ってはいけない。

鼻血：頭を[12]に傾け，口で息をさせる。小鼻の部分を指でつまんで圧迫する。清潔なガーゼを鼻につめる。上を向かせたり後頭部を刺激したりしない。

足がつる：足を伸ばしながら，足指を[13]の方向にそらす。温湿布で温める。筋肉マッサージをする。

(3) 熱中症…直射日光や高温多湿の環境下において激しいスポーツや労働を行った場合に，体温調節機能や血液循環機能が十分に働かなくなり，けいれん，めまい，頻脈，意識混濁などをおこす。症状の程度により，以下の3つに分けられる。

[14]：大量の発汗があり，水のみを補給した場合に血液の塩分濃度が低下して起こるもので，筋の興奮性が亢進して，四肢や腹筋のけいれんと筋肉痛が起こる。

[15]：脱水によるもので，全身倦怠感，脱力感，めまい，吐き気，嘔吐，頭痛などの症状が起こる。体温の上昇は顕著ではない。

[16]：体温調節が破綻して起こり，高体温と意識障害が特徴である。意識障害は，周囲の状況が分からなくなる状態から昏睡まで，程度は様々である。脱水が背景にあることが多く，血液凝固障害，脳，肝，腎，心，肺などの全身の多臓器障害を合併し死亡率が高い。

(4) その他の応急手当

[17]：水平または足を高くして寝かせる。衣服をゆるめ全身を保温。

[18]：ゆっくりと呼吸をするように指示する。

2 スポーツ

重要度 C

ここが要点

一般的なスポーツについて，競技人数とその競技独特のルールを確認しておこう。専門的な内容まで問われることはほとんどない。オリンピックについては，開催前後の年は頻出しているので，細かいところまで押さえておこう。

1 スポーツの用語とルール

(1) 球技の競技者数（1チーム）

ラグビー：[1]人　サッカー：[2]人　ホッケー：[3]人

アメリカンフットボール：[4]人　ハンドボール：[5]人

バスケットボール：[6]人　バレーボール：[7]人

(2) スポーツの用語とルール

① サッカー

・危険な方法でプレーしたときやゴールキーパーが6秒を超えて手でボールを保持したときには，相手側に[8]が与えられる。

・直接フリーキックになる反則を，守備側が自陣のペナルティーエリア内で行ったときは，相手側に[9]が与えられる。

② バスケットボール

・[10]：身体接触によるファウル（ブロッキング，プッシング，イリーガルユースオブハンズ，ホールディングなど）

・[11]：スポーツマンらしくない行為

・[12]：ファウルを除くすべての違反（トラベリング，ダブルドリブル，アウトオブバウンズなど）

③ バレーボール

・[13]：ブロッカーを除き，同一プレーヤーが続けて2回ボールに触れたとき。

・[14]：同じチームが3回を超えてボールに触れたとき。（ブロックは除く）

・[15]：足がセンターラインを完全に踏み越えて相手のコートに侵入したとき。

④ 陸上競技

・トラック競技：国内の中・高校生が出場する競技会のほとんどは，スタート時のフライングは，1回目にフライングをしたか否かにかかわらず，[16]回目にフライングをすると失格になるというルールを適用している。

・リレー競争：バトンの受け渡しは，30mの[17]の中で完了しなければならない。

・[18]競技：走り幅跳び，走り高跳び，棒高跳び

・[19]競技：砲丸投げ，やり投げ，円盤投げ，ハンマー投げ

⑤ 水泳競技

・[20]の泳法順序は，バタフライ→背泳ぎ→平泳ぎ→自由形。

・[21]の泳法順序は，背泳ぎ→平泳ぎ→バタフライ→自由形。

2 オリンピック

- 近代オリンピックはフランスの[1]男爵の提唱により[2]が設立され，[3]年に第1回大会が[4]で開催された。
- 日本人初のオリンピック参加は，1912年のストックホルム（スウェーデン）大会であり，日本人が初めて金メダルを受賞したのは，1928年の[5]大会である。また，オリンピックが日本で初めて開催されたのは，1964年の[6]大会である。
- 第1回冬季オリンピックは，1924年に[7]で開催された。1994年の第17回の[8]大会より，夏季と冬季の大会が交互に開催されるようになった。
- 第18回の冬季オリンピックは，1998年に日本の[9]で開催された。
- 第32回の夏季オリンピックは，新型コロナウイルス感染症の影響で2020年から2021年に延期し，[6]で開催された。
- 第24回の冬季オリンピックは，2022年に[10]で開催された。

3 スポーツの競技会

(1) 国内の競技会

- [1]：日本の総合スポーツ大会。1946年から毎年開催され，1～2月の冬季大会と，9～10月の本大会がある。最多得点の都道府県には天皇・皇后杯が与えられる。
- [2]：全国高等学校総合体育大会の通称。

(2) 国際的な競技会

- [3]：身体障害者による国際総合競技大会。
- [4]：アジア地域の総合競技大会。4年に1度開催される。
- [5]：大学生の国際総合競技大会。2年に1度開催される。
- [6]：テニスの4大大会（全豪オープン，全仏オープン，ウィンブルドン選手権，全米オープン）
- [7]：ゴルフの4大大会（全英オープン，全米オープン，全米プロ，マスターズ）
- [8]：アメリカンフットボール・プロチームの優勝決定戦。
- FIFAワールドカップ：[9]年に1度開催されるサッカーの世界選手権大会。2022年の開催地はカタール。
- ラグビーワールドカップ：2019年の開催地は[10]。

過去問に挑戦！

1 次のうち，バレーボールの反則でないものを選べ。

① ダブルドリブル　② フォアヒット
③ ホールディング　④ ペネトレーションフォールト

（群馬県　改題）

2 オリンピックに関する記述として，正しいものを2つ選べ。

① ソウル大会は，夏季オリンピックではアジア3番目の開催である。
② ミュンヘン大会では，テロ事件でイスラエルの選手が死亡した。
③ 日本選手が初めて金メダルを獲得したのはストックホルム大会である。
④ ベルリン大会では，聖火リレーが初めて実施された。
⑤ 近代オリンピック最初の大会はパリで開催された。

（埼玉県　改題）

6 美術

●解答解説P238～P239

1 日本美術史 重要度C

ここが要点

日本美術史は，まず歴史の流れをつかむ必要がある。各時代の背景と合わせて，その様式の特徴と作品を見ていくと理解し易い。主な作品と作者名は，ひと通り覚えておこう。
明治時代以降は特に，作家一人ひとりが独自の特徴をもつので，その作風も確認しておくとよい。

1 平安時代

タイトル：［ 1 ］

タイトル：［ 2 ］
作者：(伝)［ 3 ］

2 鎌倉時代

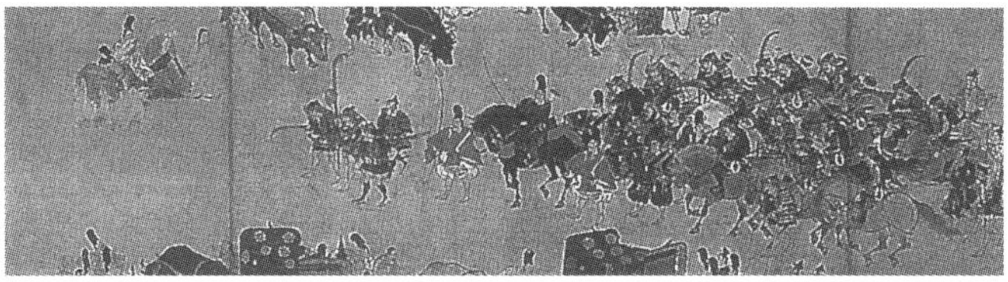

タイトル：［ 1 ］

・「(伝)源頼朝像」…(伝)［ 2 ］作
〔人物を写実的に描く［ 3 ］の代表作〕

3 室町時代

タイトル：［ 1 ］
作者：［ 2 ］(1420～1506年)
〔日本水墨画を大成〕

4 桃山・江戸時代

タイトル：[1]
作者：[2]（1543～90年）

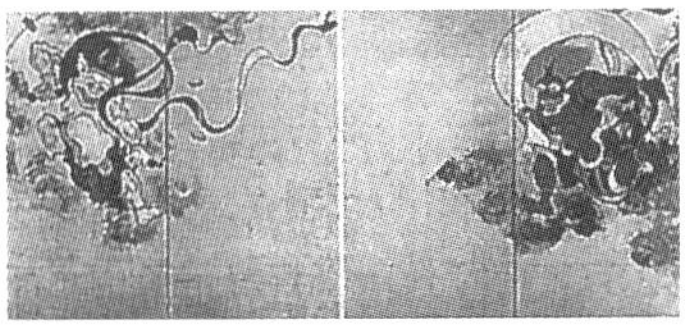

タイトル：[3]
作者：[4]（生年未詳～1640年頃）

タイトル：[5]
作者：[6]（1658～1716年）
〔「燕子花図屏風」も有名〕

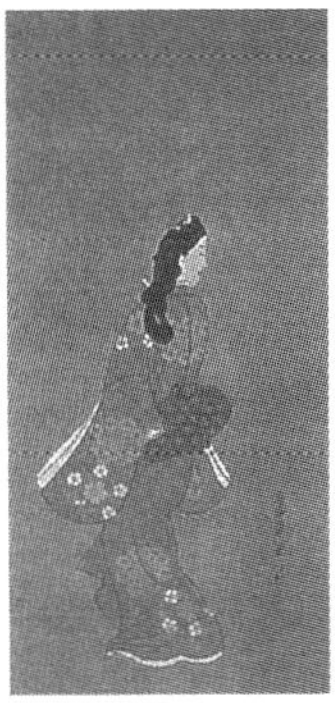

タイトル：[7]
作者：[8]（生年未詳～1694年）

タイトル：ポッピンを吹く女
作者：[9]（1753～1806年）
〔美人画に大首絵の手法〕

タイトル：三代目大谷鬼次の奴江戸兵衛
作者：[10]（生没年不明，1794～95年に活動）
〔大首絵を大成。役者絵〕

タイトル：[11]
作者：[12]（1760～1849年）

タイトル：[13]
作者：[14]（1797～1858年）

5 明治時代以降

(1) 日本画

タイトル：落葉
作者：[1]（1874～1911年）

タイトル：無我
作者：[2]（1868～1958年）
〔日本美術院を創立〕

タイトル：白馬の森
作者：[3]（1908～99年）

(2) 洋画

タイトル：収穫
作者：[4]（1856～1907年）
〔「春畝」も有名〕

タイトル：[5]
作者：[6]（1866～1924年）
〔「湖畔」も有名〕

タイトル：海の幸
作者：[7]（1882～1911年）

タイトル：麗子像
作者：[8]（1891～1929年）

タイトル：金蓉
作者：[9]（1888～1955年）

・「紫禁城」…[10]（1888～1986年）

(3) 彫刻

タイトル：11
作者：12（1852～1934年）

タイトル：13
作者：14（1879～1910年）

タイトル：15
作者：16（1883～1956年）
〔詩人としても有名〕

(4) 版画
・「釈迦十大弟子」…17（1903～75年）

過去問に挑戦！

1 室町時代の絵画の説明として正しいものを選べ。
① 錦絵と呼ばれる多色刷り版画が作られるようになった。
② 墨一色で自然の風景を描く水墨画が，雪舟によって大成された。
③ 平治物語絵巻のような合戦絵巻が描かれた。
④ 大和絵風の装飾画が俵屋宗達・尾形光琳により大成された。

（神奈川県・横浜市・川崎市　改題）

2 次の作品（部分図を含む）①～③と，作者名A～Eの組み合わせとして正しいものを(1)～(5)から1つ選びなさい。

①
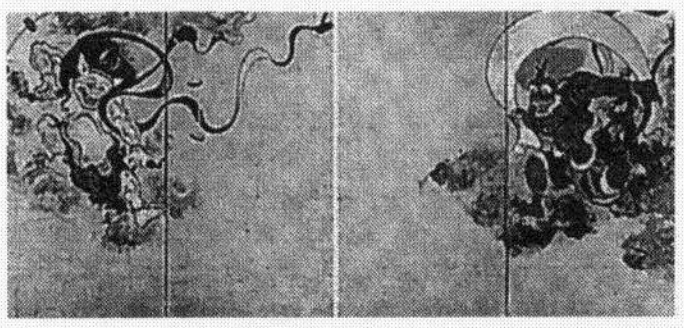

②

③

〈作者名〉A．俵屋宗達　B．葛飾北斎　C．菱川師宣
D．尾形光琳　E．歌川広重

(1) ①－A　②－D　③－B
(2) ①－D　②－C　③－B
(3) ①－D　②－B　③－E
(4) ①－C　②－D　③－B
(5) ①－A　②－C　③－E

（埼玉県・さいたま市）

2 西洋美術史

重要度 B

ここが要点

ゴシックまでは，各様式の特徴をその代表的建築とともに覚えておくこと。そして，ルネサンス以降は，絵画を中心に移り変わりをみていこう。
近代以降は頻出である。各流派の特徴を理解し，代表的作家とその作品名を覚える必要がある。

1 古代の美術

(1) ギリシア時代

建築物名：［ 1 ］

(2) ヘレニズム時代

タイトル：［ 2 ］

(3) ローマ時代

建築物名：［ 3 ］

2 中世ヨーロッパの建築

様式	時代	代表的主な建築物
［ 1 ］	4～15世紀	ハギア（セント）＝ソフィア聖堂，サン＝マルコ聖堂
［ 2 ］	10～12世紀	ピサ大聖堂
［ 3 ］	13～15世紀	ケルン大聖堂，ノートルダム大聖堂 シャルトル大聖堂

3 ルネサンス

タイトル：[1]
作者：[2]（1444～1510年，イタリア）

タイトル：[3]
作者：[4]
（1452～1519年，イタリア）
〔「モナ＝リザ」も有名〕

タイトル：[5]
作者：[6]（1475～1564年，イタリア）

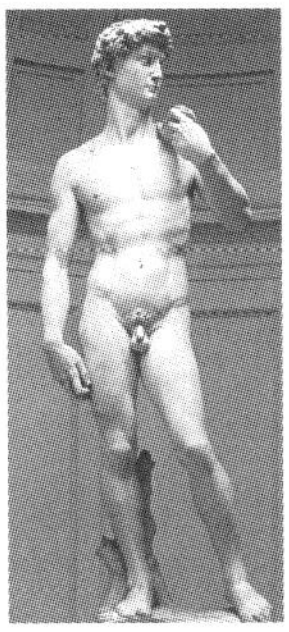

タイトル：[7]

タイトル：美しき女庭師（聖母子）
作者：[8]（1483～1520年，イタリア）
〔「アテネの学堂」も有名〕

4 バロック

タイトル：[1]
作者：[2]（1606～69年，オランダ）

タイトル：ラス＝メニーナス
作者：[3]
（1599～1660年，スペイン）

5 ロココ

タイトル	作者
「シテール（キュテラ）島への船出」	[1] （1684～1721年，フランス）
「裸のマハ」 「1808年5月3日（5月3日の処刑）」	[2] （1746～1828年，スペイン）

6 古典主義（新古典派）

タイトル	作者
「ナポレオンの戴冠式」 「ホラティウス兄弟の誓い」	[1] （1748～1825年，フランス）
「グランド＝オダリスク」 「ヴァルパンソンの浴女」	[2] （1780～1867年，フランス）

7 ロマン主義

タイトル：[1]
作者：[2]
（1798～1863年，フランス）

タイトル：メデューズ号の筏
作者：[3]
（1791～1824年，フランス）

・「雨・蒸気・速度」
・「戦艦テメレール」
[4]（1775～1851年，イギリス）

8 自然主義

タイトル：[1]
作者：[2]（1814～75年，フランス）

・「モルトフォンテーヌの思い出」
・「真珠の女」
[3]（1796～1875年，フランス）

9 印象派

タイトル：笛吹く少年
作者：[1]（1832～83年，フランス）
〔「草上の昼食」「オランピア」も有名〕

タイトル：[2]　　タイトル：[3]
作者：[4]（1840～1926年，フランス）

タイトル：[5]
作者：[6]
（1841～1919年，フランス）

タイトル：エトワール（舞台の踊り子）
作者：[7]
（1834～1917年，フランス）

10 新印象派

タイトル：[1]
作者：[2]（1859～91年，フランス）

11 後期印象派

タイトル：[1]
作者：[2]（1839～1906年，フランス）
〔「サント・ヴィクトワール山」も有名〕

タイトル：[3]　タイトル：[4]
作者：[5]（1853～90年，オランダ）

タイトル：タヒチの女
作者：[6]（1848～1903年，フランス）
〔「黄色いキリスト」も有名〕

12 フォーヴィスム（野獣派）

タイトル	作者
「ダンス」 「赤い室内」	[1] （1869～1954年，フランス）
「裁判所のキリスト」	ルオー （1871～1958年，フランス）

13 キュビスム（立体派）

タイトル：[1]
作者：[2]（1881～1973年，スペイン）
〔「ゲルニカ」も有名〕

14 エコール・ド・パリ（パリ派）

タイトル：私と村
作者：[1]
（1887～1985年，ロシア）
〔「夏の夜の夢」も有名〕

15 表現主義

タイトル：[1]
作者：[2]（1863～1944年，ノルウェー）

16 シュールレアリスム（超現実主義）

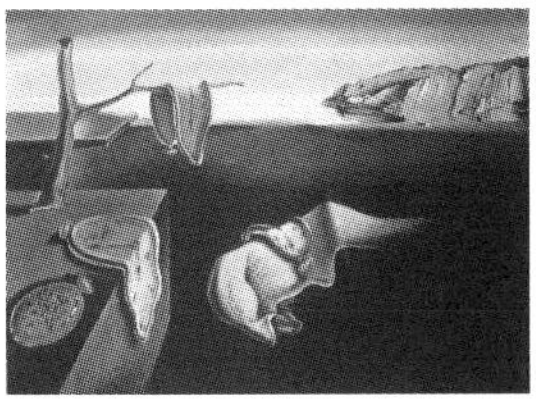

タイトル：[1]
作者：[2]
（1904～89年，スペイン）

17 近代以降の彫刻

タイトル：考える人
作者：[1]
〔「カレーの市民」，「地獄の門」も有名〕

・「弓を引くヘラクレス」…[2]
・「地中海」…[3]

過去問に挑戦！

次の芸術家についての説明文を読み，代表作を【選択肢】より選べ。
フランスの印象派の画家であり，女性の肖像や浴女などを情感豊かな，明るい色彩で描いた。

【選択肢】
① ムーラン・ド・ラ・ギャレット　② タヒチの女　③ 草上の昼食　④ 睡蓮
⑤ ひまわり

（佐賀県　改題）

3 美術理論

重要度 C

ここが要点　美術理論については様々な内容があげられるが，その中で出題のみられる内容に絞って取り上げておく。版画の種類は，その製作方法によって理解しておくこと。また，デザインの基本事項は，美術を理解する上で大切である。

1 版画の種類

版の種類	[1]	[2]	[3]	[4]
主な版画	木版画 紙版画	ドライポイント エッチング	シルクスクリーン ステンシル	リトグラフ

2 彫刻刀の種類

刀の種類	[1]	[2]	[3]	[4]
形状				

3 色彩

(1)　色の種類

[1]	白・黒・灰色。明度のみをもつ色
[2]	白・黒・灰以外の色すべて

(2)　色の三要素（三属性）

[3]	色合い・色味のこと
[4]	明るさの度合いのこと。白が最も明るく（高く），黒が最も暗い（低い）
[5]	鮮やかさの度合いのこと [6]：最も鮮やかな色

(3)　色相環：有彩色を色相の似ている順に並べてできる輪
色相環で向かい合う色同士のことを[7]という。

(4)　三原色

色の三原色	[8]，[9]，[10] すべて混合すると黒に近い色
光の三原色	[11]，[12]，[13] すべて混合すると白色

(5)　色の混合

[14]	混合により明度が高くなるもの
[15]	混合により明度が低くなるもの

4 レタリング

[1]体	[2]体	[3]体	[4]体
永	永	A	A

5 焼物の制作過程

[1]：よく練った粘土を使い，形を作る。厚さが均等になるようにし，空気が入らないようにする

↓

乾燥　：粘土を乾燥させる

↓

[2]：[3]℃～[4]℃で焼き，ゆっくり温度を下げる

↓

（下絵付けを行う場合もある）

↓

[5]：釉薬をかける

↓

[6]：[7]℃～[8]℃まで温度を上げて焼く

過去問に挑戦！

1 レタリングで縦と横の太さが同じ書体はどれか。

① 明朝体　② ゴシック体　③ ローマン体　④ イタリック体　⑤ 行書体

（埼玉県　改題）

2 次の文は色について述べたものである。①～⑤の中から正しいものを一つ選べ。

① 色の三要素は「色相」「明度」「彩度」である。
② 色は「有彩色」「無彩色」「中間色」に大きく分けることができる。
③ 12色相環で，例えば「赤」と「青緑」のように互いに向かい合う色同士のことを「対色」という。
④ 「純色」とは，草木や鉱物などから直接抽出した純粋な色のことをいう。
⑤ 色の三原色は，絵の具などの色料と色光とも「赤」「黄」「青」である。

（神奈川県・横浜市・川崎市　改題）

Open Sesame 社会科学

1 世界史

●解答解説P240〜P243

1 古代・中世

重要度B

ここが要点

古代では４大文明とローマ帝国が頻出。重要語句と史実の流れを押さえておこう。
中世では十字軍や百年戦争，バラ戦争といった戦争について比較的出題頻度が高い。年代を意識して把握しておくこと。イスラーム史も注意が必要である。

＜古代・中世年表（中国史除く）**＞**

世界のできごと		日本のできごと	
前5000頃	中国文明が成立		
前3000頃	［1］文明が成立		
前3000頃	エジプト文明が成立		
前2600頃	［2］文明が成立		
前550	アケメネス朝がオリエント統一		
前500	ペルシア戦争（〜前449）		
前334	［3］大王東方遠征（〜前324）		
前264	ポエニ戦争（〜前146）		
313	［4］勅令（キリスト教公認）	239	邪馬台国女王卑弥呼が魏に遣使
375	ゲルマン人大移動開始		
395	ローマ帝国，東西に分裂		
476	西ローマ帝国滅亡		
481	［5］王国成立		
610頃	［6］がイスラーム教を開く	593	聖徳太子が摂政となる
622	ヒジュラ（聖遷）	645	大化の改新始まる
661	イスラーム帝国成立	672	壬申の乱
726	ビザンツ皇帝レオン3世が聖像禁止令	710	元明天皇が平城京に遷都
732	［7］間の戦い		
750	アッバース朝成立	752	東大寺大仏開眼
800	［8］大帝の戴冠	794	桓武天皇が平安京に遷都
843	［5］王国分裂		
962	［9］帝国成立		
1054	教会の東西分裂	1016	藤原道長が摂政となる
1077	［10］の屈辱		
1095	クレルモン宗教会議		
1096	［11］の遠征始まる		
1215	イギリスで［12］制定	1192	源頼朝が征夷大将軍となる
1258	アッバース朝滅亡	1274	文永の役（元寇）
1300	［13］帝国成立	1281	弘安の役（元寇）
1303	アナーニ事件		
1309	教皇のバビロン捕囚（〜1377）	1338	室町幕府成立
1339	［14］戦争（〜1453）		
1378	教会大分裂（大シスマ）（〜1417）		
1453	［13］帝国が東ローマ（ビザンツ）帝国を滅ぼす	1467	応仁の乱（〜1477）
1455	［15］戦争（〜1485）		

1 4大文明

文明（成立年代）	河川名	特　徴
[1]文明（前3000年）	ティグリス川 [2]川	[3]暦や[4]進法など，実用的な学問が発達。[5]法典を整備。[6]文字を使用。
エジプト文明（前3000年）	[7]川	[8]暦や[9]進法，測地術が発達。ピラミッドやスフィンクスが代表的遺跡。[10]文字（ヒエログリフ）を使用。
[11]文明（前2600年）	[11]川	青銅器文化をもつ都市文明。印章や[11]文字などが使用された。[12]が代表的遺跡。
中国文明（前5000年）	[13] 長江	原始農耕文化。殷王朝では，漢字のもととなる[14]文字を利用。

2 ギリシア・ヘレニズム

(1) **ギリシアの文明**

① ギリシア民主政

・前8世紀頃，地中海沿岸のアテネやスパルタに[1]とよばれる都市国家が成立。

・前5世紀におこった[2]戦争でアケメネス朝[2]の侵入を市民の力で防ぐと，成年男子のみが参加する[3]政治が進展し黄金時代を迎えた。

② ギリシアの文化

人　名	特　徴
[4]	万物の根源を[5]と考え，「哲学の父」と称された。
デモクリトス	万物の根源を[6]（原子）と考え，唯物論の起源となる。
[7]	「万物は流転する」と説いた。
プロタゴラス	「人間は万物の[8]である」と説いた。
[9]	西洋哲学の祖。「無知の知」，知徳合一を説いた。
[10]	イデア論を説く。主著『国家』。「アカデメイア」を設立。
[11]	アレクサンドロス大王（少年期）の家庭教師で，「万学の祖」とよばれる。主著『政治学』。「リュケイオン」を設立。
ホメロス	叙事詩人。『イリアス』『オデュッセイア』を著す。
[12]	喜劇作家。『女の平和』を著す。
[13]	[2]戦争史である『歴史』を著す。

(2) **ヘレニズム世界**

・[14]大王…マケドニアのフィリッポス2世の子。前334年に東方遠征を開始し，アケメネス朝[2]を滅ぼした後，インダス川に達する大帝国を形成。

・[15]文化…ギリシア風の文化と[16]の文化が融合。

・[15]時代…紀元前4世紀から，ローマによる地中海統一（女王クレオパトラの死によるプトレマイオス朝[17]の滅亡）までの約300年間。

3 ローマ文明

(1) ローマ帝国

紀元前3世紀頃，イタリア半島を統一した都市国家ローマは，カルタゴとの[1]戦争などを背景として，前1世紀には地中海の周囲を領土とするローマ帝国となって繁栄した。

皇帝	年代	主なできごと
[2]	前27年	元老院からアウグストゥスの称号を贈られ，帝政開始。
[3]時代	後96～180年	ローマ帝国の最盛期。ネルウァ帝→[4]帝（領土最大）→ハドリアヌス帝→アントニヌス＝ピウス帝→マルクス＝アウレリウス＝[5]帝の5人の皇帝。
[6]帝	284～305年	専制君主政（ドミナトゥス）を採用。 キリスト教徒に対する大迫害を実施。
[7]帝	306～337年	313年，[8]勅令でキリスト教を公認。 325年，[9]公会議でキリストを神と同一視するアタナシウス派を正統教義とし，アリウス派を追放。
[10]帝	379～395年	392年，アタナシウス派キリスト教を国教化。 395年，コンスタンティノープルを都とする東ローマ（[11]）帝国と，[12]を都とする西ローマ帝国に分裂。

(2) ローマの文化

人名	特徴
[13]	『ガリア戦記』を著す。ユリウス暦を制定。
[14]	『年代記』『ゲルマニア』を著す。
[15]	『対比列伝』（『英雄伝』）を著す。
[16]	『天文学大全』で天動説を説く。
[17]	『幸福論』を著す。ストア派の哲学者。皇帝ネロの師。

4 中世ヨーロッパの成立

(1) ゲルマン人の大移動

・大移動の開始…4世紀後半，ゲルマン人がドナウ川を越えてローマ帝国内に移住を開始し，先住の[1]人を追放。

・部族王国の建国…ゲルマン人は各地に部族王国を建国し，[2]帝国は476年に滅亡。

(2) フランク王国

① フランク王国の建国と発展

・[3]…481年，フランク王国を建国。

・宮宰[4]…732年，トゥール・ポワティエ間の戦いでイスラーム軍の侵入を阻止。

・[5]大帝…800年，教皇レオ3世よりローマ皇帝の帝冠を授けられる。これにより，西ヨーロッパ世界は政治的・宗教的・文化的に独立。

② フランク王国分裂

ヴェルダン条約（843年），メルセン条約（870年）により，東・西フランクと[6]に分裂し，それぞれ現在のドイツ，[7]，[6]の起源となる。東フランクでは962年に[8]帝国が成立。

5 十字軍の遠征と西ヨーロッパ諸国の形成

(1) **十字軍の遠征**

・教皇[1]2世…キリスト教の聖地[2]がイスラーム教徒の支配下にあったため，1095年の[3]宗教会議で，聖地奪回のため十字軍遠征を決議。

・十字軍の経過（1096～1270年まで計7回派遣）

第1回	聖地奪回に成功し，1099年[2]王国を建設。
第3回	エジプトのサラディンが[2]王国を占領。
第4回	教皇[4]3世の提唱。[5]を占領し，1204年にラテン帝国を建設。
第7回	1291年，十字軍最後の拠点アッコンが陥落し，聖地奪回失敗。

・この結果，地中海貿易が盛んになり，貨幣経済が発展した。

(2) **西ヨーロッパ諸国の形成**

① [6]戦争（1339～1453年）

フランス国内のイギリス領土をめぐる英仏の対立で，フィリップ6世がフランス王に即位した際，イギリス王[7]3世が王位継承権を主張したことがきっかけとなる。[8]の活躍もあってフランスが勝利。

② [9]戦争（1455～85年）

イギリス国内でおこった，[10]家とヨーク家の相続争い。[10]家のヘンリ7世が即位し，テューダー朝を開いた。

6 イスラーム世界の形成と発展

(1) **イスラーム教の成立**

・アラビア半島の[1]で，7世紀に商人の[2]が唯一神[3]の啓示を受けてイスラーム教を唱えた。

・偶像崇拝を否定し，『[4]』を経典とする。

・622年，[2]が迫害を逃れ[5]に移住し，信徒とウンマ（イスラーム共同体）をつくった。このことを[6]（聖遷）とよび，この年をイスラーム暦の紀元元年とする。

(2) **イスラーム帝国の成立と発展**

・[7]朝…7世紀にムアーウィヤによって成立。後継者であるカリフを世襲制とした。732年，ピレネー山脈を越えてフランク王国に侵入したが，宮宰カール＝マルテルにより撃退された（[8]間の戦い）。

・[9]朝…8世紀にバグダードを都として成立。第5代ハールーン＝アッラシードのとき全盛。インド西北から北アフリカ，イベリア半島にまで勢力を広げる。

(3) **イスラーム文明**

アラブ人がもたらしたイスラーム教と[10]語が融合して誕生した文明。天文学，医学，数学などが発達した。特に数学ではゼロの概念や[10]数字を採用することで独創的な成果をあげた。

人　名	特　徴
イブン＝ハルドゥーン	『世界史序説』を著す。
[11]	『旅行記』（『三大陸周遊記』）を著す。
フワーリズミー	代数学と三角法を開発。

2 近世

重要度B

ここが要点　近世では，ルネサンス，大航海，宗教改革に関して出題頻度が高い。人物名や重要語句はもちろん，その背景や結果・影響についても押さえておこう。

＜近世年表（中国史除く）**＞**

世界のできごと		日本のできごと	
1492	[1]がサンサルバドル島に到達		
1498	[2]がインド航路発見		
1517	[3]がドイツで宗教改革（九十五カ条の論題）		
1522	[4]が世界一周達成		
1526	ムガル帝国が成立		
1541	[5]がスイスで宗教改革	1543	鉄砲伝来
1555	アウクスブルクの宗教和議	1549	ザビエル来航
1558	イギリスで[6]が即位		
1571	[7]の海戦		
1588	[8]海戦		
1600	イギリスが[9]会社を設立	1600	関ヶ原の戦い
1618	[10]戦争（～48）	1603	江戸幕府成立
1640	イギリス（ピューリタン）革命（～60）	1641	鎖国の完成
1643	フランスで[11]即位		
1648	[10]戦争の講和条約である[12]条約締結		

1 ルネサンス

(1) **ルネサンス**

ありのままの人間性を肯定していく考え方。14世紀に[1]で始まり，16世紀までに西欧各地に広まった。古代ギリシア・ローマを模範に，神や教会を中心とする中世的しきたりから，人間を中心とする世界観への転換を指す。

(2) **ルネサンス期の文芸と美術**

	人名	出身国	主な作品
文芸	[2]	イタリア	『神曲』
	ボッカチオ	イタリア	『デカメロン』
	チョーサー	イギリス	『カンタベリ物語』
	[3]	ネーデルラント	『愚神礼賛』
	トマス＝モア	イギリス	『[4]』
	[5]	イギリス	『ハムレット』『リア王』
美術	[6]	イタリア	「ヴィーナスの誕生」「春」
	[7]	イタリア	「最後の晩餐」「モナ＝リザ」
	[8]	イタリア	「最後の審判」「ダヴィデ像」

2 大航海時代

(1) **大航海時代の到来**

[1]の需要増大や，東方貿易の不安定（オスマン帝国の東地中海進出），中央集権国家の形成と国王の援助を背景とする。また，[2]の『世界の記述』などから東方への関心が高まったことや，羅針盤・航海術が発達したことなども理由としてあげられる。

(2) **ヨーロッパ人による航海と探検**

支援国	人物	年代	主なできごと
ポルトガル	[3]	1487～88	アフリカ南端の喜望峰に到達。
	[4]	1497～99	インド西岸のカリカットに到達。インド航路開拓。
スペイン	[5]	1492～93	サンサルバドル島に到達。
	[6]	1519～22	一行が史上初の世界周航を達成。

3 宗教改革

世俗化した教会を捨てて，聖書に復帰しようとするカトリック批判運動。16世紀にヨーロッパで展開され，以降の改革派を[1]という。

(1) **宗教改革の始まり**

・ドイツの[2]が，教皇レオ10世が販売した[3]を批判して，1517年に「[4]」をヴィッテンベルク教会の扉に掲示。
・「人は信仰によってのみ義とされる」とする信仰義認説を主張し，聖書第一主義を明確化した。

(2) **宗教改革の広がり**

・1555年，神聖ローマ皇帝カール5世は[5]の宗教和議で，諸侯のルター派の信仰を容認した。
・スイスでは[6]が，魂の救済は神によって決められているとする[7]説を展開。勤労の結果としての蓄財を認めたことから，新興商工業者に広く受け入れられた。

(3) **対抗宗教改革（反宗教改革）**

・宗教改革に対抗して行われた，カトリック側（旧教側）の立て直し運動。イグナティウス=ロヨラを中心に設立された[8]が中心となった。
・[8]の[9]は海外伝道につくし，1549年に来日。西日本各地で布教活動を行った。

4 絶対王政

16～18世紀にかけて展開された，王権への集権化が進んだ政治体制。ヨーロッパの多くの国で確立した。

国	全盛期の王	特徴
スペイン	[1]2世	[2]の海戦（1571年）でオスマン帝国艦隊を破り，地中海の支配権を確立。広大な領土をもち，「[3]の沈まぬ国」といわれた。
イギリス	[4]1世	統一法によりイギリス国教会を確立。[5]海戦（1588年）でスペインの無敵艦隊を破り，海上の支配権を掌握。1600年には[6]を設立。
フランス	[7]14世	親政を行い，[8]宮殿を造営。財務総監[9]が重商主義政策を展開。

3 近代

重要度 A

ここが要点　市民革命については，世界史の中でも最重要項目。イギリスの市民革命，アメリカ独立革命，フランス革命は時代整序をはじめ，日本史との同時代史としても非常によく出題されるため，年表を使って整理しておこう。

＜近代年表（中国史除く）**＞**

世界のできごと		日本のできごと	
1628	イギリスで権利の請願		
1640	イギリスで[1]革命（～60）	1641	鎖国完成
1688	イギリスで[2]革命（～89）	1685	生類憐みの令
1689	イギリスで権利の章典		
1701	スペイン継承戦争（～13）	1716	享保の改革
1740	[3]継承戦争（～48）		
1775	[4]独立戦争（～83）	1772	田沼意次の政治
1776	[4]独立宣言		
1783	パリ条約	1782	天明の飢饉
1789	[5]革命（～99）	1787	寛政の改革
	[5]人権宣言		
1804	フランスで[6]が皇帝になる	1808	フェートン号事件
1814	[7]会議（～15）		
1830	フランスで七月革命	1825	異国船打払令
1840	中国でイギリスとの[8]戦争（～42）	1837	大塩の乱
1842	南京条約	1841	天保の改革
1848	フランスで二月革命		
1853	クリミア戦争（～56）	1853	ペリー来航
1856	アロー戦争（～60）	1854	日米和親条約
1857	インド大反乱（シパーヒーの反乱）（～59）		
1858	[9]帝国滅亡	1858	日米修好通商条約
1861	ロシア農奴解放令		
	アメリカ[10]戦争（～65）		
	イタリア王国成立		
1863	アメリカで[11]宣言	1867	大政奉還
1870	プロイセン＝フランス（普仏）戦争（～71）	1868	戊辰戦争
1871	[12]帝国成立	1876	日朝修好条規
1881	ウラービー（オラービー）の反乱（～82）	1877	西南戦争
1884	清仏戦争（～85）	1889	大日本帝国憲法
1898	[13]事件	1894	日清戦争
	アメリカ＝スペイン（米西）戦争		

1 イギリス市民革命

(1) [1]革命

・[2]（1628年）…議会が専制を続ける国王[3]に提出した請願書。議会の同意のない課税，不当逮捕はできないとされた。

・[1]革命（1640～60年）…議会派と王党派が武力衝突し，[4]率いる議会派が勝利。国王を処刑して共和政を樹立。

(2) [5]革命

・[5]革命（1688～89年）…[4]の死後，王政が復活。議会は国王[6]を追放し，王女メアリ2世と夫のオランダ総督ウィリアム3世を国王に迎える。

・[7]（1689年）…課税には議会の承認が必要なことなどを定める。

2 アメリカ独立革命

(1) [1]戦争（1775～83年）

イギリスは新大陸で13の植民地を建設。イギリス本国が植民地人に高額な課税を課そうとしたため，植民地側は「[2]なくして[3]なし」のスローガンのもとに強く反抗。独立を求めてイギリス本国との間で戦争をおこした。植民地軍（独立軍）は苦戦を強いられたものの，フランス・スペインが植民地側で参戦し，北欧諸国は武装中立同盟を結成してアメリカの独立を援助した。

(2) [4]宣言（1776年）

[5]らが起草。J.ロックの自然法思想を基盤に基本的人権の保障や圧政に対する革命権を主張したもの。

(3) [6]条約（1783年）

アメリカ・イギリス間で結ばれたアメリカ独立戦争の講和条約。国際的に孤立したイギリスがアメリカの独立を承認。

(4) [7]憲法（1787年）

[8]で憲法制定会議が開かれ制定。人民主権（民主主義）を土台に連邦主義を採用し，[9]の原則を定めた。

(5) アメリカ連邦政府発足（1789年）

[7]憲法に基づきアメリカ連邦政府が発足した。初代大統領には植民地軍総司令官でもあった[10]が就任した。

3 フランス革命とナポレオン

(1) [1]革命（1789～99年）

絶対王政末期の社会的矛盾を背景として，中産市民階級を中心におこった。圧政の象徴とされたパリの[2]の襲撃をきっかけに全国に反乱が広がった。

(2) [3]宣言（1789年）

アメリカ独立戦争にも従軍した[4]らが起草。自由・平等，主権在民，言論の自由，私有財産の不可侵などを主張している。ルソーの影響を受ける。

(3) 共和政成立（1792年）

・国民議会による[3]宣言の採択の後，国王[5]はオーストリアへ逃亡したが失敗。その後，立憲君主政や一院制議会などを定めた憲法が発布された。

・革命の波及に否定的なオーストリアとの間に戦争がおこり，内外の危機に対処するため，第一共和政が成立。王政は廃止され，[5]は処刑された。

(4) [6]の皇帝就任（1804年）と退位

・第一共和政は[7]が恐怖政治を行ったこともあって長続きせず，政情不安の中，軍人[6]が政治的に台頭。

・[6]は度重なる戦争に勝利して政権を掌握し，国民投票で皇帝に就任。

・ロシア遠征に失敗すると諸国の反撃にあい，[8]で大敗後，退位した。

4 産業革命

(1) [1]産業革命の進展

機械の発明・使用がもたらした社会の変化のことで，18世紀中頃，[1]で始まった。

<産業革命の背景>

・植民地戦争の勝利により，海外市場が拡大し，資本が蓄積されたこと。
・毛織物業が全国的に広がり，[2]（工場制手工業）が発達したこと。
・農業革命（第2次[3]）で安価な労働力が供給されたこと。

(2) 産業革命によって発明・改良されたもの

紡績機・力織機	[4]	飛び杼（梭）	1733年
	ハーグリーヴズ	[5]紡績機	1764年
	[6]	水力紡績機	1768年
	クロンプトン	[7]紡績機	1779年
	カートライト	力織機	1785年
動力	ニューコメン	[8]力ポンプの実用化	1712年
	[9]	[8]機関の改良	1769年
交通機関	フルトン（米）	[8]船	1807年
	[10]	[8]機関車	1814年

5 ウィーン体制

(1) [1]会議（1814～15年）

[2]失脚後のヨーロッパ秩序を決定するため，オスマン帝国を除く全ヨーロッパ諸国が参加して開催された。オーストリア外相[3]が議長。

(2) ウィーン体制の成立

[1]会議によって，ウィーン体制とよばれる大国間の勢力均衡が成立。フランス外相[4]が提唱した[5]主義（フランス革命前の主権・領土を正統とし，その復活を目指す理念）が指導原理となった。

(3) ウィーン体制の崩壊

① フランスでの革命

1830年，パリの民衆が蜂起し，国王シャルル10世が亡命する[6]革命がおこった。さらに1848年には，[7]革命が発生。国王ルイ＝フィリップが亡命して，ナポレオン3世が皇帝となり，第二共和政が開始された。

② 革命の広がり

プロイセンやオーストリアにも波及し，1848年には両国で[8]革命がおこった。自由主義・国民主権運動が各地に広まり，ウィーン体制崩壊。

6 ヨーロッパの再編

(1) イギリス

19世紀後半，[1]女王のもと，「世界の工場」と称されるほど経済的に発展。政治的にも[2]党（旧トーリ党）・[3]党（旧ホイッグ党）の二大政党による議会政党政治が確立した。

(2) [4]の統一

1861年，サルデーニャ王国の国王ヴィットーリオ＝エマヌエーレ2世と首相カヴールによって達成。

(3) [5]の統一

1870年，統一を目指すプロイセンと統一阻止を図るフランスとの間でプロイセン＝フランス（普仏）戦争がおこり，プロイセンが勝利。1871年にはプロイセン王ヴィルヘルム1世を皇帝，[6]を首相として[5]帝国が成立した。

7 アメリカ南北戦争と合衆国の発展

(1) [1]教書(1823年)

アメリカ大陸へのヨーロッパ諸国の干渉を排除し，アメリカ合衆国もヨーロッパに干渉しないという相互不干渉を表明した声明。アメリカ大統領[1]が年次教書で発した。ラテンアメリカ諸国の独立を支援したもので，アメリカ[2]主義の基本原則となった。

(2) [3]戦争(1861～65年)

① 南北の対立

北部	産業革命が進展して，商工業が発達。工業育成のため，[4]貿易と奴隷制廃止を主張。
南部	黒人奴隷を使用して綿花栽培を行う大農園が発達。ヨーロッパへの綿花輸出のため，[5]貿易と奴隷制維持を主張。

② 戦争の概況

・奴隷制不拡大論者で共和党の[6]が第16代大統領に就任すると，南部は連邦を離脱，アメリカ連合国をつくり，戦争へと突入した。

・当初は，南軍優勢だったが，[6]が[7]宣言を発すると北軍優勢となり，後に南部は降伏し，連邦は統一された。

・戦後，北部を中心に工業が急速に発展し，1890年頃にはイギリスを抜き世界一の工業国となった。

8 帝国主義と世界分割

(1) [1]主義

19世紀末頃から第一次世界大戦までの時代に，列強が植民地獲得を目指して世界を分割していった動きのこと。

(2) アフリカの植民地化

① イギリス

ケープタウンとエジプトのカイロ，インドの[2]を結ぶ[3]政策をとる。その一環として，エジプトとケープ植民地を結ぶ地域の確保を目指す[4]政策がある。

② フランス

西アフリカからサハラ砂漠を横断してジブチ港やマダガスカルまでを結ぶ[5]政策をとる。1898年にはイギリスと衝突する[6]事件がおこり，フランス側が譲歩した。

③ ドイツ

西アジア進出のため，ベルリン，ビザンティウム(イスタンブルの旧名)，[7]を結ぶ鉄道を建設する[8]政策をとる。イギリスやバルカン半島への南下を図るロシアと対立。

過去問に挑戦！

次のできごとのうち，18世紀におこったできごととして正しいものを1つ選べ。

① カートライトによって力織機が発明される。
② リンカンがアメリカ大統領に当選する。
③ アヘン戦争が勃発する。
④ ナポレオンがセントヘレナ島に流刑となる。
⑤ ドイツ帝国が成立する。

(新潟県)

4 現代

重要度A

ここが要点

20世紀，現代史の出題頻度も比較的高い。戦間期（1920～30年代），冷戦期（1947～89年）を中心に，ヨーロッパ史やアジア史からも出題されている。特に，時代整序問題が多いので，年表を用いた学習が必要である。

＜近代年表（中国史除く）**＞**

世界のできごと		日本のできごと	
1914	第一次世界大戦始まる（～18年）	1915	中華民国政府に対し
1917	[1]革命		二十一カ条の要求
1919	[2]条約	1918	シベリア出兵，原敬
	朝鮮で[3]独立運動		内閣成立
1920	国際連盟発足		
1922	イタリアでムッソリーニの[4]政権	1923	関東大震災
	成立		
	[5]社会主義共和国連邦成立		
	オスマン帝国滅亡		
1929	世界恐慌	1931	満州事変
1933	ドイツでヒトラーの[6]政権成立	1932	五・一五事件
1939	第二次世界大戦始まる（～45）	1936	二・二六事件
1941	大西洋憲章発表	1941	太平洋戦争
1945	[7]会談	1945	ポツダム宣言受諾
	[8]発足	1946	日本国憲法公布
1949	中華人民共和国成立		
1950	[9]戦争（～53）	1951	サンフランシスコ平
1955	アジア＝アフリカ（[10]）会議		和条約
1959	キューバ革命	1956	日ソ共同宣言
1961	ベルリンの壁建築	1960	日米新安全保障条約
1962	[11]危機	1964	東京オリンピック
1965	[12]戦争激化	1965	日韓基本条約
1973	第4次中東戦争	1972	沖縄日本に返還
	第1次[13]		日中共同声明
1979	ソ連，[14]に軍事介入（～89）	1978	日中平和友好条約
1980	[15]戦争（～88）		
1989	ベルリンの壁撤去	1989	消費税3％導入
	[16]会談（冷戦の終結宣言）		
1990	東西ドイツの統一		
1991	[17]戦争		
	[5]社会主義共和国連邦解体	1992	PKO協力法
1993	EU（欧州連合）発足	1993	55年体制崩壊
1997	[18]がイギリスから中国に返還	1997	消費税5％導入
1999	[19]がポルトガルから中国に返還		
2001	アメリカで同時多発テロ事件	2001	中央省庁再編
2003	[20]戦争でフセイン政権が崩壊		
		2006	教育基本法の改正
2011	南スーダン独立	2011	東日本大震災
		2014	消費税8％導入
		2019	消費税10％導入

1 第一次世界大戦

(1) 三国[1]と三国[2]

ドイツで宰相ビスマルクが辞職し，ヴィルヘルム２世が積極的世界政策へ転換すると，ドイツ，オーストリア，[3]の三国[1]に対抗するため，イギリス，フランス，[4]は三国[2]とよばれる連携関係を構築した。

(2) バルカン問題

バルカン半島はゲルマン系・[5]系など複雑な民族構成をしていることなどから，列強が対立し，「ヨーロッパの[6]」ともよばれていた。

(3) 第一次世界大戦（1914～18年）

・[7]の皇位継承者夫妻がボスニアの州都[8]でセルビア人によって暗殺された[8]事件をきっかけに，[7]がセルビアに宣戦して開始された。

・列強は，ドイツ，[7]の同盟国側と，フランス，イギリス，[4]などの連合国側（[3]は当初中立，のちに連合国側で参戦）に分かれて戦うことになった。1918年，ドイツなど同盟国が降伏し終結。

2 ロシア革命とヴェルサイユ体制

(1) ロシア革命（1917年）

ロシアでは，第一次世界大戦中にロシア革命がおこり，[1]月革命でロマノフ朝が崩壊。戦争続行を主張する臨時政府も，[2]月革命で[3]らの指導による武装蜂起によって倒れた。1922年には，世界最初の社会主義国家である[4]社会主義共和国連邦が成立した。

(2) ヴェルサイユ体制

・[5]講和会議（1919年）…第一次世界大戦の講和会議。アメリカ第28代大統領[6]の提唱した平和を重視する[7]の平和原則に従って新しい国際秩序が形成されることとなった。

・[8]条約（1919年）…連合国とドイツとの講和条約。ドイツの全植民地の返還と軍備の制限などが決定され，後に巨額の賠償金支払いが定められた。

(3) 国際連盟

① 国際連盟の設立

アメリカ大統領[6]の提案に基づき，世界の恒久平和を目指す世界最初の国際機構として1920年に発足。本部はスイスの[9]。

② 国際連盟の欠陥

・[10]は議会の反対により不参加，ソ連とドイツは除外，日本と[11]はのちに脱退した。

・[12]の原則により，総会での意思統一が困難であった。

・侵略国に対して[13]制裁はできず，[14]制裁のみに限られた。

(4) 軍備縮小と安全保障

[15]会議	1921～22年	アメリカ大統領ハーディングの提唱。 ・[16]条約…主力艦の保有比率決定 ・[17]条約…中国の主権尊重と領土保全 ・[18]条約…太平洋の軍備現状維持，日英同盟解消
[19]条約	1925年	ヨーロッパ主要国による相互安全保障。
[20]条約	1928年	フランス外相ブリアン，アメリカ国務長官ケロッグの提唱。戦争の排除を約束。
[21]会議	1930年	イギリス首相マクドナルドの提唱。米・英・日の補助艦の保有比率を決定。

3 世界恐慌

(1) 世界恐慌

1929年，ニューヨークの[1]街にあるニューヨーク株式取引所での株価の大暴落をきっかけに，アメリカが金融恐慌に陥り，恐慌が資本主義諸国に波及した。

(2) 世界恐慌の際の状況

アメリカ	[2]大統領が，全国産業復興法（NIRA）を制定して産業の復興をうながすとともに，テネシー川流域開発公社（[3]）を設立するなど公共事業促進をはかる[4]を実施。
イギリス・フランス	本国と植民地の結びつきを強化し，他国の商品を排除する[5]経済を形成。
ソ連	共和党指導者[6]のもと，[7]計画を実施。恐慌の影響をほとんど受けず，工業生産は飛躍的に増大。

(3) ファシズムの台頭

ドイツ	社会不安を背景に[8]が躍進し，[9]は合法的に一党独裁体制を確立。以降，軍事力増強を図った。
イタリア	[10]率いる[11]党が勢力を拡大。国内の経済危機から国民の関心をそらそうと[12]侵攻が行われた。

4 第二次世界大戦

(1) 背景

世界恐慌の際，ドイツ，イタリア，[1]など後発資本主義国は，ファシズム・[2]主義へと走り，ヴェルサイユ体制を打破して軍事力による領土拡大をもくろんだ。

(2) 大戦の勃発

1939年8月に[3]条約を結んで東方の不安をなくしたドイツは，同年9月に[4]侵攻を開始。イギリス・フランス両国がドイツに宣戦布告し，第二次世界大戦が開始された。

(3) 大戦の終結

戦局は当初，ドイツなど枢軸国側が優勢であったが，[5]海戦での日本海軍の敗北，[6]の戦いでのドイツ軍の敗北などで連合国側が優位となった。1945年5月にドイツが，8月には日本が降伏し終戦を迎えた。

(4) 第二次世界大戦に関する主な会談

[7]会談（1938年9月）	ズデーテン問題を話し合うために，チェンバレン（英），ダラディエ（仏），ムッソリーニ（伊），ヒトラー（独）が会談。ヒトラーの主張を認める英・仏の宥和策。
[8]上会談（1941年8月）	ローズヴェルト（米）とチャーチル（英）が，ファシズムの侵攻に対処するために会談し，[8]憲章を発表。
[9]会談（1945年2月）	ローズヴェルト，チャーチル，[10]（ソ）が，戦後処理について討議。ソ連の対日戦参加が決定された。
[11]会談（1945年7～8月）	トルーマン（米），チャーチル（途中からアトリー），[10]が会談。戦後ドイツ処理と日本への降伏勧告が決定された。

5 東西冷戦体制

(1) 東西冷戦構造の成立

	資本主義(西側)陣営	社会主義(東側)陣営
1947	アメリカのトルーマン大統領が[1](対ソ封じ込め政策)宣言 マーシャル＝プラン	コミンフォルム(共産党情報局)を結成
1949	[2](北大西洋条約機構)を設立	[3](経済相互援助会議)を設立
1955		[4]機構を設立

(2) 東西冷戦中の主なできごと

[5]戦争 (1950～53年)	朝鮮民主主義人民共和国が北緯[6]度線を越えて韓国に侵入して勃発。韓国側にはアメリカ主体の[7]軍が，北朝鮮側には[8]軍が参戦。
[9]危機 (1962年)	ソ連が[9]にミサイル基地の建設を計画していたことが発覚。アメリカの[10]大統領が海上封鎖を行い，一時核戦争の危機に陥った。ソ連の譲歩で戦争は回避。
ベトナム戦争 (1960～73年)	南ベトナム解放戦線がゲリラ戦を展開。1965年にはベトナムの共産主義化を懸念したアメリカの[11]大統領が北ベトナムへの爆撃を開始して本格的に介入。1973年[12]大統領が和平協定を調印し，終結。

6 冷戦の終結と戦後の第三世界の動向

(1) 冷戦の終結

・1985年にソ連書記長に就任した[1]は，[2]とよばれる大規模な改革を行った。
・1989年，西ヨーロッパでは[3]が撤去された。
・1989年，アメリカの[4]大統領とソ連の[1]が[5]島で会談し，冷戦の終結を確認した。
・1990年，東西[6]が統一され，1991年には[7]も崩壊した。

(2) 戦後の第三世界諸国

インド	[8]が非暴力・不服従を唱え，反英独立運動の先頭に立ち，1947年に独立を達成。
インドネシア	1949年に[9]が完全独立を達成。
エジプト	1952年に[10]がエジプト革命を実行し，翌年，エジプト共和国が成立。
キューバ	1959年に[11]の指導のもとキューバ革命がおこり，1962年，米州初の社会主義国となる。

5 中国史

重要度A

ここが要点

中国史は意外と出題頻度が高く，注意が必要である。まず主な王朝の特徴を年代順にしっかり把握し，滅びるきっかけとなった反乱などを押さえておこう。また，中国近現代史のおおまかな様子を，戦争などを中心に把握しておくこと。

1 中国統一王朝の変遷

王朝	年代	初代皇帝	都	制度・主義	その他
[1]	前8世紀頃～前206	[2]	咸陽	郡県制を採用し，中央集権を強化 焚書・[3] 度量衡の統一 半両銭	戦国時代の中国を統一 [4]の修築 陳勝・呉広の乱の後，滅亡
[5]	前202～後8	高祖（劉邦）	長安	郡県制と封建制を併用した[6]制 郷挙里選 [7]法・平準法	7代[8]帝のとき最盛期 外戚の[9]により滅亡
新	8～23	[9]	長安	復古主義政策	赤眉の乱で滅亡
[10]	25～220	[11]（劉秀）	洛陽	徳治主義 冊封体制	西域の経営 黄巾の乱の後，滅亡
[12]	581～618	文帝（楊堅）	大興城（長安）	九品中正を廃して，[13]を創始 府兵制 均田制 租庸調制	2代[14]は大運河を開通 [15]遠征に失敗し，滅亡
[16]	618～907	李淵（高祖）	長安（西安）	律令制の確立 [13] 租庸調制→両税法 府兵制→募兵制 都護府の設置	最盛期（[17]の治） 安史の乱で弱体化 黄巣の乱で滅亡
[18]	960～1127	太祖（趙匡胤）	開封	文治政治 [13]（殿試）	2代[19]によって中国統一 靖康の変で滅亡
[20]	1271～1368	[21]	大都（北京）	[22]人第一主義 駅伝制	マルコ＝ポーロ訪問 紅巾の乱で滅亡
[23]	1368～1644	[24]（洪武帝，太祖）	南京	里甲制を実施し，農村統治を強化 賦役黄冊・[25] 一条鞭法	3代永楽帝の命で[26]が南海遠征 李自成の乱で滅亡
[27]	1616～1912	太祖（[28]）	北京	[29]併用制 辮髪や[30]の獄，禁書で漢人を統制 [13]廃止	4代康熙帝，5代雍正帝，6代乾隆帝のとき最盛期 ロシアとネルチンスク条約を結ぶ

2 中国の諸反乱（古代～清代初期）

王朝	反乱	年代	特色
秦	[1]・呉広の乱	前209～前208	始皇帝の死の翌年，[1]と呉広が挙兵して始まった，中国最初の大農民反乱。各地で諸反乱がおこり，秦は短命のうちに滅んだ。
前漢	[2]の乱	前154	6代景帝の諸侯抑圧政策に対し，呉・楚などの7諸侯がおこした反乱。平定後，官僚支配が強化された。
新	[3]の乱	18～27	王莽の悪政に対する農民の反乱。農民たちは目印に眉を赤く染めた。
後漢	[4]の乱	184	宗教結社である太平道の指導者・張角がおこした大農民反乱。土徳（黄）を示す頭巾を使用した。各地に群雄が割拠するようになり，後漢は衰退して滅んだ。
唐	[5]の乱	755～763	6代玄宗の晩年，節度使の安禄山らがおこした反乱。中央政府の支配力が弱体化した。
	[6]の乱	875～884	塩の密売商人である[6]がおこした農民反乱。部下であった[7]が，のちに唐を滅ぼした。
北宋	靖康の変	1126～1127	北宋と同盟して遼を滅ぼした女真族の[8]が，首都を占領。北宋は滅亡した。
元	[9]の乱	1351～1366	白蓮教など宗教結社がおこした農民反乱。紅色の頭巾を目印とした。乱で頭角を現した[10]が指導権を握り，明を建国。
明	靖難の役	1399～1402	第2代建文帝の諸王抑圧策に対し，燕王朱棣が挙兵して帝位を奪い，即位して[11]となった。
	[12]の乱	1636～1644	[12]が農民を率いて挙兵。北京を占領し明を滅ぼしたが，呉三桂と清軍に敗れた。
清	三藩の乱	1673～1681	4代[13]の抑圧に対して，中国平定に活躍した漢人武将がおこした反乱。鎮圧後，中国支配が確立した。
	[14]の乱	1796～1804	6代乾隆帝引退の翌年からおこった，宗教結社を中心とした反乱。清の衰退が明確化した。

3 清末期～現代年表

中国のできごと		世界のできごと	
1840	[1]戦争（～42）		
1842	南京条約	1857	インド大反乱（シパーヒーの反乱）
1851	[2]の乱（～64）		
1856	アロー戦争（～60）	1858	ムガル帝国滅亡
1860	[3]条約	1861	アメリカ南北戦争
	洋務運動おこる		
1884	清仏戦争（～85）		
1894	日清戦争（～95）	1894	朝鮮で甲午農民戦争（東学の乱）
	列強の利権獲得競争激化		
1898	[4]の政変	1898	ファショダ事件
1900	[5]戦争（事件）（～01）		
1905	[6]が東京で中国同盟会を結成		
1911	[7]革命（～12）		
1912	[8]建国，清滅亡		
1915	日本が二十一カ条の要求を出す	1914	第一次世界大戦始まる
1919	二十一カ条の破棄要求に対し，[9]	1919	ヴェルサイユ条約
	講和会議が拒否→[10]運動	1920	国際連盟発足
1926	蔣介石，北伐開始（～28）	1929	世界恐慌
1931	[11]事件		
1937	日中戦争（～45）	1939	第二次世界大戦始まる
1948	[12]が国民党の総統に就任	1945	国際連合発足
1949	[12]が台湾に逃れる		
	[13]を国家主席，周恩来を首相として[14]共和国が成立	1950	朝鮮戦争始まる
1953	第1次五カ年計画（～57）		
1958	第2次五カ年計画で[15]政策		
	人民公社が全国に設立	1965	ベトナム戦争激化
1966	[16]革命（～77年）		
1971	国連での代表権獲得		
1972	アメリカの[17]大統領訪中	1973	第1次石油危機
	日中国交正常化		
1976	「四人組」失脚		
	周恩来・毛沢東死去		
1978	日中平和友好条約		
1979	米中国交正常化	1980	イラン＝イラク戦争
1989	[18]事件	1989	ベルリンの壁撤去
1992	中韓国交正常化	1990	東西ドイツの統一
1997	[19]が中国に返還	1991	ソ連邦解体
1999	[20]が中国に返還	1993	EU（欧州連合）発足
2001	中国が[21]（世界貿易機関）に加盟	2001	アメリカで同時多発テロ事件

4 清末期～現代の戦争・反乱・改革運動

[1]戦争（1840～42年）	インド産[1]の吸引が広がり，大量の銀が国外に流出したため，清が取締りを強行したことから，イギリスが行った侵略戦争。清は降伏し，[2]条約を結んだ。
太平天国の乱（1851～64年）	キリスト教的宗教結社が[3]を指導者として「滅満興漢」をスローガンに挙兵。一時，南京を占領したものの，義勇軍の活躍により鎮圧された。
[4]戦争（1856～60年）	[4]号事件（イギリス船籍の[4]号に対して清の官憲が船内を捜索し，中国人船員を海賊容疑で逮捕した事件）を口実に，イギリス・フランスが清に対して行った侵略戦争。清は降伏し，天津条約・[5]条約を結んだ。
[6]運動（1860年代）	西洋の近代科学技術の導入による富国強兵策で，漢人官僚の曾国藩・李鴻章らが推進した。清仏戦争，日清戦争の敗北でその限界が明確になった。
戊戌の政変（1898年）	立憲君主政の樹立を目指して光緒帝・康有為らが推進した[7]運動を，西太后を中心とする反対派が弾圧。西太后の政治が復活した。
[8]戦争（事件）（1900～01年）	[8]が中心となって「扶清滅洋」をスローガンとしておこした排外運動。これに乗じて清は各国に宣戦布告したが，日本・ロシアを主力とする8カ国連合軍によって鎮圧され，[9]議定書により半植民地化が進んだ。
辛亥革命（1911～12年）	武昌で新軍が蜂起したことをきっかけにおこった革命運動。[10]主義（民族の独立，民権の伸張，民生の安定）を唱えた[11]を臨時大総統とし，南京で中華民国の建国を宣言。
[12]革命（1966～77年）	社会主義の復活を目指して，中国全国を巻き込んで行われた大規模な思想・政治闘争。「大躍進」政策の失敗によって権力を失っていた[13]が軍人・林彪とともに，政治家・官僚をはじめ資産家，学者ら知識人を攻撃した。
[14]事件（1989年）	民主化を求めて北京の[14]広場に集まった学生・知識人らを中心とした民衆を，政府が軍隊を動員して武力で弾圧した事件。国際的非難を浴びたが，共産党支配体制は継続した。

過去問に挑戦！

1 次の文は，中国のある王朝について説明したものである。その王朝名として正しいものを1つ選べ。
　初代皇帝の李淵（高祖）が，長安を占領して建国した。律令制や均田制などを確立するとともに，領域を拡大して東アジア世界の政治・経済・文化の中心となった。
① 隋　② 唐　③ 秦　④ 漢　⑤ 宋

（福島県）

2 秦の始皇帝に関する記述のうち誤っているものを1つ選べ。
① 秦は他の6国を滅ぼして中国を統一し，秦王の政は初めて自らを皇帝と称した。
② 秦による大運河は南北の中国を結びつける役割を果たした。
③ 秦は統一後に郡県制を全国に及ぼして，中央集権を強化した。
④ 秦が実施した思想の統制は焚書坑儒として知られている。
⑤ 秦により修築された長城は中国北方からの匈奴の侵入に備えたものであった。

（和歌山県）

2 日本史

●解答解説P244～P248

1 原始・古代

重要度C

ここが要点　原始時代は旧石器・縄文・弥生の各時代の社会の特色をつかむこと。古代では律令制の発展と崩壊の過程が重要になる。文化については天平文化を中心とした仏教文化を押さえておこう。

1 原始社会の発展

時代	年代	道具	特徴	主な遺跡
旧石器時代	数万年前～	[1]石器	狩猟・採取の生活	群馬・[2]遺跡
縄文時代	約1万3000年前～前4世紀頃	[3]石器 縄文土器	狩猟・漁労・採取の生活，[4]住居，呪術的風習	青森・[5]遺跡
弥生時代	前4世紀頃～後3世紀頃	青銅器 鉄器 弥生土器	[6]耕作，[7]倉庫，環濠集落，貧富の差	静岡・登呂遺跡 佐賀・[8]遺跡

2 中国の史書にみる小国の分立

(1)　『漢書』地理志（紀元前1世紀頃の日本の様子を記載）
・日本には多くの小国が分立し，それぞれが[1]郡を通じて中国王朝と交渉を行っていた。

(2)　『後漢書』東夷伝（1～2世紀頃の日本の様子を記載）
・小国内には身分・階級が存在していた。[2]の国王が後漢の[3]より授かったとされる金印が福岡県[4]から発見された。

(3)　「魏志」[5]伝（3世紀頃の日本の様子を記載）
・諸国が共同で[6]国の女王[7]を立てて，国内の争乱を収拾。[7]は魏に朝貢し「親魏倭王」の称号を得る。

3 古墳時代

(1)　ヤマト政権（大和王権）の成立（3世紀頃）
・大和地方を中心とする豪族の連合政権＝[1]政権。[1]政権の王は次第に各地の首長を従え，[2]とよばれた。

(2)　古墳時代（3世紀中頃～7世紀）
・3世紀中頃から後半に各地に古墳が出現した。5世紀が全盛期で，巨大な前方後円墳が築かれた。

(3)　中国南朝への朝貢（5世紀）
・[1]政権は，中国南朝に朝貢し，[3]半島南部での覇権を確立しようとした。

(4) 大陸文化の伝来（4～7世紀）
・大陸から[4]人によって，機織・製陶などの技術や，[5]の信仰が伝えられた。

4 飛鳥時代

(1) 中央集権国家への歩み
・6世紀初め，大和朝廷内では[1]氏と[2]氏が対立していた。

(2) 飛鳥時代の政治
① 推古朝の政治
・[2]氏は女帝推古天皇を擁立し，天皇とともに政治改革を推進した。
② 聖徳太子（厩戸王，厩戸皇子）の政治
・人材登用の目的で[3]を定めた。
・豪族に仏教への崇敬と天皇への服従を求めるため[4]を制定した。
・外交政策として607年[5]を[6]使として中国へ派遣した。

(3) 飛鳥文化

	作品	作者・特徴
建築	[7]	
彫刻	[7]金堂釈迦三尊像 [7]百済観音像	[8]作
工芸	[7]玉虫厨子	

5 律令国家の進展

(1) 大化の改新（645年～）
・[1]氏の専横を阻止し，王族中心の中央集権をめざし，645年に[2]皇子と[3]が[1]氏を滅ぼした（乙巳の変）。このあと行われた一連の改革を大化の改新という。

(2) 白村江の戦い（663年）
・百済再興のために朝鮮半島に軍を送ったが，[4]・唐連合軍に大敗した。

(3) 壬申の乱（672年）
・[5]天皇の死後，皇位継承をめぐって内乱が発生。大海人皇子が勝利し[6]宮にて即位して[7]天皇となった。

(4) 大宝律令（701年）
・唐の律令にならいながら，[8]親王・[9]らによって編纂された。律は今日でいう[10]法，令は[11]法・民法にあたる。

(5) 班田収授法
・[12]年ごとに作成する戸籍をもとに[12]歳以上の男女に一定の[13]を支給し，その面積に応じて[14]を納入する制度。
・成年男子には調・庸などの税以外にも[15]や兵役なども課せられた。

(6) 白鳳文化

	作品	作者・特徴
建築	[16]東塔	裳階つき三重塔
彫刻	[17]仏頭	
絵画	[18]古墳壁画 キトラ古墳壁画	

※遣唐使（630～894年）

・618年の[19]の中国統一により，東アジア諸国はこぞって[19]との通交を求め，その政治的・文化的影響を大きく受けるようになった。

6 奈良時代

(1) 平城京（710年遷都）

・[1]天皇が唐の都[2]にならって造営した。

・碁盤目状に区画（＝[3]制）され，地方から運ばれた産物を売る市が設けられた。708年に鋳造された[4]も使用された。

(2) 大仏造立の詔（743年）

・[5]天皇が紫香楽宮で発し，752年[6]寺で開眼供養が行われた。

・[5]天皇は，飢饉・疫病・内乱などを仏教の力で鎮めようとした。

・741年には[7]・国分尼寺建立の詔も出された。

(3) 墾田永年私財法の発布（743年）

・新たに[8]した土地の永久私有を認めた。これによって[9]制は崩壊した。

(4) 天平文化

	作品	作者・特徴
史書	古事記 [10]	稗田阿礼誦習，太安万侶筆記 六国史の最初
文学	万葉集	歌集
建築	[11]宝庫	[12]造
彫刻	[13]阿修羅像 唐招提寺[14]和上像	乾漆像 乾漆像
絵画	薬師寺吉祥天像	
その他	[11]宝物	唐，西アジア，南アジア由来

7 平安時代

(1) 平安京（794年遷都）

・[1]天皇が律令政治の再建を目的に，平城京より長岡京を経て遷都。

(2) 平安初期の政治

・[1]天皇は中央で諸改革を行うとともに，[2]を征夷大将軍に任命し[3]を討たせた。

(3) 弘仁・貞観文化

・平安時代初期の文化。密教芸術が特色。

(4) 遣唐使の派遣中止（894年）

・唐の勢いが低下してきたため[4]が建議。

(5) 延喜・天暦の治（10世紀前半）

・[5]天皇・村上天皇による天皇親政をいう。

・この時期に[6]の実施が最後となるなど，律令制の崩壊が明確となった。

(6) 摂関政治（10世紀後半～11世紀）

・[7]氏が，天皇が幼いときには[8]，成人した後は[9]として政治を代行すること。[10]・頼通父子の頃が最盛期。

・摂関政治期には，開発した私有地を権力者に寄進して，その権威を背景に土地と人民の私的所有を強める荘園制が発達した。

(7) 国風文化

・遣唐使の派遣中止を背景にして発達した日本風の貴族文化。

※平安時代の文化

文化		作品	作者・特徴
弘仁・貞観文化	建築	[11]金堂	
	彫刻	元興寺薬師如来像	一木造・翻波式
国風文化	文学	古今和歌集 [12] 枕草子	紀貫之ら編 紫式部著 [13]著
	建築	[14]鳳凰堂	阿弥陀堂建築
	彫刻	[14]鳳凰堂阿弥陀如来像	[15]作
平安末期(院政期)の文化	文学	今昔物語集	説話集
	建築	[16]金色堂	阿弥陀堂建築
	彫刻	[17]磨崖仏	
	絵画	扇面古写経 鳥獣戯画	

過去問に挑戦！

次の文の空欄に当てはまる適切な語句を答えよ。

むらの間では，人口増加や水田の拡大によって，しばしば争いが生じ，やがて周辺のむらをまとめる有力なくに(国)があらわれた。中国の歴史書には邪馬台国の女王卑弥呼が中国に使いを送り，[　　　　]の称号を得るなど3世紀頃の倭の国の様子が記されている。

(神奈川県・横浜市・川崎市)

2 中世

重要度B

ここが要点　鎌倉時代では幕府の機構，幕府の衰退原因，鎌倉新仏教などが，室町時代では日明貿易，一揆，応仁の乱，東山を中心とした室町文化などが重要である。重要事項を中心に各時代の内容をまとめておこう。

1 武士のおこりと平氏政権

(1)　武士の成長
- 一部の地方豪族が勢力拡大と自衛のため[1]となった。
- [2]と桓武平氏は[3]となって武士団を結成した。

(2)　院政の開始（1086年）
- [4]天皇の親政により，延久の[5]は摂関家にも及んだ。
- 摂関政治の衰えとともに[6]上皇が開始した。

(3)　平氏政権
- 保元の乱・[7]の乱によって[8]が武士の頂点に立つ。
- [8]は武士として初めて[9]に就任し権力をふるった。
- [8]は積極的に[10]貿易を行った。

2 鎌倉幕府の成立

(1)　鎌倉幕府の成立と封建制度
- 1185年，[1]の戦いで平氏一門を滅ぼした[2]は1192年征夷大将軍に任命された。
- 将軍と主従関係を結んだ有力な武士を[3]といい，将軍から領地を与えられるかわりに忠誠を誓った。このように土地を仲立ちとして[4]と[5]で結ばれた主従関係を[6]という。
- 幕府のしくみとしては，[3]の統制を行う[7]，政治一般を行う[8]，訴訟・裁判を担当する[9]が重要な役所であった。

(2)　執権政治
- [2]の死後，その妻政子の父[10]時政が政治の実権を握り[11]となった。
- これ以降[10]氏が代々[11]職を世襲し，その嫡流は[12]とよばれ，他の御家人を抑え幕政を独占した。

(3)　承久の乱（1221年）
- 討幕を図った[13]上皇が挙兵したが，幕府軍に敗れ[14]に流罪となった。
- この事件の後，幕府は朝廷監視のため京都に[15]を設置した。[15]は西国武士の取り締まりも行った。

(4)　御成敗（貞永）式目の制定（1232年）
- [16]が[2]以来の先例や道理とよばれた武家社会の慣習・道徳に基づいて，武家として最初の体系的法典をつくった。これは後の武家法にも大きな影響を与えた。

※守護・地頭
- 守護は国ごとに設置され，その任務は[17]とよばれ，[18]の催促・[19]の逮捕・殺害人の逮捕であった。
- 地頭は[20]・公領ごとに設置され，[21]・公事などの徴収・納入を請負った。

3 元寇と鎌倉文化

(1) 元寇

・元の皇帝[1]は1274年の[2]と1281年の[3]の2度にわたって北部九州に来襲した。しかし，執権[4]を中心とした幕府は暴風雨にも助けられこれを撃退した。

・戦いに参加した御家人たちには十分な[5]が与えられず，幕府や[6]に対する不満が増大していった。

(2) 永仁の徳政令(1297年)

・御家人は，生活が窮乏してくるとその所領を[7]とよばれる金融業者に質入れして借金をするようになった。このため幕府は[8]を発布して御家人救済にあたったが，効果は得られなかった。

(3) 鎌倉文化

① 鎌倉新仏教

宗派	開祖	中心寺院	内容	主要著書
浄土宗	[9]	[10]	称名念仏による他力信仰	選択本願念仏集
[11]	親鸞	本願寺	[12]説	教行信証
時宗	[13]	清浄光寺	踊念仏，全国遊行	一遍上人語録
日蓮宗(法華宗)	日蓮	久遠寺	題目唱和，他宗排斥	[14]
臨済宗	[15]	建仁寺	公案による悟り	興禅護国論
[16]	道元	[17]	只管打坐	正法眼蔵

② 鎌倉文化

	作品	作者・特徴
和歌	新古今和歌集	[18]編
	山家集	西行著
随筆	徒然草	[19]著
	[20]	鴨長明著
軍記物	[21]	琵琶法師が語り伝える
彫刻	東大寺南大門[22]像	運慶・快慶
絵画	[23]襲来絵巻	絵巻物

4 室町幕府の成立

(1) 鎌倉幕府の滅亡(1333年)

・[1]天皇のよびかけに楠木正成・[2]・新田義貞らが応じた。

・幕府の指揮官として畿内に派遣された[2]は六波羅探題を攻め破り，新田義貞は鎌倉を攻めて，得宗北条高時らを滅ぼした。

(2) 建武の新政(1334年)

・[1]天皇は天皇中心の政治を行ったが，武士の慣習を無視したため不満が高まった。これを利用した[2]が挙兵し別の天皇を立てた。

(3) 室町幕府の成立

・[2]は1336年に[3]を制定し，武家政治を復活させた。

・[1]天皇は吉野に逃れて正統性を主張し，ここに2つの朝廷が対立する[4]の動乱が始まった。

・[2]は1338年に北朝の光明天皇より[5]に任命され，幕府を開いた。

5 室町幕府の確立と日明貿易

(1) 南北朝の合体(1392年)

・3代将軍[1]が南朝側に和平をよびかけ，合体が成立した。

(2) 室町幕府のしくみ

・幕府機構は[1]の時代にほぼ確立し，将軍の補佐には[2]があたり，斯波・細川・畠山の3家が交代で就任した(三管領)。

・京都内外の警備や刑事裁判をつかさどる[3]の長官には赤松・一色・京極・山名の4家が任命された(四職)。

・関東には[4]がおかれ，足利氏の一族が鎌倉公方として東国10ヵ国を統括し，補佐には[5]として上杉氏が就任した。[4]の組織は幕府とほぼ同規模で，権限も大きかったため京都の幕府と[4]との間で衝突もしばしばおこった。

・幕府の財源には[6]とよばれる直轄領からの収入や[7]・倉役・関銭などがあった。

(3) 守護大名

・南北朝の内乱期に[8]は国内の地頭や武士たちを配下とし，[9]・公領を侵略して領国としての支配を強めた。彼らを[10]といい，この体制を[11]制という。

・[10]は通常は在京して幕府に出仕し，領国は[12]に統治させるのが一般的であった。

・[1]は1391年の[13]の乱で山名氏清を，1399年の[14]の乱で大内義弘を討ち，強力になりすぎた[10]の勢力をそいだ。

(4) 日明貿易(勘合貿易)

・[1]は[15]より[16]の取り締まりを求められたのを機会に，1404年に[15]との貿易を開始した。

・[16]は九州を本拠地とした海賊集団で，[17]半島や中国大陸の沿岸を襲っていた。

・両国の貿易船は[18]符を持参し，照合することが義務づけられた。このためこの貿易を[18]貿易とよぶ。

・この貿易は[19]形式であったため，滞在費・運搬費は[15]が負担し，日本の利益は大きかった。

・[1]の死後いったん中断するが復活し，幕府が衰えると貿易の実権は[20]商人と結んだ大内氏と[21]商人と結んだ細川氏の手に移った。

・主な輸入品は[22]・生糸・絹織物・陶磁器などで，主な輸出品は[23]・刀剣・硫黄・工芸品などであった。

6 土一揆と応仁の乱

(1) 惣(惣村)の発達

・農村部では14～15世紀になると，自立的・[1]的な惣村が形成された。

・惣村では[2]を取り決め，[3]とよばれた会議によって入会地の管理などを行った。

(2) 正長の徳政一揆(土一揆)(1428年)

・近江坂本の[4]や農民が[5]を要求して京都に乱入し[6]・酒屋などの高利貸を襲撃した。

・1441年の[7]の徳政一揆(土一揆)のとき幕府は初めて[5]令を出した。

(3) 応仁の乱(1467～77年)

・8代将軍[8]の後継者争いに管領家斯波・畠山の家督相続争いが絡み，

全国の守護大名が東西に分かれ10年以上も戦いをくりひろげた。
・この戦乱で将軍の権威は失墜し，[9]の世の中になった。戦場となった[10]は焼け野原となり，多くの公家や文化人が地方に下った。

(4) 加賀の一向一揆（1488～1580年）
・地方の[11]たちは[9]の混乱下で[12]に対抗するためしばしば[13]をおこした。
・加賀では[11]と農民が[14]宗を背景として結束し，守護[15]氏を倒して，織田信長の勢力が及ぶまで，約[16]年間の自治的支配を行った。これを加賀の一向一揆という。

※1485年には山城の[11]が国内で争っていた畠山氏の軍勢を国外に退去させるという[17]がおこった。以後8年間にわたって自治的支配を実現した。

7 室町文化

	作品	作者・特徴
文学	[1]	絵入り物語
史書	[2]	北畠親房，南朝の正統性を説く
建築	鹿苑寺金閣	[3]が建立，寝殿造と[4]様
	[5]	足利義政が建立，[6]造と[4]様
絵画	秋冬山水図	[7]が描いた[8]

・芸能…観阿弥・[9]父子が[10]を大成。

8 中世の社会経済の発展

(1) 鎌倉時代の社会経済
・[1]作が畿内・西日本で普及した。
・[2]耕が普及し，刈敷・[3]などの肥料が使われるようになった。
・宋銭が使用され，[4]が発達した。年貢の[5]納もみられ，[6]とよばれた高利貸も現われた。
・交通の要地や寺社の門前では[7]市が開かれた。

(2) 室町時代の社会経済
・[1]作は東日本にも広がり，畿内では[8]作も行われた。
・[9]から輸入された洪武通宝や[10]が使用されたが，粗悪な私鋳銭が流通したため，しばしば[11]令が出された。
・応仁の乱後は[12]市が一般化し，小売店である[13]も増え，行商人も活躍した。
・手工業者や商人の組合である[14]は種類や数が著しく増えていき，関銭が免除されるところもあった。

9 戦国時代

(1) 戦国大名
・応仁の乱以後，[1]の風潮の中で守護大名にかわって[2]や国人が領国を支配し各地に割拠した。これを戦国大名という。
・相模の[3]氏はその先駆で，越後の[4]氏・安芸の毛利氏・甲斐の[5]氏などは代表的な戦国大名である。

(2) 分国法
・戦国大名が領国支配や[6]のために制定した。中世法の集大成的な性格を持っていたが，7などの規定はこの時代の特色である。

・主な分国法としては，今川氏の『8』，5氏の『甲州法度之次第』，伊達氏の『9』などがある。

(3) 都市の自治

・10では36人の会合衆によって市政が運営され，11では12人の年行司によって市政が運営された。これらは12の拠点として栄え，豪商が勃興し，富が集積したことが自治を可能にした。

・13では富裕な商工業者である町衆を中心として自治が行われ，途絶えていた14祭を再興した。

3 近世

重要度 A

ここが要点

近世では江戸時代の政治史，特に三大改革が頻出である。また，桃山・元禄・化政の各文化も比較史的に出題される。表にまとめるなど整理して覚えておくこと。なお，学問・教育史についても必ず押さえておくこと。

1 鉄砲の伝来とキリスト教の伝来

(1) 鉄砲の伝来（1543年）

・[1]人を乗せた中国船が[2]に漂着し，日本に鉄砲が伝えられた。

・鉄砲はたちまち各地に広まり，[3]や近江の国友で製造された。

(2) キリスト教の伝来（1549年）

・[4]会宣教師[5]が鹿児島に上陸し，キリスト教を布教した。

・その後多くの宣教師が来日し，コレジオ，[6]などをつくって布教活動を行った。

(3) 南蛮貿易

・鉄砲伝来以来[1]人やスペイン人との貿易が活発化し，日本には中国産の[7]・火薬・鉄砲などが輸入され，日本からは[8]が主に輸出された。

(4) キリシタン大名

・大名の中には[9]を望んで，積極的に宣教師の布教を保護し，自らも[10]を受けて信者になる者もいた。

2 織田信長の政治

(1) 信長の統一事業

・1560年，[1]の戦いで駿河の[2]を破る。

・1571年，[3]を焼き打ちにする。

・1573年，[4]を追放して，[5]を滅亡させる。

・1575年，[6]合戦で，[7]の使用により甲斐の武田勝頼を破る。

・1576年，日本初の近世的城郭[8]城を近江に築く。

(2) 信長の政策

・仏教勢力への対抗として[9]を保護した。

・閉鎖的な市や特権的な座を廃して[10]を行った。

3 豊臣秀吉の政治

(1) 秀吉の統一事業

・1582年，[1]の変後，[2]を討ち，信長の後継者として地位を固める。

・1583年，[3]を築城する（～88年）。

・1590年，小田原攻めによって[4]を達成する。

(2) 秀吉の国内政策

・[5]を行って，全国の生産力を米で換算し[6]制を確立した。[7]に実際の耕作者を登録し，[8]を原則とした。これによって古代以来の[9]制は一掃されることとなった。

・1588年，[10]を行い農民から武器を取り上げ，一揆を防ぎ，農民の身分を明確にした。

・各地の金山・銀山を直轄化し，[11]など貨幣の鋳造を行った。

(3) 秀吉の対外政策

・当初秀吉はキリスト教を保護した。[12]を発して宣教師を国外追放するよう命じたが，[13]を奨励していたため，不徹底な取締りであった。

・1592～93年の[14]，1597～98年の[15]の2度にわたって[16]を行い，失敗に終わった。この戦いに際して，多くの[17]が日本に連行され，有田焼・萩焼・薩摩焼などの「お国焼」が誕生した。

4 桃山文化

	作品	作者・特徴
建築	[1]城（現存）	天守閣
障壁画	唐獅子図屏風	[2]画

※出雲阿国が[3]を始め，[4]が茶の湯の儀礼を定め大成する。

5 江戸幕府の成立

(1) 関ヶ原の戦い（1600年）

・[1]率いる東軍と[2]率いる西軍が全国の大名を二分して戦い，東軍が勝利した。

(2) 江戸幕府の成立（1603年）

・[1]は[3]に任命され江戸幕府を開いた。

(3) 幕藩体制の形成

・主要地には[4]・譜代大名，辺地には[5]大名を配置した。

(4) 大坂の役（陣）（1614～15年）

・2度にわたって大坂城を攻め，[6]を滅ぼした。

6 幕藩体制の確立

(1) 幕府のしくみ

・将軍のもとで[1]が政務を統括し，[2]・[3]・勘定奉行の三奉行が職掌を分担。臨時で[1]の上に[4]がおかれることもあった。

・[1]の補佐には[5]があたり，大名を監察する[6]，旗本を監察する目付がおかれた。

・直轄地（天領）は[7]万石に上り，重要都市や鉱山も直轄とした。

(2) 大名統制

・大名を統制するために[8]を定め，築城などについて規定した。2代将軍[9]の元和令をはじめとし，将軍の代替わりごとに発せられた。

・1635年，3代将軍[10]のとき[11]が制度化され，大名は江戸と領地を1年交代で往来した。[12]は人質として江戸住まいを強制された。

(3) 朝廷統制

・朝廷・公家への統制法令として1615年に[13]が発せられた。

(4) 農民統制

・[14]により田畑の売買を禁止した。

・[15]は相続による農地細分を制限する法令であった。

・年貢納入や治安維持で共同責任を負わせる[16]制度をつくった。

7 江戸時代初期の外交

(1) 朱印船貿易

・幕府は秀吉の政策を受け継ぎ，外国と貿易する者に[1]を交付した。

このため日本人が東南アジア各地に渡航し，[2]町も形成された。

(2) 禁教令（キリスト教禁止令，1612年）

・当初幕府は貿易の利益のためにキリスト教を黙認していたが，1612年直轄領に[3]を発し，翌年全国にこれを拡大した。

・1637年，九州でキリシタン農民の一揆である[4]がおきたため，幕府は[5]などを行ってキリスト教徒を根絶やしにしようとした。

(3) 鎖国

・幕府は貿易を統制化におくため，1639年に[6]船の来航を禁止し，41年には[7]商館を平戸から長崎の[8]に移して，[9]が完成。

・[9]の完成により，[7]・[10]・朝鮮・琉球以外の国との国交が閉ざされた。

(4) 通信使

・家康の時代に[11]藩主宗氏の仲介により朝鮮との国交が回復した。

・朝鮮からは新将軍の慶賀のためなどに計12回使節が送られた。

(5) 琉球使節

・琉球は[12]藩主島津氏によって征服され，その属領となった。

・琉球からは国王の代替わりごとに[13]使，将軍の代替わりごとに[14]使が送られた。

・琉球は[15]にも朝貢し，両属の状態を続けた。

(6) シャクシャインの戦い（1669年）

・[16]にはアイヌ人が生活していたが，[17]氏が交易収入を独占したため，シャクシャインを指導者としたアイヌ人は反乱をおこした。

・乱は鎮圧され，以後は[17]藩のアイヌ支配が強化された。

※江戸初期の文化

	作品	作者・特徴
建築	桂離宮 日光[18]	数寄屋造 権現造
絵画	風神雷神図屏風	[19]画

8 元禄時代

(1) 徳川綱吉の政治

・[1]を建設し幕府の学問所として[2]学を講義し，奨励した。

・[3]を行って金の含有量を減らし，財政改善を目指したがかえって物価の上昇を招いた。

・極端な動物愛護令である[4]を発した。

(2) 新井白石の政治（正徳の政治）

・[2]学者，新井白石は6代将軍[5]・7代将軍家継に用いられた。

・物価の安定のため[6]小判を発行し，[7]を出して長崎貿易を制限して金銀の流出を抑えようとした。

・新井白石は歴史書『読史余論』，西洋研究書『[8]』などが知られる。

9 元禄文化と都市の繁栄

(1) 元禄文化

	作品	作者・特徴
文学	日本永代蔵・世間胸算用 国性爺合戦・曽根崎心中 奥の細道	[1]著，浮世草子 [2]著，[3]の脚本 [4]著，俳諧紀行文

絵画	見返り美人図	[5]画，浮世絵
	紅白梅図屛風	[6]画，装飾画

(2) 都市の繁栄
・[7]は諸藩の[7]屋敷がおかれたこともあり，人口[8]万人の大都市として発展した。
・[9]は諸藩の蔵屋敷がおかれ，[10]や特産物が集散したため「[11]」とよばれた。

10 幕政三大改革

(1) 享保の改革（1716～45年）
・8代将軍[1]が家康の時代を理想として行った。
・[2]…法令や判例を整理し裁判・刑罰の基準とした。
・[3]の設置…評定所の前に設置し，庶民の意見を投書させた。
・[4]…金銭貸借関係の訴訟は当事者間で解決させた。
・[5]…財政窮乏のため，[6]を緩めるかわりに米を上納させた。
・[7]…人材確保のため，在任期間中のみ不足の石高を支給した。
・財政は一時的に立ち直ったが[8]の飢饉などで[9]が頻発した。
(2) 田沼意次の政治（1772～86年）
・[10]の公認や[11]の奨励など，積極的な経済政策を行った。
・賄賂の公然化や[12]の大飢饉が発生し，社会不安が増大した。
(3) 寛政の改革（1787～93年）
・老中[13]が享保の改革を理想として行った。
・[14]…米価調整や[15]に備えて米穀を備蓄させた。
・[16]…旗本・御家人の窮乏を救うため借金を帳消しにした法令。
・[17]…農民の[18]を禁止し，帰農させた。
・[19]…[20]学を正学として学問所での他の学問の講義を禁止した。
・厳しい統制と緊縮政策が人々に嫌われた。
(4) 天保の改革（1841～43年）
・老中[21]が天保の飢饉や[22]の乱などの社会不安の払拭と幕府権力の回復を図るため行った。
・[10]の解散…物価の引下げを目的に，在郷商人の自由な取引を認めた。
・[23]…江戸への流入者を強制的に帰農させた。
・[24]…海防のため，江戸・大坂周辺の[25]化を図った。
・大名の反発により[24]は実現できず，幕府の権威を失墜させた。

11 列強の接近

(1) ロシアの来航と蝦夷地の防備
・[1]が1792年に根室に，[2]が1804年に長崎に来航し，いずれも通商を要求したが幕府は拒絶した。
・[3]・最上徳内らに択捉島を，[4]に樺太を探検させた。
(2) フェートン号事件と異国船打払令
・1808年にイギリス軍艦フェートン号がオランダ船を追って[5]に侵入し，薪水・食糧を強奪した。イギリス・アメリカ船が日本近海に頻出するため，1825年に[6]が発せられた。
(3) [7]事件（1837年）
・[8]の返還と通商を求めてアメリカ船[7]が来航したが，幕府は[6]によって撃退した。

(4) 蛮社の獄（1839年）

・[7]事件に対して渡辺崋山・[9]らは幕府の対応を批判したが，捕えられ処罰された。これを[10]という。

12 国学と蘭学

(1) 国学

人名	主著	特徴・業績など
[1]	国意考，万葉考	日本古来の思想を追究
[2]	古事記伝	「もののあはれ」を主張
塙保己一	[3]	和学講談所を設立

(2) 蘭学

人名	主著	特徴・業績など
前野良沢・[4]	[5]	[6]で書かれた解剖書を翻訳
[7]	大日本沿海輿地全図	全国の沿岸を実測
稲村三伯	[8]	最初の蘭日辞書を完成
[9]		エレキテル（摩擦起電器）を製作

(3) 教育

・主な藩校（藩学）・郷学としては岡山藩の[10]・閑谷学校（郷学），水戸藩の[11]，会津藩の[12]，熊本藩の時習館などがある。

・私塾としては江戸の芝蘭堂（大槻玄沢），大坂の[13]（緒方洪庵），松坂の鈴屋（本居宣長），萩の松下村塾（吉田松陰），日田の[14]（広瀬淡窓），長崎の[15]（シーボルト）などが著名である。

(4) 思想

人名	主著	特徴・業績など
[16]	都鄙問答	心学を広めた
安藤昌益	[17]	万人が耕作する平等な生活を理想
山片蟠桃	[18]	合理主義思想から儒教・仏教などを批判
[19]	広益国産考	農政家
[20]	翁問答	日本陽明学の祖
高野長英	[21]	蛮社の獄で処罰
[22]	慎機論	蛮社の獄で処罰

13 化政文化

	作品	作者・特徴
文学	東海道中膝栗毛	[1]著，滑稽本
	[2]	曲亭（滝沢）馬琴著，読本
	おらが春	[3]著，俳諧
美術	ポッピンを吹く女	[4]画，美人画（錦絵）
	富嶽三十六景	[5]画，風景画（錦絵）
	[6]	歌川広重画，風景画（錦絵）
	三代目大谷鬼次の奴江戸兵衛	[7]画，役者絵（錦絵）

14 開国

(1) ペリーの来航(1853年)

・アメリカ東インド艦隊司令長官ペリーは[1]に入港し開国を要求した。

(2) 日米和親条約(1854年)

・ペリーは翌54年に再来日し，再度開国を要求したため幕府は[2]・箱館を開港し，アメリカ船に薪水・食糧を提供するという日米和親条約を締結した。

(3) 日米修好通商条約(1858年)

・大老[3]は勅許を得ずにアメリカ領事[4]との間で調印した。

・箱館・神奈川・長崎・新潟・[5]の5港を開港して貿易を開始した。

・[6]権を認め，[7]権のない不平等条約であった。

(4) 安政の大獄(1858～59年)

・[3]は尊王攘夷派を厳しく弾圧した。

(5) 桜田門外の変(1860年)

・[3]は安政の大獄後，江戸城[8]で暗殺された。

15 江戸幕府の滅亡

西暦	出来事	内容
1862年	[1]	薩摩藩が行列を横切ったイギリス人を殺傷
1863年	[2]	攘夷の勅令を受け，下関で外国船を砲撃
	[3]	[1]の報復としてイギリスが鹿児島を攻撃
1864年	[4]	[2]の報復として4ヵ国が下関を砲撃
1866年	薩長連合	[5]の仲介で成立
1867年	大政奉還	15代将軍[6]が政権を朝廷に返上
	[7]	討幕派が新政府樹立を宣言

※江戸時代の交通

① 陸上交通

・江戸日本橋を起点に[8]・[9]・甲州道中・日光道中・奥州道中の[10]が整備された。

・2～3里ごとに[11]をおき，大名などが宿泊する[12]，庶民の宿泊する[13]が整備された。

② 海上交通

・[14]によって，東北日本海沿岸から津軽海峡を経て[15]に至る東廻り航路と東北日本海沿岸から[16]を経て瀬戸内海を通り[17]に至る西廻り航路が整備された。西廻り航路には[18]が就航した。

・大坂から江戸に至る航路は[19]とよばれ，[20]・樽廻船が就航した。

過去問に挑戦！

次は，江戸時代の教育施設である。それぞれ関係がある人物を語群から選ぶとき，残るものが2つある。その記号の組合せを答えよ。

鈴屋　　松下村塾　　適塾　　咸宜園　　鳴滝塾

(語群)　ア．緒方洪庵　　イ．中江藤樹　　ウ．本居宣長　　エ．シーボルト　　オ．荻生徂徠

カ．吉田松陰　　キ．広瀬淡窓

(愛知県)

4 近代・現代

重要度**A**

ここが要点　近代では，新政府が体制を整えていく過程が重要である。自由民権運動や憲法制定などに関する内容は特に頻出しており，覚えておく必要がある。現代では，世界の中の日本の位置づけをよく押さえておくこと。

1 明治維新①

(1) 戊辰戦争（1868～69年）

・旧幕府軍は[1]の戦いで敗北し，新政府は軍を進めたが，西郷隆盛と勝海舟の交渉により，[2]を無血開城させた。

・1869年に[3]で旧幕府軍が降伏したことで新政府が全国を統一した。

(2) 新政府の樹立

・1868年，新政府の基本方針を[4]が神に誓う形で[5]を発布した。

・同時に[6]の掲示で民衆に対して統治政策を発表した。

(3) 中央集権の確立

・1869年，[7]を行って土地・人民を天皇に返上させた。

・1871年には[8]を行って，藩を廃止し地方を府・県に区分した。中央から府知事・[9]を派遣して全国を中央政府の支配下に置いた。

(4) 身分制度の廃止…1871年，[10]を発した。

(5) 富国強兵と殖産興業

・1873年，[11]を行い，土地所有者に[12]の3%を金納させた。

・富岡製糸場など[13]工場や官営鉱山を設立し，工業化を図った。貨幣制度・金融制度・[14]制度も整備した。

・1873年，[15]を発令して成年男子に兵役の義務を課した。

・フランスの制度に倣って1872年に[16]を公布した。[17]・男女共学を基本とした。

・1872年，[18]－横浜間に[19]が開通した。

2 明治維新②

(1) 農民一揆

・新政府の急激な改革に反対して各地で一揆が勃発した。[1]反対一揆，学制反対一揆，[2]（徴兵反対）一揆などがおこった。

(2) 士族反乱

・士族は[3]令，[4]処分などによって特権を喪失したことから，次々と新政府に対して反乱をおこした。主な不平士族の反乱には，[5]による佐賀の乱（1874年），[6]による西南戦争（1877年）があった。

(3) 維新の三傑…木戸孝允（桂小五郎）・[6]・大久保利通の3人をさす。

3 明治初期の外交

(1) 岩倉使節団（1871～73年）

・[1]改正の準備として欧米を視察することが目的で，岩倉具視・木戸孝允・[2]ほか女子留学生も同行した。

(2) 初期の外交

・[3]…1875年，日露間で締結された領土確定条約で，[4]をロシア領，[5]を日本領とした。

・[6]…1875年の[7]をきっかけとして，翌年日朝間で締結された不平等条約で，朝鮮を[8]させた。

・琉球処分…薩摩藩と [9] に両属していた琉球を1872年，日本領であるとして琉球藩を置き，1879年には [10] 県を設置した。

4 自由民権運動

・1874年に [1] らが [2] を政府左院に提出した。これは [3] を批判し，民撰による [4] を要求したものであった。
・1880年，各地の代表者が [5] に集まり， [6] を結成して [4] を要求した。政府はこれに対し1875年の [7] や1880年の [8] で弾圧した。
・1881年の [9] 事件によって民権派の政府攻撃が激しくなると，同年 [10] は天皇に勧めて [4] の勅諭を公布した。
・ [11] 党…党首 [1] ，フランス流急進的民権思想に基づく政党。
・ [12] 党…党首 [13] ，イギリス流穏健な立憲思想に基づく政党。

5 憲法の制定

(1) 憲法制定過程
・憲法の起草…1882年， [1] が渡欧しドイツ憲法などを研究。帰国後草案を起草し， [2] で審議し決定。
・ [3] の発足…1885年，初代の内閣総理大臣には [1] が就任。
・ [4] の発布…1889年，アジア最初の [5] 国家となる。君主制定の [6] 憲法。

(2) 帝国議会の開設
・国民の直接選挙による [7] と勅撰の [8] の二院制からなった。
・1890年に第一回の [7] 選挙が行われたが，選挙権は直接国税 [9] 円以上を納める25歳以上の男子に制限された。

6 条約改正

西暦	担当者	内容
1882～1886年	[1]	極端な欧化政策 → 失敗
1889年	大隈重信	[2] 判事の任用 → 失敗
1891年	[3]	大津事件 → 失敗
1894年	[4]	日英通商航海条約 → 領事裁判権の撤廃に成功
1911年	[5]	日米通商航海条約 → 関税自主権の完全回復に成功

7 日清戦争

(1) 日清戦争(1894～95年)
・朝鮮でおこった [1] をきっかけに両国が出兵し，清の敗北に終わった。
・講和条約である [2] の内容は，清は朝鮮を独立国と認める， [3] ・台湾などを日本に割譲する，賠償金2億両を支払う，などであった。

(2) 三国干渉(1895年)
・ [4] がドイツ・フランスと結び [3] を清に返還するよう要求してきた。
・日本はこの要求を受け入れるが，国民の間に [4] への復讐心が高まり，政府も大規模な軍備拡張を行った。
・台湾には台湾[5]を設置して植民地支配を進めた。

8 日露戦争

(1) 日英同盟(1902年)
・1900年の[1]後も[2]から撤兵しようとしないロシアに対して，その南下を阻止するため，日英で同盟を締結した。

(2) 日露戦争直前の国内の情勢
・三国干渉への敵愾心から国内では[3]論(主戦論)が強かったが，[4]は社会主義の立場から，[5]は人道主義の立場から反戦を主張。
・[6]は戦場にある弟の無事を祈る詩を発表して，戦争に疑問を投げかけた。

(3) 日露戦争(1904～05年)
・日本は[7]などの援助を受けて有利に戦いを進めたが，アメリカ大統領[8]の講和斡旋に応じた。

(4) ポーツマス条約(1905年)
・条約の内容は，ロシアは[9]における日本の優越権を認める，[10]の南半分を日本領とする，[11]鉄道の権益や[12]の租借権を日本に譲る，などであった。

(5) 日比谷焼き打ち事件(1905年)
・戦争による[13]にあえいでいた国民は，講和条約で[14]がとれないことを知ると暴徒と化した。

(6) [15]併合(1910年)
・日露戦争後，日本による[15]植民地化が本格化し，朝鮮[16]を設置して[15]を併合した。

9 第一次世界大戦

(1) 第一次世界大戦(1914～18年)
・[1]事件により勃発した。日本は[2]を理由に[3]側で参戦した。[3]側の勝利に終わった。

(2) 二十一カ条の要求(1915年)
・[4]内閣は中国での権益を拡大するため，[5]のドイツ権益を受け継ぐといった要求を中国の[6]政府に突きつけた。中国側の[7]が高まっていった。

(3) 大戦景気
・大戦中に列強が[8]市場から後退したことにより日本商品の輸出が増大した。
・1918年に[9]生産額が[10]生産額を上回り，[9]国としての基礎が築かれた。
・大戦景気によって海運業や造船業の中から[11]とよばれる者も現われた。

10 シベリア出兵と米騒動

(1) シベリア出兵(1918年)
・[1]への干渉のため，列国と共同出兵したが，日本は最後の1922年になって撤兵した。

(2) 米騒動（1918年）

・[2]による米の買占めから米価が高騰し，[3]県の漁村でおきた騒動が全国に波及した。

(3) 関東大震災（1923年）

・東京・横浜を中心として震度7の大地震がおこった。パニックの中で[4]人が暴動をおこすという流言が広まり，多くの[4]人・中国人が殺された。

(4) 金融恐慌（1927年）

・[5]後，日本経済は慢性的な不況に陥り，各地の銀行が倒産し[6]騒ぎが頻発した。

(5) 昭和恐慌（1930年）

・1929年にニューヨークの[7]街にあるニューヨーク株式取引所でおこった株価暴落による[8]は，日本にも大きな影響を与えた。

11 大正デモクラシー

(1) 原敬内閣（1918年）

・[1]で失脚した[2]内閣にかわり発足した日本最初の本格的[3]であった。

・[4]総裁の原敬を首相とし，陸海軍・[5]の3大臣以外はすべて[4]党員で組織された。

(2) 普通選挙法（1925年）

・[6]内閣によって成立した。財産上の制限を撤廃し，[7]歳以上のすべての男子に選挙権が与えられた。

(3) 治安維持法（1925年）

・[8]の制定と同時に成立した。[8]の成立と[9]との国交樹立によって[10]による社会主義運動の活発化を防ぐねらいがあった。

(4) 大正デモクラシー

・[11]の唱えた[12]は，[13]主権の下での民衆の政治参加を主張するものであった。

・[14]の唱えた[15]は，主権は[16]にあり，[13]はその機関の一つに過ぎないというものであった。

・1922年に結成された[17]は，差別からの解放を目指す組織であった。

・女性解放を訴えた[18]らは[19]を設立した。

※資本主義の発達

・1882年　[20]の設立，[21]本位制

・1897年　[22]本位制の確立

・1901年　官営[23]の操業開始

・1906年　[24]株式会社設立，[25]国有法の公布

※社会主義運動

・[26]…1897年，高野房太郎・[27]らによって設立された。

・[28]…1900年，労働運動の取締りのため公布された。

・[29]…1910年，[30]ら社会主義者が逮捕され，社会主義運動は冬の時代を迎えた。

※公害問題の発生

・栃木県の[31]流域で[32]の鉱毒が住民に被害を与えた。代議士の[33]は議会でこの問題を取り上げ，天皇にも直訴したが，満足のいく解決には至らなかった。

12 ファシズム体制の形成

(1) 満州事変（1931～33年）

・日本軍が[1]郊外で[2]をおこして開始された。[3]国を建国したが，[4]は[3]からの撤退を勧告したため，1933年，日本は[4]を脱退した。

(2) 軍部の台頭

・[5]…1932年，海軍青年将校が[6]首相を暗殺した。ここに[7]内閣は崩壊した。

・[8]…1936年，陸軍青年将校が斎藤実前首相や[9]蔵相を暗殺した。

(3) 日中戦争（1937～45年）

・北京郊外で日中両軍が衝突し[10]がおき，日中は全面戦争に突入した。

・1938年の[11]で国内の戦時体制が強化された。

13 第二次世界大戦

(1) 日独伊三国同盟（1940年）

・1939年，ドイツは[1]に侵入して第二次世界大戦が勃発した。ドイツがヨーロッパ諸国を制圧すると，日本はドイツ・[2]と軍事同盟を結んだ。

・日本は東南アジアから欧米の勢力を駆逐するという名目で[3]というスローガンを掲げた。

(2) 太平洋戦争（1941～45年）

西暦	出来事
1941年　4月	[4]条約調印
12月	[5]攻撃，太平洋戦争の開始
1942年　6月	[6]海戦で日本軍敗北，以後戦況は不利に
1943年	[2]降伏
1945年　2月	[7]会談
3月	東京大空襲
5月	[8]無条件降伏
7月	[9]会談
8月	広島・長崎に[10]投下，[11]の参戦 日本が[9]宣言を受諾して降伏

・戦時下では生活必需品は[12]制・割当制となった。

・[13]出陣，小学生の集団[14]などが行われた。

14 戦後の日本

(1) 連合国軍による占領政策

・第二次世界大戦後，日本は[1]（GHQ）による間接統治下におかれた。

・1945年，戦前の日本経済を支配していた三井・[2]・住友・安田の4大[3]が解体された。

・企業の独占を防ぐため，1947年に[4]が制定された。

・自作農創設のため1946年から[5]が行われた。

・労働関係の民主化のため1945～47年に[6]・労働関係調整法・労働基準法の[7]が制定され，労働基本権が確立した。

・[8]が廃止され，政党の自由や[9]の自由が許可された。

・満[10]歳以上のすべての男女に選挙権が与えられた。
・1946年，[11]が制定され，[12]・[13]の尊重・[14]主義を三大原理とし，天皇は日本国及び日本国民統合の[15]とされた。

(2) 日本の発展
・1950年に[16]が勃発すると，日本の占領政策に転換がなされ，[17]が創設され，1952年に保安隊，1954年には[18]に発展した。
・1951年には[19]内閣が[20]平和条約に調印し，独立を回復した。同時に[21]も締結された。
・1956年，[22]内閣が調印した[23]によりソ連との国交を回復し，[24]への加盟を果たした。
・1965年，[25]内閣が大韓民国と[26]を締結した。
・1972年，[25]内閣が[27]返還を実現し，[28]内閣が調印した[29]により中華人民共和国との国交が正常化した。1978年に[30]内閣が[31]に調印した。
・[16]に伴う[32]景気によって日本経済は復興し，1955年頃から[33]の時代に入るが，1973年の[34]によって高度成長は終わり，安定成長の時代を迎えた。

15 明治～昭和時代の文化

(1) 明治初期の文化
・[1]とよばれる新しい風潮の中で，西洋の思想・技術が浸透していった。
・[2]の『学問のすゝめ』が出版され，[3]頭がこの時代の象徴。

(2) 明治中・後期の文化
・[4]主義・国家主義・日本主義的傾向がみられ，近代文学が盛んになった。
・絵画では[5]の「悲母観音」，[6]の「湖畔」「読書」がこの時代の代表作。

(3) 大正期の文化
・市民文化が急速に発展し，[7]とよばれる女性の社会進出，円本や[8]が出版され，[9]放送も開始された。
・絵画では[10]の「麗子微笑」などが描かれ，[11]文学が著された。

(4) 昭和の文化
・戦後，国民の間で大衆文化が広がった。高度成長期には1964年の[12]の開通，[13]の開催，1970年の[14]の開催など日本の復興を世界にアピールした。

過去問に挑戦！

1993年に55年体制は崩壊したが，55年体制となった直後におこった出来事を次から選べ。
① 日ソ共同宣言の調印　② 日米安全保障条約の調印　③ 国際連合への加盟
④ 沖縄返還　⑤ 日中平和友好条約の調印

（熊本県）

3 地理

●解答解説P249～P251

1 人類と地球

重要度 A

ここが要点　地球や地図に関する基本的な知識が問われる。実際に世界地図や地球儀を用いて赤道や各国の位置を確認したり，地形図を読み取ってみるとよい。時差や気候・地形の問題は頻出なので，しっかり覚えよう。

1 地球

(1) 地球のすがた
① 地球の全周（赤道・子午線の長さ）…約[1]km
② 陸地と海洋の面積比…[2]：[3]

(2) 経線と緯線
・緯度…[4]を0度として南北にそれぞれ[5]度まである。
・経度…[6]の旧グリニッジ天文台を通る[7]を0度として東西にそれぞれ[8]度まである。
・五大陸（六大陸）

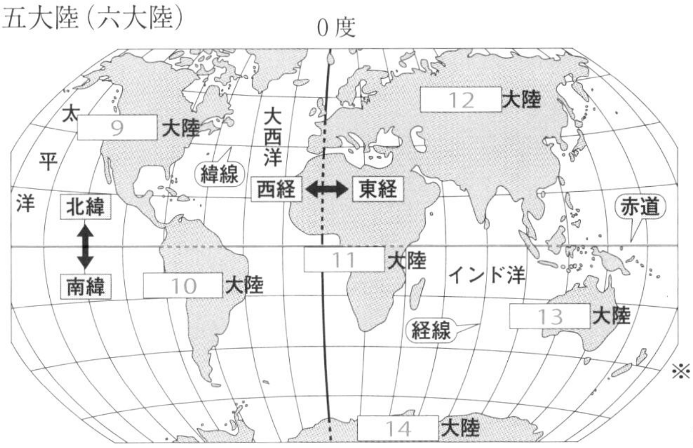

※六大陸の場合，[14]大陸を加える。

(3) 標準時と時差
本初子午線（0度の経線）の時刻を基準とし，経度[15]度ごとに1時間の時差が生じる。本初子午線より東側の時刻が[16]く，西側の時刻が[17]い。
※日本の標準時…[18]県明石市などを通る東経[19]度。本初子午線が通るイギリスより[20]時間，時刻が[21]い。

【問】 日本が1月7日の午後1時のとき，イギリス（ロンドン）とアメリカ合衆国のニューオーリンズ（西経90度）の日時を答えよ。

ロンドン　イギリス（標準時子午線は0度）と日本（標準時子午線は東経135度）とでは[22]度の経度差があり，[22]÷[23]=[24]より[24]時間の時差がある。イギリスは日本より西側にあるので，日本の時刻から[24]時間遅らせればよい。したがって，1月[25]日午前[26]時となる。

ニューオーリンズ　西経90度のニューオーリンズと日本とでは，90＋135＝225で225度の経度差があり，225÷[23]=[27]で[27]時間の時差がある。日付変更線をまたがずに位置関係をみたとき，ニューオーリンズは日本より西側にあるので，日本の時刻から[27]時間遅らせればよい。したがって，1月[28]日午後[29]時となる。

(4) 世界地図

[30]図法

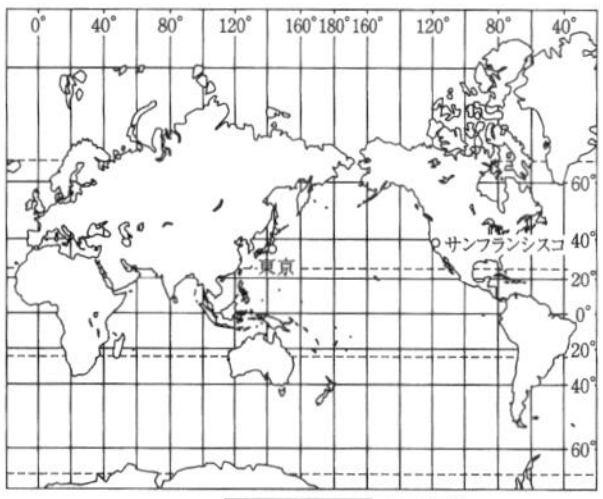

・地図中の任意の2点間を結ぶ直線は[31]航路を表し，常に[32]と一定の角度で交わる。
・高緯度ほど面積や距離が拡大される。
・主に[33]図として用いられる。

[34]図法

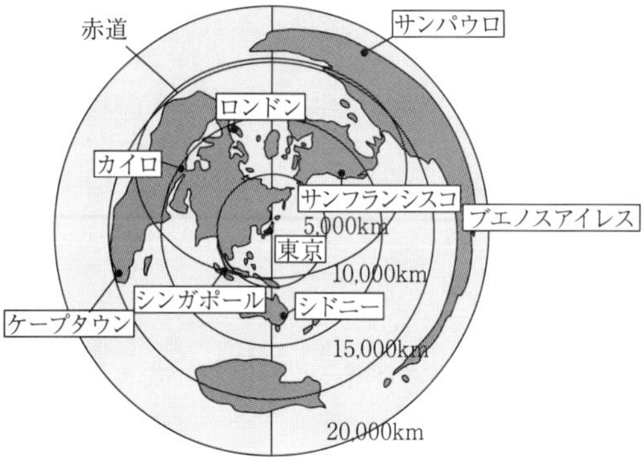

・地図の中心から任意の地点までを結ぶ直線は[35]航路を表し，中心からの[36]と[37]が正しい。
・中心から離れるほど面積や形のひずみが大きい。
・主に[38]図として用いられる。

(5) 世界の国々

・日本の国土面積…約[39]km²
・国土面積の大きい国…第1位[40]…日本の約45倍
　第2位[41]　第3位[42]…日本の約26倍
　第4位中国…日本の約25倍
　第5位ブラジル…日本の約22倍
・国土面積の小さい国…第1位[43]　第2位[44]
　第3位ナウル　第4位ツバル　第5位サンマリノ

2 世界の地形

(1) 世界の主な山地と川

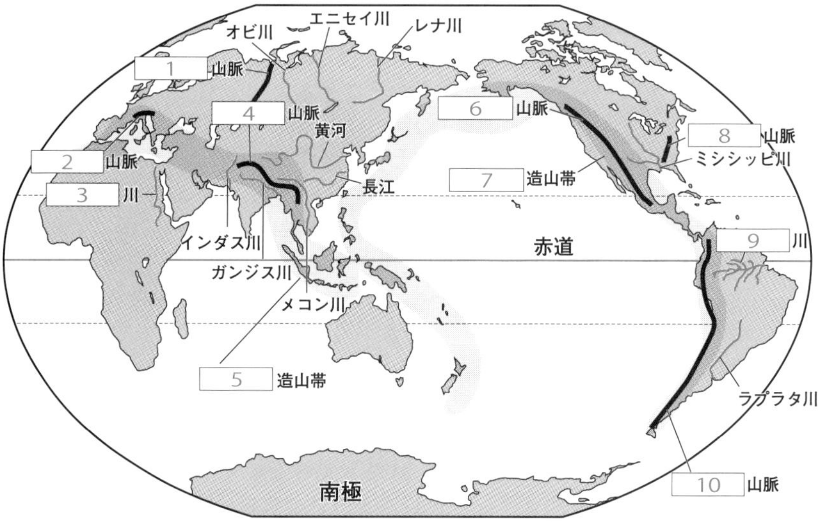

(2) 世界の平地

・[11]…河川が山地から平地に出るところに砂礫が堆積して形成される傾斜の緩やかな扇形の地形。[12]は水利に恵まれないため果樹園や畑として，[13]は湧水があり水田や集落として利用される。

・[14]…河川が海に注ぐところに土砂が堆積して形成される低平な土地。

(3) 海岸地形

・[15]…山地・丘陵が海に沈んでできた，入り江の複雑な海岸。日本では[16]海岸や[17]半島などでみられる。

・[18]…氷河に侵食された谷([19])に海水が入り込んでできた，深い入り江。日本にはなく，ノルウェーやチリなどでみられる。

(4) 海底地形

・[20]…水深200mまでの海底部分。プランクトンが多く好漁場を形成。

・[21]…水深6,000m以上の狭く，深く入り込んだ深海。

(5) その他の地形

・[22]…氷河の侵食によって山地の傾斜に生じた半円形のくぼ地。

・[23]…火山の中心部に形成された，ほぼ円形の大きなくぼ地。

・[24]地形…石灰岩の溶食によって形成された地形。地表に生じたくぼ地を[25]という。

3 世界の気候

(1) 世界の気候区分(ケッペンの気候区分)

主な気候区		特徴	代表都市
熱帯(A)	[1]気候 Af	年中高温多雨。気温は年較差より日較差が大。熱帯雨林の密林。スコール。	シンガポール クアラルンプール
	[2]気候 Aw	年中高温だが雨季(夏)と乾季(冬)がある。[3]とよばれる長草草原と疎林。	バンコク ホーチミン
乾燥帯(B)	[4]気候 BW	降水量は極めて少なく，気温の日較差は大。砂漠が発達。オアシスに植生。	カイロ ラスベガス
	[5]気候 BS	降水量は少ないが短い雨季がある。[6]とよばれる短草草原。	ウランバートル テヘラン
温帯(C)	[7]気候 Cs	夏は高温乾燥。冬は[8]風の影響で湿潤。硬葉樹(オリーブ・コルクがしなど)。	サンフランシスコ ローマ
	[9]気候 Cfa	夏は高温多雨。冬は低温少雨。[10]風の影響を受け，気温の年較差は大。	シドニー ニューヨーク
	[11]気候 Cfb	夏は冷涼，冬は温暖。年中湿潤。[12]風の影響を受け，気温の年較差は小。	ロンドン メルボルン
冷帯(亜寒帯，D)		気温の年較差が[13]い大陸性気候。冬が長い。[14]とよばれる針葉樹林帯。	モスクワ シカゴ
寒帯(E)	[15]気候 ET	最暖月の平均気温が10℃未満。降水量は少ない。夏季のみ地表の氷がとける。	バロー
	[16]気候 EF	最暖月の平均気温が0℃未満。降水量は少ない。永久氷雪におおわれる。	南極大陸
高山気候(H)		気温の年較差が[17]く，日較差が[18]い。	ラサ，ラパス

(2) 世界の土壌

・[19]…インドのデカン高原に分布する肥沃な黒色土で，綿花栽培に適する。

・[20]…ブラジル高原に分布する暗紫色の土壌で，コーヒー栽培に適する。

4 日本のすがた

(1) 日本の領域

① 国土

・長さ…北海道から沖縄まで約[1]km。

・国土面積…約[2]万km^2。

② 領土問題

・[3]…歯舞群島，色丹島，[4]島，[5]島の4島。第二次世界大戦後，ソ連（現ロシア）が占拠しており，日本は返還を要求。

・[6]…韓国との間で対立。

・[7]…中国・台湾との間で対立。

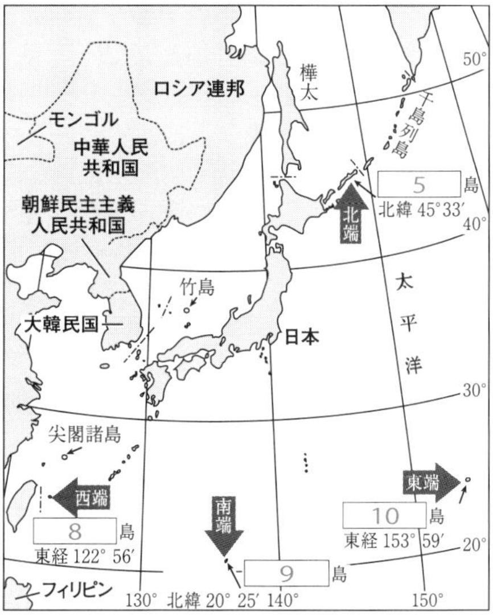

③ 領海

・領海…[11]海里以内。

・[12]…領海の外側で，沿岸から[13]海里以内の水域。沿岸国が水産資源や鉱産資源を利用する権限をもつ。

(2) 日本の地形

① 地形の特色

・国土の4分の[14]が山地。一般に，川の長さは短く，流れが急。

② 地帯構造

・[15]…日本列島を東北日本と西南日本に分ける地溝。

・[16]…[15]によって分けられた西南日本を，日本海側の内帯と太平洋側の外帯に分ける断層線。

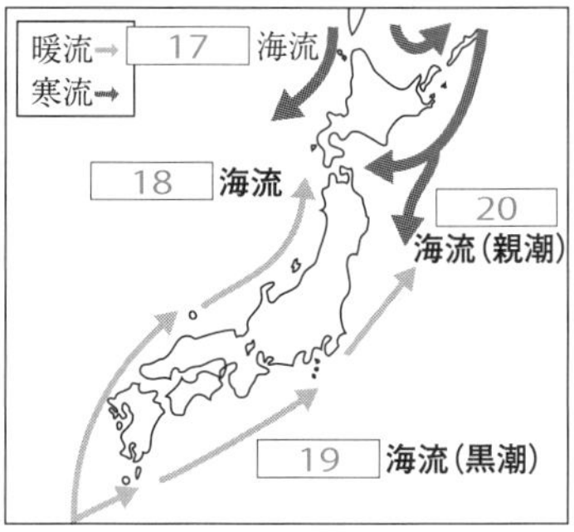

(3) 日本の気候

【問】 次の雨温図は，地図中のどの都市のものか。それぞれ都市名を答えよ。

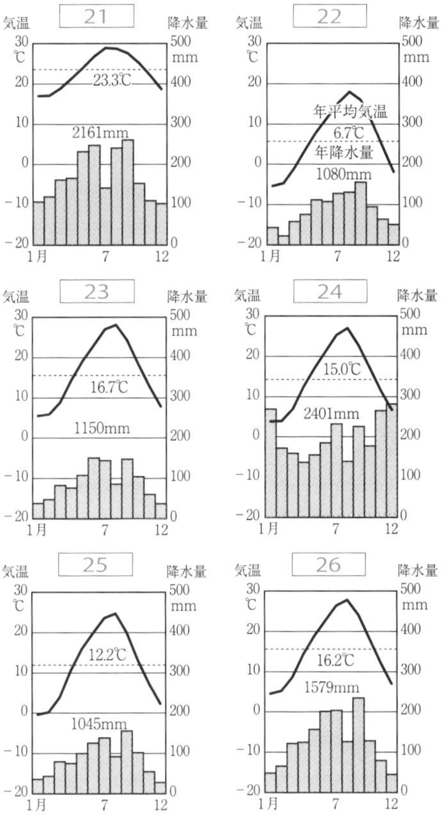

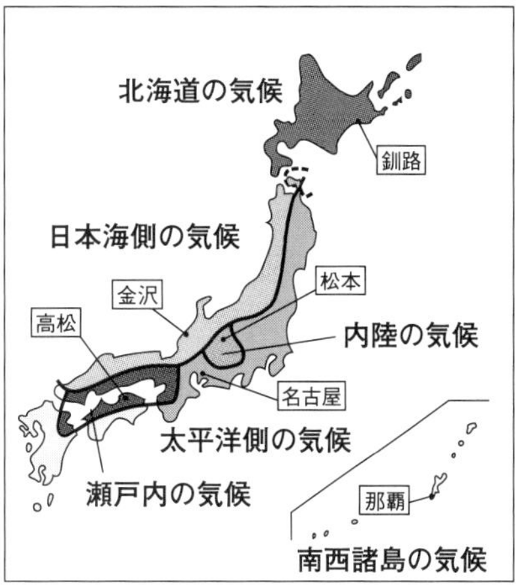

5 地形図の読み方

(1) 地形図

2万5千分の1地形図と[1]万分の1地形図がよく利用される。

(2) 縮尺

地図上の長さ×縮尺の分母＝実際の[2]

(3) 等高線と傾斜

等高線の間隔…[3]ほど傾斜は急である。

(4) 等高線と谷・尾根

等高線が[4]い方へくい込んでいるところが谷，[5]い方へはり出しているところが尾根。等高線には，[6]線と主曲線，及び補助曲線がある。

(5) 主な地図記号

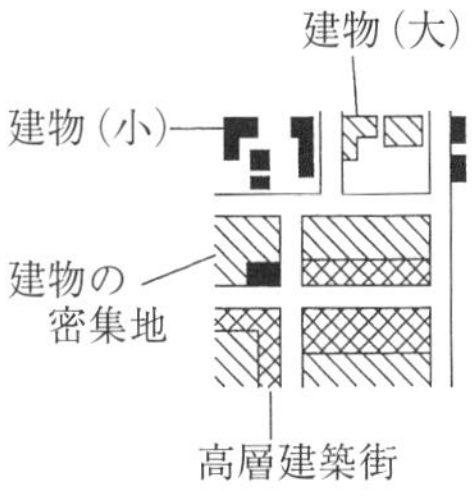

土地利用		建物・施設など					
	7	◎	15		23		31
	8	○	16	X	24		32
	9		17	☼	25	⛩	33
	10		18		26	卍	34
	11	⊗	19		27		35
	12	Y	20	文	28	∴	36
	13	〒	21		29	△	37
	14	⊕	22		30	⊡	38

6 世界と日本の人口

(1) 世界の人口

約[1]億人（2022年）。地域別では[2]が約6割を占めて最も多く，次いで，[3]（約2割），ヨーロッパ（約1割）の順となっている。

(2) 人口[4]

国の成長に伴い，[5]型→つりがね型→[6]型と変遷する。日本の人口[4]は，現在，[6]型（一部の先進国にみられる型）。

(3) 日本の人口

約[7]億人（2022年）で，世界第11位。人口密度は約335人/km^2。

(4) 都市問題

・[8]…大都市中心部に低所得者層が集中し，居住環境が悪化した区域。

・[9]現象…都市化に伴い，大都市中心部の人口が減り，周辺部の人口が増加すること。

・[10]現象…市街地が周辺部に無秩序に拡大すること。

過去問に挑戦！

1 時差に関する記述として，正しいものを1つ選べ。

① 日本の標準時子午線は兵庫県明石市を通り，旧グリニッジ天文台との時差は9時間である。

② 地球は東から西へ自転しているので，東京とニューヨークではニューヨークの方が早く日付が変わる。

③ 旧グリニッジ天文台から西経75度のフィラデルフィアに行くには，時計を5時間進める。

④ 国ごとに時間の基準となる経線を決めて，その国の標準時としているが，これは1国につき1つしかない。

⑤ 夏季に時計を1時間進めるサマータイム制度は，夏の長い日照時間を有効に活用できるが，実施されているのはヨーロッパ諸国だけである。

（東京都，秋田県　改題）

2 日本の自然に関する記述として，正しいものを1つ選べ。

① 日本列島の地体構造は，中央構造線（メディアンライン）により東北日本と西南日本に二分され，さらに西南日本はフォッサマグナにより北側の内帯と南側の外帯に分けられる。

② 日本列島は環太平洋造山帯の一部であるアルプス・ヒマラヤ山系に属し，地震や火山活動が盛んな地域である。

③ 日本列島の約8割は山地であり，そこから削られた大量の岩くずや土砂が河川によって運ばれ，侵食平野を形成している。

④ 南北に細長い日本の気候は，東北地方以南は温帯に属するが，北海道は冬の寒さが厳しく寒帯に属する。

⑤ 日本の気候は，夏は太平洋方面からの南東季節風，冬は大陸方面からの北西季節風の影響を受け，夏は高温多湿となり冬は日本海側で大量の降雪がみられる。

（神奈川県・横浜市・川崎市，秋田県　改題）

2 世界の国々と産業

重要度 **B**

ここが要点 地図上でそれぞれの国の位置や大きさを確認しながら，自然・産業・宗教・民族・人口など，各国の特色を覚えていこう。主要国は首都名も覚えておくとよい。

1 世界の国々の特色

(1) ヨーロッパ

国名	首都	主な特徴
イギリス	[1]	産業革命発祥地。[2]油田の開発で石油輸出国に。2020年1月，EUから離脱。
ドイツ	[3]	人口・工業生産高ともにEU最大。[4]炭田とライン川の水運により[4]工業地帯が発展。
フランス	[5]	EU最大の農業国。小麦などの穀物栽培が盛ん。[6]発電の比重が大きい。
イタリア	[7]	工業化が進む北部と，第一次産業中心の南部の格差大。
スイス	[8]	永世中立国。公用語は[9]語，フランス語，イタリア語，ロマンシュ語の4つ。
ベルギー	[10]	首都にEU本部。公用語はオランダ(フラマン)語，フランス(ワロン)語，[9]語。
オランダ	[11]	[12](干拓地)で園芸農業が盛ん。ヨーロッパ最大の貿易港[13]周辺に臨海工業地域が発達。
スウェーデン	[14]	福祉が発達。林業中心。
ロシア	[15]	国土面積世界最大(日本の約45倍)。

(2) アメリカ大陸

国名	首都	主な特徴
カナダ	[1]	国土面積世界第2位(日本の約26倍)。公用語は英語と[2]語。[3]州([2]語圏)独立問題。
アメリカ合衆国	[4]	国土面積世界第3位(日本の約26倍)。世界最大の農産物輸出国。サンベルトに先端技術産業が集積。
メキシコ	[5]	[6]の産出が世界有数。マヤ文明・アステカ文明。
[7]	ハバナ	社会主義国。さとうきびの生産が盛ん。
[8]	ボゴタ	世界有数のコーヒー生産国。赤道直下の国。
[9]	カラカス	世界有数の産油国。マラカイボ湖油田。OPEC加盟国。
ブラジル	[10]	公用語は[11]語。鉄鉱石の産出が世界有数。ブラジル高原でコーヒー栽培が盛ん。日系人。
ペルー	[12]	[6]・銅の産出が世界有数。漁業では[13]で有名。
チリ	サンティアゴ	[14]の産出世界一。南部にフィヨルドが発達。
アルゼンチン	[15]	白人が大半。[16](温帯草原)で肉牛飼育が盛ん。

(3) アフリカ，オセアニア

国名	首都	主な特徴
エジプト	[1]	[2]川下流域（[2]デルタ）で小麦や綿花の栽培。
[3]	アディスアベバ	アフリカ最古の独立国。コーヒー栽培が盛ん。
[4]	アクラ	カカオの栽培が盛ん。ヴォルタ川の開発。
[5]	ヤムスクロ	カカオ豆の生産量・輸出量世界一。
[6]	ナイロビ	茶の生産量・輸出量世界有数。
[7]	アブジャ	アフリカ最大の人口。世界有数の産油国。OPEC加盟国。
南アフリカ共和国	[8]	黒人に対する[9]（人種隔離政策）廃止。金・ダイヤモンドのほか，クロムやマンガンなどの[10]が豊富。
オーストラリア	[11]	先住民は[12]だが，現在は白人が多数。乾燥地域が広く分布。鉄鉱石やボーキサイトなど地下資源の産出多い。
ニュージーランド	[13]	先住民は[14]。火山や温泉が多く，地熱発電が盛ん。

(4) アジア

国名	首都	主な特徴
中華人民共和国	[1]	[2]が人口の9割以上を占める。シェンチェン，スワトウなどが[3]に指定され多くの外国企業が進出し，「世界の工場」とよばれる。
インドネシア	[4]	1960年代末からの「[5]の革命」により生産力向上。石油や天然ガスなどが豊富。
フィリピン	[6]	[7]教徒が多い。[8]などの果実類を日本へ多く輸出。
ベトナム	[9]	市場経済導入と対外開放化の[10]（刷新）政策。米やコーヒーを生産・輸出。
タイ	[11]	東南アジアで唯一，独立を守り続けた国。[12]の輸出が世界有数。
マレーシア	[13]	多民族国家。人口の約6割を占めるマレー人優遇の[14]政策（経済の実権は中国系が握る）。
インド	[15]	人口の約8割が[16]教徒。IT産業急成長。デカン高原（レグール）で[17]栽培が盛ん。
[18]	スリ・ジャヤワルダナプラ・コッテ	シンハラ人（多数派）と[19]人の民族対立。茶の産地。
サウジアラビア	[20]	イスラーム教の聖地[21]。原油の輸出量世界一。
イラク	[22]	イスラーム教国で古代文明の発祥地。

2 世界の農業

(1) 主な農業類型

・[1]農業…小麦・ライ麦などの穀物や飼料作物の輪作と，家畜の飼育とを組み合わせた農業。

・[2]農業…地中海性気候の地域でみられる農業。夏は乾燥に強いオリーブやオレンジ，ブドウなどの果樹を，冬に小麦などを栽培。

・[3]農業…都市向けの草花や果実，野菜などを栽培する集約的農業。

・[4]農業…熱帯・亜熱帯地域で，世界市場向けにさとうきび，カカオなど輸出用作物を大規模に栽培する農業。欧米諸国によって開発され，単一耕作（[5]）であることが多い。

・[6]農業…乾燥地域で行われている集約的な農業。人工的な灌漑を利用して，なつめやしや綿花などが栽培される。

・[7]農業…主に熱帯の内陸でみられる自給的な農業。森林や草原を焼いた灰を肥料とし，キャッサバやヤムイモなどの根菜類を栽培。

(2) 主な農産物の生産量に占める主産国の割合（2020年）

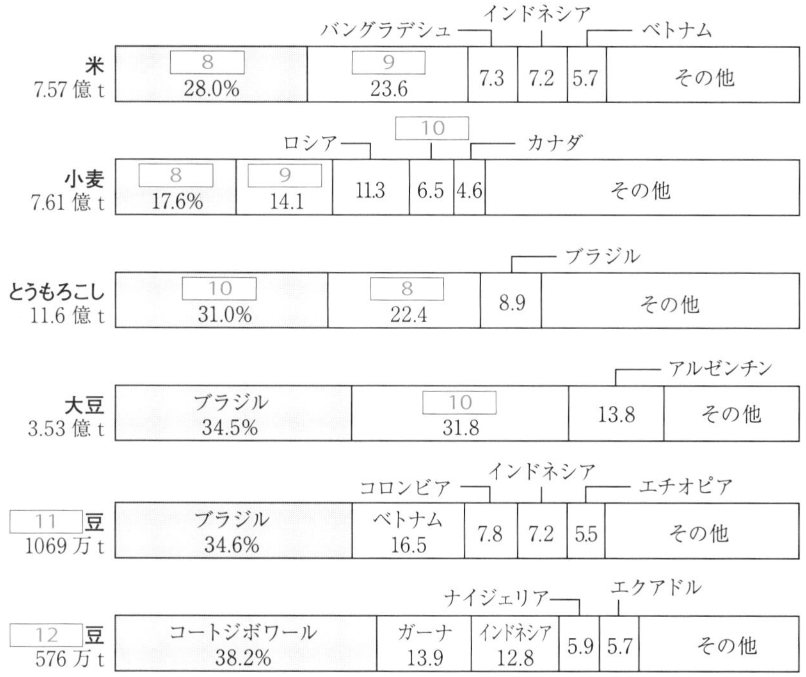

（世界国勢図会2022/23）

3 世界の鉱産資源とエネルギー

(1) エネルギー資源と鉱産資源の産出量に占める主産国の割合

【問】 [1]～[3]にあてはまる資源名を石炭，原油，天然ガスの中から選べ。また，[4]～[7]にあてはまる国名を答えよ。

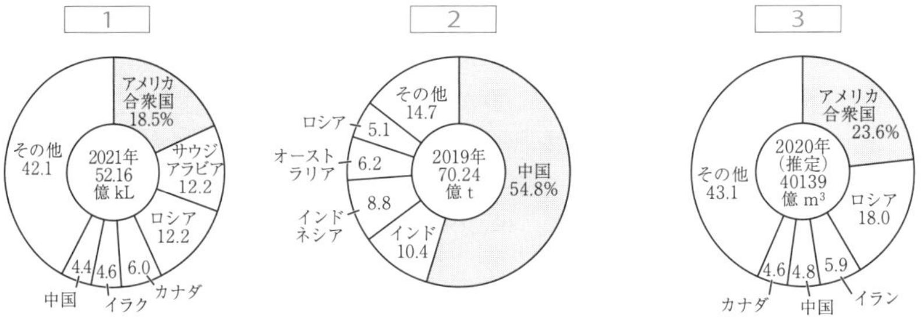

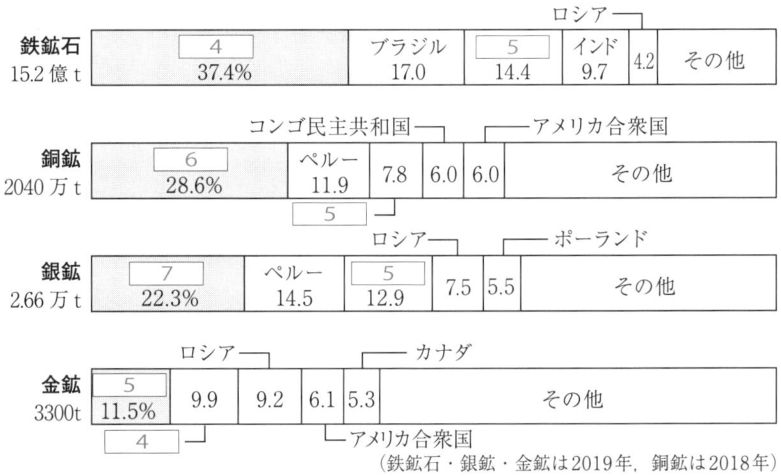

（鉄鉱石・銀鉱・金鉱は2019年，銅鉱は2018年）

（世界国勢図会2022/23）

(2) 世界のエネルギー

【問】 次のグラフは，アメリカ合衆国，日本，フランス，中国，カナダの発電エネルギー源別割合を示したものである（2019年）。それぞれ国名を答えよ。

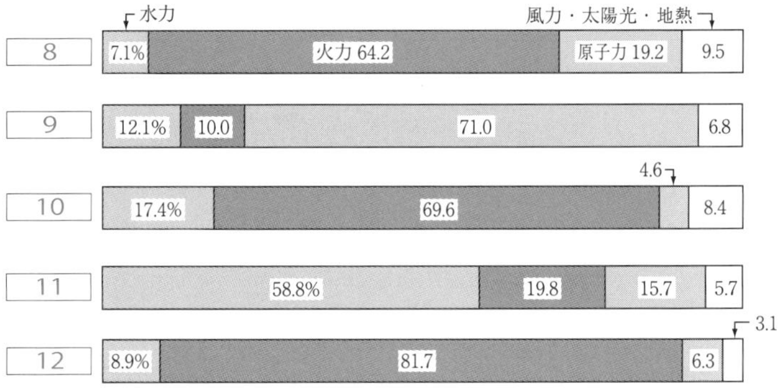

（世界国勢図会2022/23）

3 日本の地域と産業

重要度A

ここが要点 日本の自然や産業についての問題は頻出なので，各地域の特色はしっかり押さえておくこと。受験する都道府県に関しては，さらに詳しく学習しておくとよい。

1 日本の各地域の特色

(1) 九州，中国・四国地方

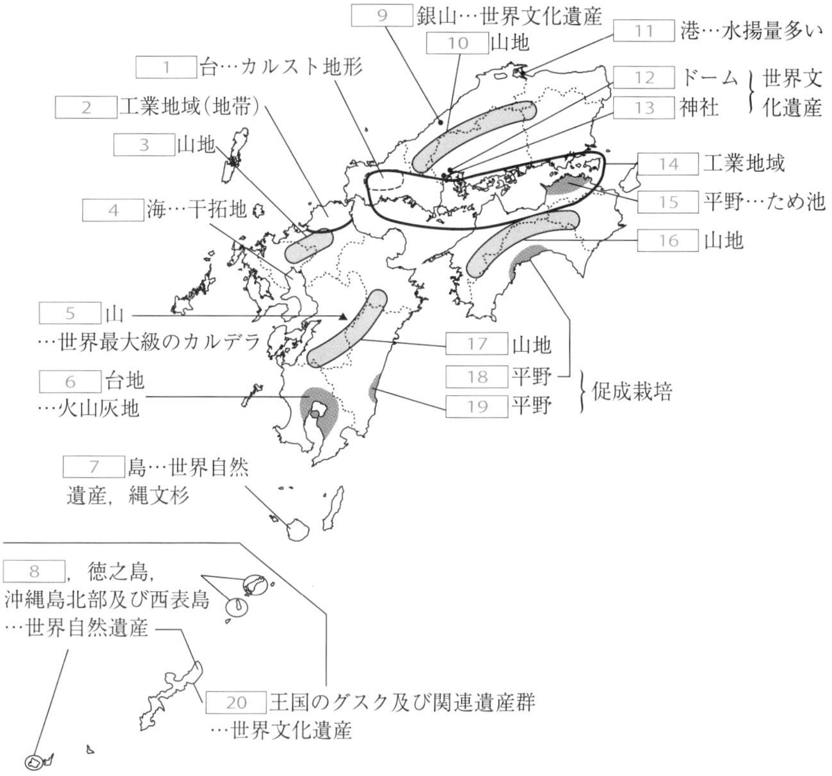

(2) 近畿，中部地方

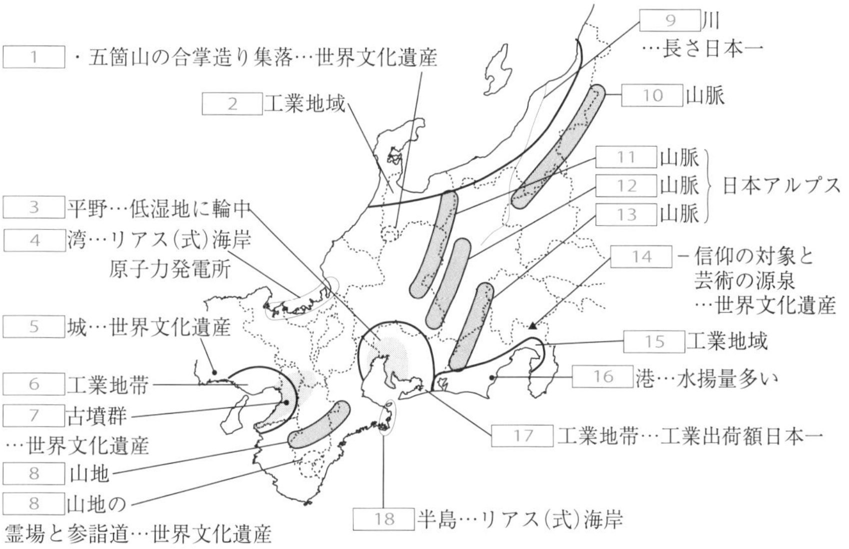

(3) 関東，東北，北海道地方

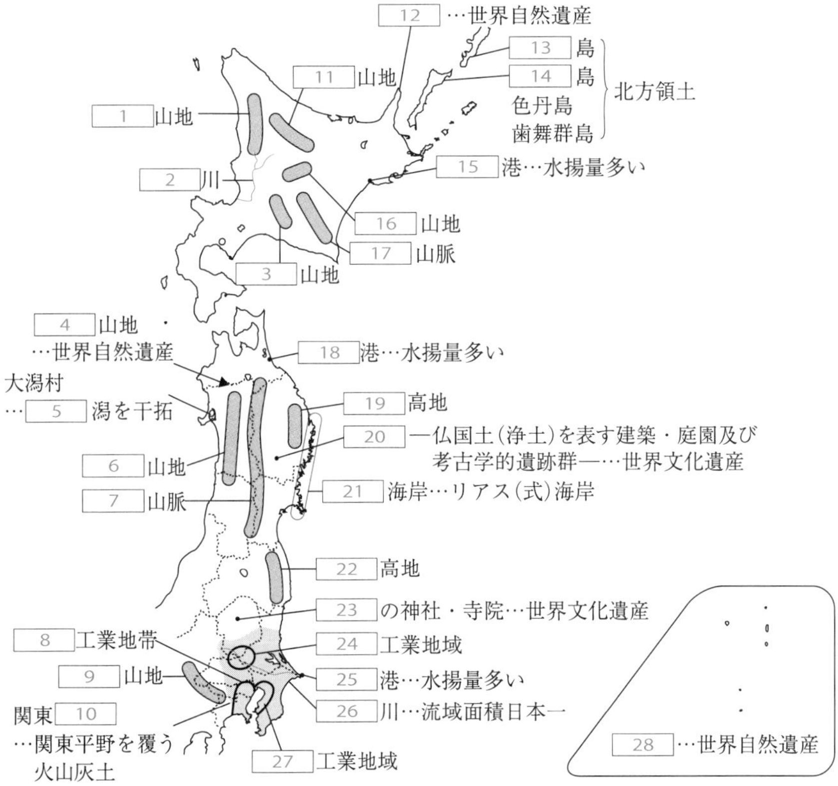

2 日本の農業

(1) 主要穀物の生産

① 米……東北地方，北陸地方を中心に全国で生産される。

② 小麦…主に[1]で生産される。輸入依存率が高い。

(2) 野菜・家畜の生産（2021年）

・ばれいしょ……[2]

・きゅうり………[3]，群馬県，埼玉県

・キャベツ………[4]，愛知県，千葉県

・ピーマン………[5]，宮崎県，鹿児島県

・レタス…………[6]，茨城県，群馬県

・乳用牛…………[7]，栃木県，熊本県

・採卵鶏…………[8]，千葉県，鹿児島県

・豚………………[9]，宮崎県，北海道

(3) 果実などの生産（2021年）

・みかん…………[10]，愛媛県，静岡県

・りんご…………[11]，長野県

・ぶどう…………[12]，長野県

・もも……………[13]，福島県，長野県

・さくらんぼ……[14]，北海道

・茶………………[15]，鹿児島県，三重県

(4) 農業技法

・[16]栽培…温室などを利用して農産物の生育を促進し出荷時期を早める方法。高知平野，宮崎平野など。

・[17]農業…都市への出荷を目的として果樹・花卉などを集約的に栽培する農業。大都市近郊で行われる場合，特に[18]農業という。

・[19]農業…冷涼な気候を利用して行われる農業。中央高地での高原野菜（レタス，キャベツ，はくさい）栽培が有名。

(5) 日本の食料自給率

カロリーベースの食料自給率で38％と低い（2021年度）。特に，[20]（7％）と[21]（17％）が低くなっている。

3 日本の漁業

(1) 日本の漁獲高の推移

1970年代後半以降，漁獲量は減少傾向。特に，[1]漁業，[2]漁業の衰退が著しい。

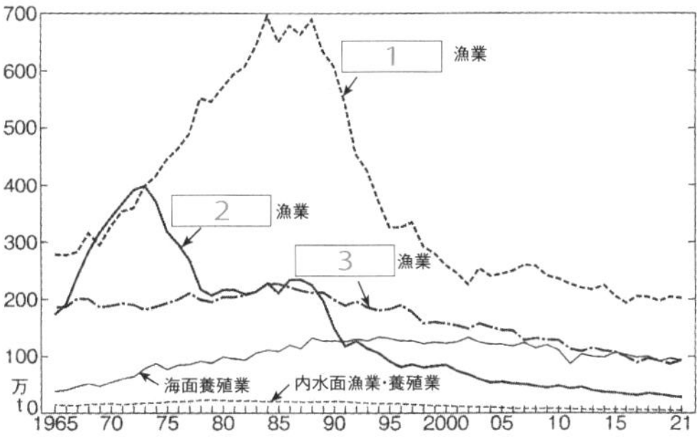

(2) 獲る漁業から育てる漁業へ

・[4]漁業…人工のいけすなどで稚魚や稚貝を育て，成長させてから獲る漁業。

・[5]漁業…人工的にふ化させた稚魚や稚貝をある程度まで育ててから海や川に放流し，成長してから獲る漁業。

4 日本の工業

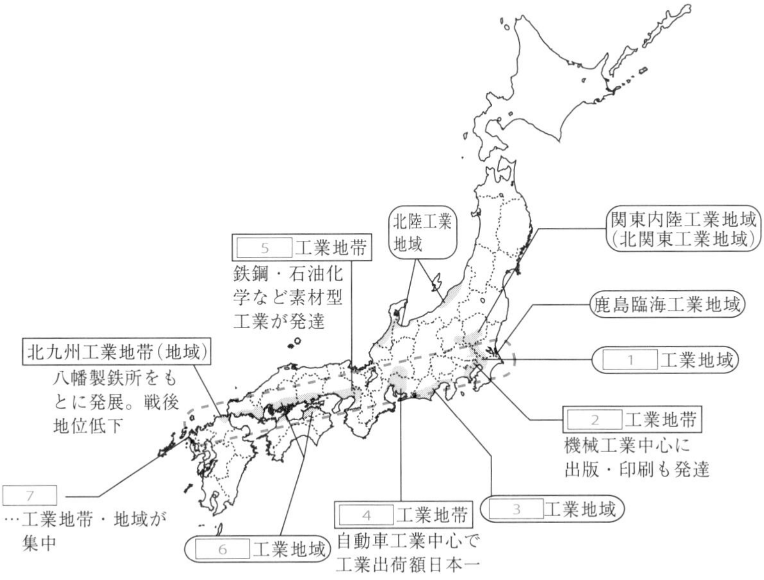

5 世界における日本の貿易

(1) 日本の主な貿易相手国(2021年)

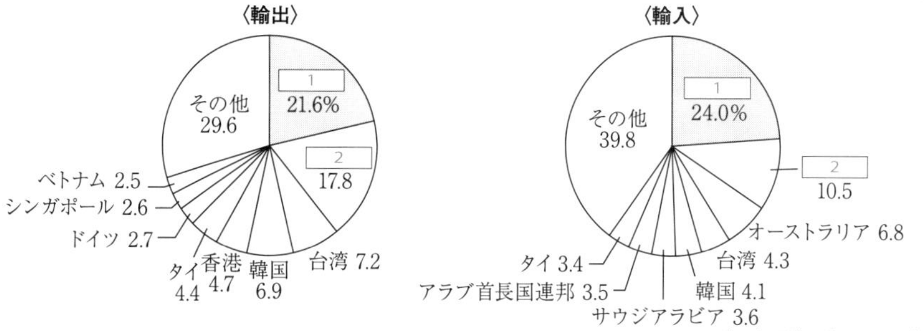

(日本国勢図会 2023/24)

(2) 日本の貿易品目

〈わが国の主要輸出入品〉

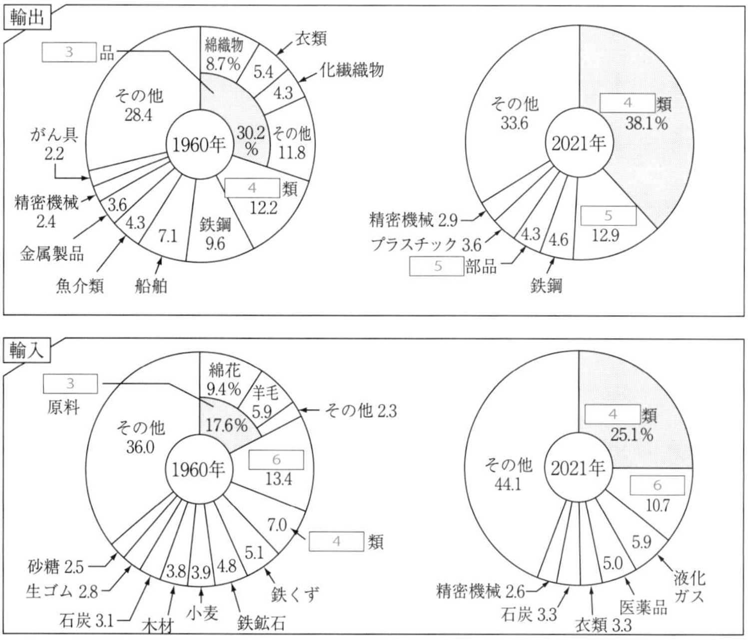

(日本国勢図会 2023/24)

(3) 日本の主要品目別輸入相手国(2021年)

- 鉄鉱石………………［ 7 ］，ブラジル，カナダなど
- 石炭…………………［ 8 ］，インドネシア，ロシアなど
- 原油…………………［ 9 ］，アラブ首長国連邦，クウェートなど
- 木材…………………［ 10 ］，アメリカ合衆国，ロシアなど
- 液化天然ガス………［ 11 ］，マレーシア，アメリカ合衆国など
- 小麦…………………［ 12 ］，カナダ，オーストラリア
- とうもろこし………［ 13 ］，ブラジルなど
- 野菜…………………［ 14 ］，アメリカ合衆国，韓国など
- 肉類…………………［ 15 ］，タイ，オーストラリアなど
- 衣類…………………［ 16 ］，ベトナム，バングラデシュなど

4 政治

●解答解説P252～P254

1 民主政治の基本原理と制度

重要度 **C**

ここが要点 頻出分野ではないものの，近代政治原理に影響を与えたホッブズ・ロック・ルソーの思想の比較は重要。アメリカ・イギリスをはじめ主要国の政治制度についても押さえておく必要がある。

1 民主政治の基本原理

(1) **議会制民主主義（間接民主制）**

国民が選挙を通じて選んだ代表者が[1]的に国民の意思を政策の決定，執行に反映させる制度。代議制ともいう。

・議会制民主主義の3原理

3原理	意義
代表の原理	議員は全国民の代表である。
[2]の原理	議決は十分討論した後で行う。
[3]の原理	討論の後，多数の人を説得できた意見を採択する。ただし，少数意見も尊重する。

(2) 法の支配

[4]	権力を合理的な法で拘束することによって，国民の権利・自由を保障する原理。[5]で発達した。
[6]	議会で制定された法律に従って行政が行われるとする原理。手続きの面を重視しており，法律の内容までは問われず，国民の権利とは必ずしも結びつかない。[7]で発達した。

2 近代政治原理の成立

(1) [1]説

国家は，自然状態にある個人の契約によって成立しているとする考え方。近代市民革命後の近代国家の理論的根拠となった。

(2) [1]説を唱えた思想家

① [2]

主著『リヴァイアサン』において，自然状態を「万人の万人に対する[3]状態」ととらえた。結果的に[4]を擁護。

② [5]

主著『市民政府二論（統治二論）』。[6]権を認め，名誉革命を擁護し，アメリカ[7]に影響を与えた。

③ [8]

主著『社会契約論』。社会公共の幸福を心がける全人民の意思である[9]に基づく[10]民主制を主張した。

3 主要国の政治制度

◆ アメリカとイギリスの政治制度の比較

	アメリカ	イギリス
政治体制	・[1]制 ・大統領の任期は[3]年 ・大統領の[4]選禁止	・[2]制 ・下院の信任に基づき内閣が存立
権力分立	・厳格な三権分立	・立法府と行政府の協働関係
行政府の組織	・大統領は大統領選挙人による[5]選挙で選出 ・各省長官は[7]によって任命。議員との兼職は禁止	・首相は下院第一党の党首から選出され[6]が任命 ・閣僚は全員[8]でなくてはならない
行政府と立法府の関係	・大統領は[9]に対して責任を負う ・大統領に法案提出権は[10] ・大統領は法案に対する[12]がある	・下院が内閣を不信任したとき，内閣は総辞職するか，下院を[11]しなくてはならない
議会	・二院制，上下両院対等	・二院制，[13]優越の原則
政党	・共和党と[14]の二大政党制	・[15]と保守党の二大政党制

過去問に挑戦！

1 次の文は近代民主政治の思想基盤を説いた指導者について述べたものである。正しいものはどれか，答えよ。

ア．ルソーは『社会契約論』を著し，主権は国家にあるが人間はすべて自由であり，人間の自由な意思にもとづく社会契約によって平和と幸福が可能になると説いた。

イ．ジェームズ・ミルは主として立法権，執行権の区分を論じ，自然法の意味を明確にするための立法権の役割を重視するとともに，立法と執行とが同一機関によって行われる際の危険性を指摘した。

ウ．モンテスキューは『リヴァイアサン』を著し，立法権，裁判権，執行権の三権の厳格な分離を強調し，三権相互の抑制均衡の重要性を説いた。

エ．ホッブズは，常に人民自身が決定する「人民主権」の立場をとり，人民の主権は誰にも譲り渡すことができないものだから，誰もこれを代表することはできないと説いた。

オ．ロックは『統治二論』を著し，人間は生来，自由，生命，財産の権利を自然権としてもつが，この権利をより確実なものにするために，契約により政治機構を設け，これに一定の権力を付与して，他人の侵害から権利を守る役割を信託するのだと説いた。

（京都府　改題）

2 次の①～⑤の文は，各国の政治制度について記述したものである。正しく記述されているものはどれか。

① ドイツでは，大統領が首相を任命する権利を持っており，内閣の閣僚は首相が任命する。
② アメリカ合衆国大統領は，3選まで許されているが，4選は認められていない。
③ イギリス議会は上下2院制をとっているが，両院同等の権限を持っている。
④ フランスの国会議員は，上下両院ともに我が国と同様に国民の直接選挙で選ばれる。
⑤ 中華人民共和国の立法機関で，我が国の国会にあたるものを全国人民代表大会という。

（千葉県・千葉市）

2 日本国憲法

重要度 **A**

ここが要点　日本国憲法は最頻出分野である。しかし，問われることは基本事項が中心で，条文を覚えていれば解ける問題が多い。基本的人権，国会・内閣の権能，国会の種類，衆議院の優越・解散，裁判制度などについてが重要。

1 日本国憲法の三大基本原理と前文

(1) **日本国憲法の三大基本原理**

[1]，[2]の尊重，[3]主義の3つ。

(2) **憲法前文**

日本国憲法前文には三大基本原理などが明記されている。

> **日本国憲法前文1段**
>
> 日本国民は，正当に選挙された国会における代表者を通じて行動し，われらとわれらの子孫のために，[4]による成果と，わが国全土にわたつて自由のもたらす[5]を確保し，政府の行為によつて再び戦争の[6]が起ることのないやうにすることを決意し，ここに主権が国民に存することを宣言し，この憲法を確定する。そもそも国政は，国民の[7]によるものであつて，その[8]は国民に由来し，その[9]は国民の代表者がこれを行使し，その[10]は国民がこれを享受する。

2 天皇

(1) 天皇の地位

天皇は，日本国の[1]であり，日本国民統合の[1]である（憲法第1条）。

(2) 天皇の国事行為

天皇の国事行為は，内閣の[2]によって行われ，内閣が責任を負う。国事行為には，内閣総理大臣の[3]，法律の[4]，国会の召集，衆議院の解散などがある。

3 基本的人権の保障（総論）

(1) **基本的人権の性質**

基本的人権は人間として当然に有する不可侵の権利である。

> **日本国憲法第11条**
>
> 国民は，すべての[1]の享有を妨げられない。この憲法が国民に保障する[1]は，侵すことのできない[2]の権利として，現在及び[3]の国民に与へられる。

(2) 基本的人権の制約

基本的人権は，人権相互の矛盾・衝突を公平に調整する原理である[4]によって制約されることがある。

日本国憲法第12条
この憲法が国民に保障する自由及び権利は，国民の[5]によつて，これを保持しなければならない。又，国民は，これを[6]してはならないのであつて，常に[7]のためにこれを利用する責任を負ふ。

日本国憲法第13条
すべて国民は，個人として尊重される。生命，自由及び[8]に対する国民の権利については，[7]に反しない限り，立法その他の国政の上で，最大の尊重を必要とする。

4 基本的人権の保障（人権の区分）

◆ 日本国憲法による人権の区分

基本的人権は，自由権，平等権，社会権，参政権，[1]に分類できる。自由権は，精神的自由，経済的自由，[2]に分類される。

- 基本的人権
  - 自由権
    - 精神的自由
    - 経済的自由
    - [2]
  - 平等権 ―― 法の下の平等
  - 社会権 ―― 生存権，労働基本権，[3]権利
  - 参政権 ―― 選挙権など
  - [1] ―― 裁判を受ける権利など

5 自由権①

◆ **精神的自由**

精神的自由は，国民の精神活動に国家が干渉しないことを保障する自由である。思想・良心の自由，[1]の自由，集会・結社・[2]の自由，[3]の禁止，通信の秘密，学問の自由がある。

6 自由権②

(1) **経済的自由**

経済的自由は，国民の経済活動に国家が介入しないことを保障する自由である。居住・移転・[1]の自由，財産権の保障がある。

日本国憲法第22条
1項　何人も，[2]に反しない限り，居住，移転及び[1]の自由を有する。

(2) 人身（身体）の自由

身体の自由は，不当に身体活動を拘束されない自由のことである。奴隷的拘束・苦役からの自由，[3]逮捕に対する保障，住居の不可侵，刑事被告人の諸権利，黙秘権の保障などがある。

7 平等権

◆ **平等権**

平等権は，すべての国民が等しく扱われることを求める権利である。法の下の平等，両性の本質的平等，教育の機会均等などがある。

> **日本国憲法第14条**
> 1項　すべて国民は，法の下に平等であつて，人種，[1]，性別，社会的身分又は[2]により，政治的，経済的又は社会的関係において，差別されない。

8 社会権

◆ **社会権**

社会権は，すべての人が人間らしい生活を営む権利である。生存権，[1]，勤労権，労働三権（団結権・[2]・団体行動権〈争議権〉）がある。

> **日本国憲法第25条**
> 1項　すべて国民は，[3]で[4]な最低限度の生活を営む権利を有する。
>
> **日本国憲法第26条**
> 1項　すべて国民は，法律の定めるところにより，その[5]に応じて，ひとしく[1]を有する。
>
> **日本国憲法第27条**
> 2項　[6]，就業時間，休息その他の勤労条件に関する基準は，法律でこれを定める。

9 参政権，受益（請求）権

(1) **参政権**

参政権は，国民が政治の場に参加することを保障する権利である。選挙権，公務員の選定・罷免権，最高裁判所裁判官の[1]権などがある。

(2) **受益（請求）権**

受益（請求）権は，国民の自由・権利が侵害されたとき，国や地方公共団体に対して一定の行為を要求する権利である。請願権，[2]請求権，[3]を受ける権利，刑事補償請求権がある。

10 新しい人権，国民の義務

(1) **新しい人権**

憲法に明文規定はないが，社会の変化に伴って主張され，保護に値すると考えられるようになった権利。第13条の[1]権などを根拠とする。環境権，プライバシーの権利，知る権利などがある。

(2) **国民の三大義務**

子女に[2]を受けさせる義務，勤労の義務，[3]の義務の3つ。

11 日本の政治機構

◆ 三権分立

日本では，立法権は[1]に，行政権は[2]に，司法権は[3]に属す三権分立制を採用している。

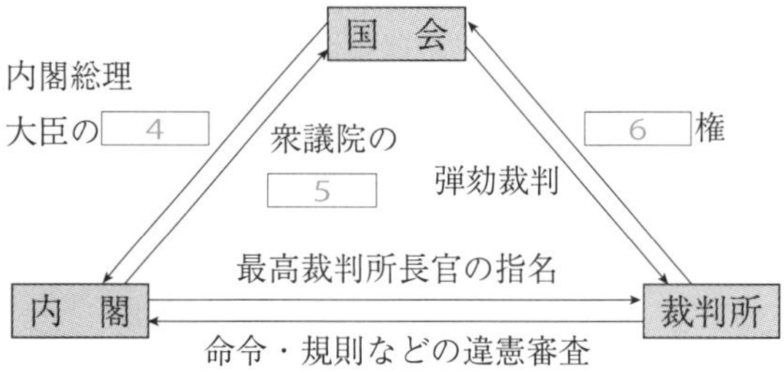

12 国会①

(1) **国会の地位**

国会は国権の[1]であり，国の[2]の[3]機関である（憲法第41条）。

(2) **国会の権限**

国会の権限としては，[4]の議決，予算案の議決，条約の[5]，[6]の指名，[7]裁判所の設置，憲法改正の[8]などがある。

(3) **二院制（両院制）**

国会は衆議院と参議院からなる。衆議院の定数は[9]名で任期[10]年，参議院は定数[11]名で任期[12]年。衆議院には解散が[13]が参議院には[14]。

(4) **国会の種類**

・通常国会（常会）――― 毎年1回，[15]月に召集され，会期は[16]日。

・臨時国会（臨時会）―― 内閣が必要とするとき，もしくはいずれかの議院の総議員の[17]以上の要求により召集。衆議院議員の任期満了に伴う総選挙，参議院議員の通常選挙後[18]日以内に召集。

・[19] ――――――― 衆議院の解散総選挙後[20]日以内に召集され，内閣総理大臣の指名が議題の中心となる。

・参議院の[21] ―― 衆議院の解散中，国に緊急の必要が生じたとき，[22]が開催を決定。

(5) 議会の運営

・定足数――― 各議院の総議員の[23]以上。

・秘密会――― 本会議は公開が原則であるが，出席議員の[24]以上の多数の賛成で秘密会とすることができる。

・委員会制―― 議事運営の効率化を図るための制度。

・[25]――― 委員会において，利害関係者や学識経験者の意見を聴く制度。

(6) **衆議院の優越**

・法律案の議決

両議院の議決が異なる場合，または，衆議院で可決した後，[26]日以内に参議院が議決しない場合，衆議院が出席議員の[27]以上の多数で再議決すれば成立する。

・予算の議決

衆議院に[28]権がある。両議院の議決が異なり，[29]を開いても意見が一致しないとき，または，衆議院の議決後，国会休会中の期間を除き[30]日以内に参議院が議決しないときは衆議院の議決が国会の議決となる。

・条約の承認

衆議院に先議権はないが，それ以外は予算の議決と同じ。

・内閣総理大臣の指名

両議院の指名が異なり，[29]を開いても意見が一致しないとき，または衆議院の指名後，国会休会中の期間を除き[31]日以内に参議院が指名の議決をしないときは衆議院の議決が国会の議決となる。

13 国会②

(1) 議院の権限

・[1]――衆参各議院が国政全般について調査できる権限。

・議院[2]制定権。

・議員の資格争訟裁判権。

(2) **衆議院の解散**

衆議院が解散した場合，解散の日から[3]日以内に総選挙を行い，選挙の日から[4]日以内に特別国会（特別会）が召集される。

(3) 国会議員の特権

・歳費特権

・[5]

国会議員は，国会の会期中は原則として逮捕されない特権のこと。ただし，院外における[6]や所属議院の許諾がある場合は逮捕される。

・[7]

国会議員は，院内で行った演説，討論，表決については院外で責任を問われることはない。

14 内閣①

(1) 内閣の地位・制度

行政権は内閣に属する（憲法第65条）。

① 議院内閣制

> **日本国憲法第66条**
> 3項　内閣は，[1]の行使について，国会に対し[2]して責任を負ふ。

② 内閣の組織

内閣は内閣総理大臣とその他の国務大臣で組織される合議体である。

1）内閣総理大臣

内閣の首長であり，[3]の中から国会が指名し，[4]が任命する。

2）国務大臣

国務大臣は[5]が任命する。その[6]は国会議員でなければならない。国務大臣の数は原則[7]名以内，特別に必要な場合は[8]名以内である。（ただし，復興庁設置期間中は18名以内）

3）[9]

内閣の意思決定を行うために，内閣総理大臣が主宰し，国務大臣全員が出席して開かれる会議のこと。全会一致制で行われる。

(2) **内閣の権限**

内閣の権限としては，法律の[10]，[11]の総理，外交関係の処理，条約の[12]，予算の[13]と国会への提出，政令の制定，恩赦の決定，最高裁判所長官の[14]，最高裁判所長官以外の最高裁判所裁判官及び下級裁判所裁判官の[15]などがある。

15 内閣②

(1) **内閣総理大臣の権限**

内閣総理大臣の権限としては，[1]の任命・罷免，一般国務・外交関係の[2]への報告，行政各部の[3]，国務大臣の訴追に対する[4]，議案発言のための国会への出席などがある。

(2) 国務大臣の権限

国務大臣の権限としては，国会への出席・発言などがある。

(3) **内閣の総辞職**

・衆議院で内閣不信任決議案が可決，または信任決議案が否決されたときで，内閣が[5]日以内に衆議院を解散しない場合
・衆議院議員総選挙後，初めて国会の召集があった場合
・[6]が欠けた場合

16 裁判所①

(1) **司法権の帰属**

司法権はすべて最高裁判所及び[1]に属する。大日本帝国憲法下で存在した軍法会議のような[2]の設置は禁止されている。

(2) **司法権の独立**

司法権の行使にあたっては，裁判官は完全に独立して職権を行い，何人の指揮命令も受けない。裁判官を拘束するのは憲法及び[3]のみである。

(3) **裁判官の身分保障**

裁判官が罷免されるのは以下の3つの場合である。

・心身の著しい[4]のため，職務不能と裁判で決定された場合
・国会の[5]によって罷免と決定された場合
・最高裁判所裁判官について，[6]で投票者の過半数が罷免を可とした場合

(4) **裁判所の種類**

・最高裁判所
　司法権の最高機関で[7]の裁判所。長官1名と[8]名の判事で構成される。[9]名全員で構成される大法廷と3名以上で構成される[10]がある。権限として，裁判所の内部規律事項などの[11]権が与えられている。
・高等裁判所―― 通常の場合，[12]審を扱う裁判所。全国に8ヵ所ある。
・地方裁判所―― 通常裁判の第一審を扱う裁判所。
・家庭裁判所―― 家庭事件や少年事件を扱う裁判所。
・[13]―― 少額な民事事件や軽微な刑事事件を扱う裁判所。

(5) **三審制**

3回まで裁判を求めることができる制度。

・[14]――第一審の判決に不服がある場合，上級裁判所に不服申立てすること。
・[15]――第二審の判決に不服がある場合，さらに上級の裁判所に不服申立てすること。

(6) 裁判の公開

裁判は原則として[16]である。しかし，対審については，公の秩序，善良な風俗を害するおそれのあると決したときは，政治犯罪，出版に関する犯罪，基本的人権に関する犯罪が問題になっている場合をのぞき，裁判官の[17]により，非公開にできる。

17 裁判所②

(1) **裁判官の任命**

① 最高裁判所裁判官

長官は[1]が指名し，[2]が任命する。長官以外の裁判官は[1]が任命する。

② 下級裁判所裁判官

最高裁判所の指名した者の名簿により[1]が任命する。

(2) **違憲法令審査権**（違憲立法審査権）

国会や内閣が制定した法律や命令，規則，処分などの国家行為が憲法に適合しているかを審査する権限。最高裁判所のみならず[3]もこの権限を有する。最高裁判所は，憲法解釈の最終的な判断を決定する権限を有するので「[4]」とよばれる。

(3) **裁判員制度**

2009年に開始。[5]の中から無作為に選ばれた裁判員が，職業裁判官とともに重大な刑事事件の審理に加わる制度。

18 地方自治①

(1) 地方自治

地方自治とは，住民が地域社会の政治を自らの手で行うことをいう。

(2) **地方自治の本旨**

・[1]――地方公共団体が，地域住民の意思に基づいて運営されるという原理。

・[2]――地方公共団体が，団体自らの意思と責任に基づいて国から独立して地方政治を行うという原理。

(3) 地方公共団体の種類

・普通地方公共団体――[3]，市町村

・特別地方公共団体――[4]，財産区，地方公共団体の組合

(4) 地方公共団体の組織

・議決機関――議会――任期[5]年。[6]院制

・執行機関――首長――任期[7]年。住民の[8]選挙で選出。

(5) 地方公共団体の事務

・[9]事務――地方公共団体が自主的に処理する事務。

・[10]事務――国にかわって地方公共団体が処理する事務。

(6) [11]

地方公共団体の議会によって制定される法規のことを[11]といい，法律の範囲内で自由に制定できる。

(7) 議会と首長の関係

議会には首長に対して[12]権が認められ，首長には議会の[13]権が認められている。また，首長は議会が議決した条例や予算に異議のあるときは[14]権を行使して，議会に再議決を要求できる。

19 地方自治②

(1) **直接請求権**

種類	必要署名数	請求先	
条例の制定・改廃の請求	有権者の [1] 以上	[2]	議会にかけ，結果を代表者に通知・公表。
事務の監査の請求	有権者の [3] 以上	監査委員	監査結果を公表，議会・首長などにも報告。
議会の解散の請求	有権者の [4] 以上*	[5]	[6] で過半数の同意があれば解散。
議員・首長の解職の請求	有権者の [7] 以上*	[8]	[9] で過半数の同意があれば解職。
主要公務員の解職の請求	有権者の [10] 以上*	[11]	議会の総議員の3分の2以上の出席，4分の3以上の同意で解職。

＊は原則。有権者数が多い場合は異なる。

(2) 住民投票

地方公共団体の重要問題について，住民の意向を政策に反映させるために実施される。

(3) **地方財政**

・[12]――地方公共団体間の財政格差是正を目的として国税収入の一定割合を地方に配分するもの。使途に制限はない。

・[13]――国が使途を限定して地方に配分するもの。

・[14]――地方公共団体が財源不足を補う目的で発行する債券のこと。

(4) 三割自治

地方公共団体の歳入の多くを国からの [12] や [13] に依存し，自主財源が3～4割にしかすぎなかった状況のこと。

(5) 三位一体改革

国庫補助金（[13]）の削減，[12] の見直し，国から地方への税源移譲のこと。

(6) 市町村合併

市町村数を削減し，地方公共団体の行財政基盤拡大を図り，地方分権を推進する構想のこと。2010年3月末に「平成の大合併」は一区切りした。

20 憲法改正

(1) 憲法改正

日本国憲法は [1] であり，改正に際しては，通常の法律改正手続きよりも厳格な手続きが必要である。

(2) **憲法改正の手続き**

① 国会の発議――各議院の [2] の [3] 以上の賛成で発議。

② 国民の承認――国民投票において，投票総数の [4] の賛成が必要。

③ [5] の公布

過去問に挑戦！

1 次のうち，社会権にあてはまるものはどれか。
1．請願権
2．勤労の権利
3．選挙権
4．参政権
5．財産権

（熊本県）

2 1～5の記述のうち，誤っているものを選びなさい。
1．国会には通常国会，臨時国会，特別国会，参議院の緊急国会の四種類がある。通常国会は毎年1回，6月に召集される。
2．衆議院は予算の先議権をもち，参議院が衆議院と異なった議決をし，両院協議会を開いても意見が一致しない場合，衆議院の議決が国会の議決となる。
3．内閣総理大臣の指名において両議院の議決が一致しない場合や衆議院の議決後10日以内に参議院が議決しない場合，衆議院の議決が国会の議決となる。
4．憲法改正は，衆議院，参議院それぞれの総議員の3分の2以上の賛成で国会が発議し，国民投票において過半数の賛成があれば承認される。
5．法律案について衆議院で可決したものを参議院が否決した場合，衆議院が出席議員の3分の2以上の多数で再可決すれば法律となる。

（滋賀県）

3 次の文は，内閣のしくみや仕事について述べたものである。正しいものを，1～5の中から一つ選びなさい。
1．天皇の国事行為には，内閣の助言と承認を必要とし，内閣がその責任を負う。
2．内閣総理大臣は，国務大臣を任命する権限をもつが，罷免する権限はない。
3．国務大臣が出席する閣議では，3分の2以上の賛成を原則とする。
4．内閣総理大臣は，内閣の仕事に対する国政調査権をもっている。
5．参議院で内閣不信任案が可決されたときは，内閣は総辞職しなければならない。

（神奈川県・横浜市・川崎市）

4 地方自治において住民が直接請求できないものを選べ。
1．議会の解散請求
2．100条委員会の設置請求
3．条例の制定・改廃の請求
4．監査請求
5．首長・議員の解職請求

（熊本県）

3 現代政治の特質

重要度B

ここが要点　選挙制度が重要。衆参両議院の選挙制度のしくみを正確に押さえておく必要がある。特に制度改正があった直後には出題が多くなる。

1 選挙制度

(1) **選挙区制**

・小選挙区制――1選挙区から[1]名を選出。多数党に[2]利で政局は[3]する。[4]が多く，[5]の危険性が高い。

・大選挙区制――1選挙区から[6]名以上を選出。小党分立をまねきやすく政局は[7]になりがちである。

・比例代表制――政党の得票数に比例して議席が配分される制度。

(2) 我が国の選挙制度

	定数	任期	被選挙権	選挙形式
衆議院	[8]名 〔小選挙区 [9]名 比例代表 [10]名〕	[11]年 解散[12]	[13] 歳以上	・[9]の小選挙区 ・全国を[14]ブロックに分けた[15]名簿式比例代表
参議院	[16]名 〔選挙区 [17]名 比例代表 [18]名〕	[19]年 〔[20]年ごとに半数改選〕	[21] 歳以上	・[22]単位の選挙区 ・全国[23]単位とする[24]（一部拘束）名簿式比例代表

2 我が国の選挙制度の問題点

(1) [1]法

選挙が公正に行われるように選挙運動などについて規定している法律。

※選挙運動の規制

・事前運動の禁止

・[2]の禁止―――候補者が各家庭を回ることを禁止。

・[3]制―――候補者の選挙運動の責任者などが選挙違反を犯し処罰された場合に候補者本人の当選が無効になること。

(2) 議員定数不均衡問題

各選挙区の議員定数と有権者数の比率に格差が生じることを[4]といい，最高裁判所は衆議院小選挙区選挙については，2.13倍，参議院選挙区選挙については4.77倍を違憲状態としている。

過去問に挑戦！

次の文章は政党について述べたものである。正しいものを選べ。

1．政党は職能的性格をもち，圧力団体は地域代表的性格をもつ。

2．比例代表制では，ゲリマンダーの可能性が高い。

3．小選挙区では，少数政党への票が死票になりやすい。　（岡山県　改題）

5 経済

●解答解説P255～P256

1 現代経済の特徴と働き

重要度B

ここが要点　金融政策，租税制度が最頻出である。インフレーション・デフレーション等景気変動も要注意。キーワードを確実に押さえ，どのような出題パターンにも対応できるようにしておこう。

1 市場経済のしくみ

(1)　需要と供給の法則

・需要の法則

需要量は，商品の価格が上昇すると［1］し，下落すると［2］する。よって需要曲線は右［3］となる。

・供給の法則

供給量は，商品の価格が上昇すると［4］し，下落すると［5］する。よって供給曲線は右［6］となる。

(2)　［7］価格（市場価格）

［7］価格とは，需要量と供給量が一致したときの価格のことである。

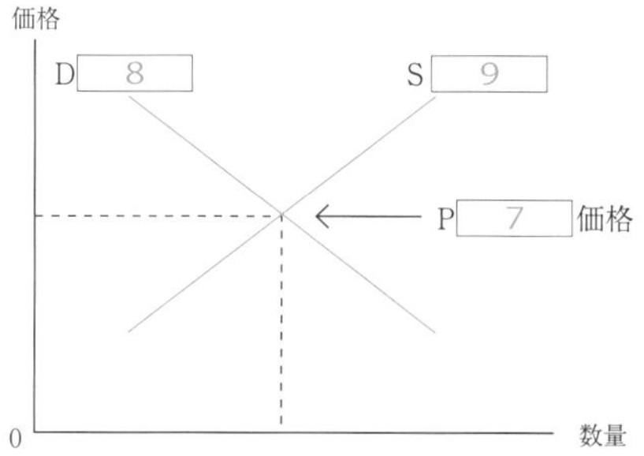

(3)　価格の自動調節機能

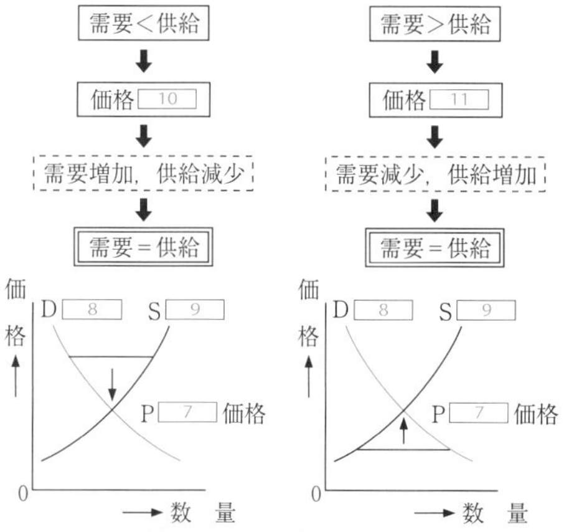

(4)　アダム＝スミスの神の「見えざる手」

価格の自動調節機能のことを，アダム＝スミスはその著書『［12］』の中で神の「見えざる手」と形容した。

2 市場の形態

(1) 完全競争市場と不完全競争市場

・完全競争市場――価格の[1]が働く自由な商品取引が行われる市場。

・不完全競争市場――価格の[1]が働かない市場。

(2) 独占と[2]

・独占市場――ある部門における企業集中が進み，その部門を単独で支配しているような市場のこと。独占価格が成立する。

・[2]市場――複数の企業により支配されている市場のこと。

・[3]価格――[2]市場において有力な企業がプライス・リーダーとなって決定する価格。他の企業はこれに追随する。

・価格の[4]――[3]価格はいったん形成されると下がりにくい。

(3) 企業の結合

・[5]――企業連合

同種産業の複数の企業が独立性を保ちつつ，価格や販売量などで協定を締結し結合を図ること。

・[6]――企業合同

同種産業の複数の企業が独立性を捨てて事実上合併し，巨大企業となって独占的な地位を占めようとするもの。

・[7]――企業連携

ある大規模企業が，同種・異種産業を問わず，株式の保有などによって他の企業の支配権を獲得すること。親会社は[8]の形態をとることが多い。

(4) 独占禁止政策

・[9]法

市場の独占や不公正な取引を制限・禁止するための法律。1947年制定。

・[10]委員会

[9]法の目的が達成されているかを監視する行政委員会。

3 現代の企業

(1) 企業の種類

・公企業――国・地方公共団体が経営。

・私企業――民間が経営。個人企業と[1]企業に分類。

(2) 株式会社

・資本を小口・細分化。

・株主総会は会社の最高意思決定機関→1株1票。

・取締役会は会社の業務決定機関→[2]と[3]の分離。

(3) 現代企業の特徴

・[4]――複合企業

関連のない異種の企業を合併・買収することで形成される大企業。

・[5]

海外に多数の子会社をもち，国際的規模で生産・販売活動を行う企業。

・[6]企業

高度先端技術を活用し，大企業が進出していない未開発の分野に参入する中小企業。

4 経済主体と経済循環

(1) 経済主体

企業・[1]・政府をさし，それらは財・サービスの流れを通じて結びついている。

(2) 経済循環

生産→消費→生産の繰り返しのこと。

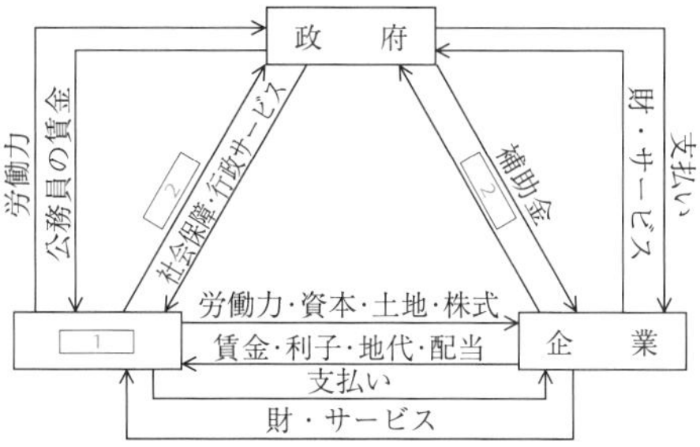

5 国民所得

(1) 国民所得（広義）

① GDP（[1]）

…一年間にある一国内で生産された財・サービスの付加価値の合計。

② NI（[2]）

…一年間に国民が新たにつくりだした所得の合計。

(2) 国民所得の算出方法

・GDP（[1]）＝総生産額－[3]価額－海外からの純所得

6 景気変動

(1) 景気変動

経済成長が一定周期で上昇・下降を繰り返すことを景気変動という。①[1]→②[2]→③[3]→④[4]の局面が繰り返される。

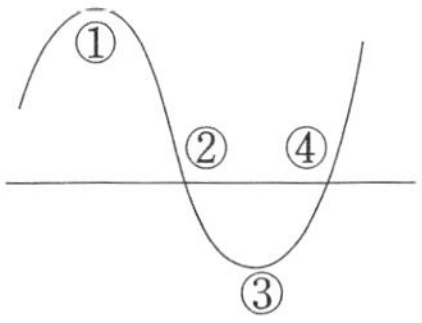

(2) 景気変動の波

	周 期	原 因
キチンの波	約40ヵ月	[8]投資の増減。
[5]の波	8～10年	設備投資の増減。
[6]の波	約20年	建設投資の増減。
[7]の波	50～60年	画期的な[9]。

(3) 経済成長

・[10]――――景気過熱に伴い物価が上昇し，貨幣価値が下落する現象。

・[11]――――景気後退に伴い物価が下落し，貨幣価値が上昇する現象。

・デフレ·スパイラル―物価下落と景気後退の悪循環のこと。

・[12]――――景気が停滞しているにもかかわらず，物価が持続的に上昇する現象。

7 管理通貨制度

(1) 管理通貨制度

一国の通貨発行量を[1]の保有量に関係なく中央銀行・政府が発行できる制度。金と交換できない[2]が発行される。これに対して[1]の保有量に応じて決定される制度を[3]という。

(2) 通貨

通貨には現金通貨と預金通貨がある。

(3) [4]

通貨単位を切り下げること。通貨の呼称単位を変更すること。

8 日本銀行の役割

(1) 日本銀行

・日本銀行政策委員会――――金融政策の基本方針を決定する。

(2) 日本銀行の三大業務

・発券銀行――――日本銀行券を発行する。

・[1]――――市中銀行に対し，資金の貸付，準備金の受け入れなどを行う。

・政府の銀行―――政府に代わって，国庫金の保管・出納，国債の発行・償還に関する事務を行う。

9 金融政策

◆ 金融政策

・公開市場操作（オープン＝マーケット＝オペレーション）

日本銀行が，有価証券を公開の市場で売買することで通貨量を調節する政策。景気過熱時は通貨量を吸収する[1]オペレーション，景気停滞時は通貨量を増大させる[2]オペレーションを行う。

・預金（支払）準備率操作

市中銀行が保有する預金の一定割合を支払準備金として日本銀行に預金させることで通貨量を調節する政策。景気過熱時は預金準備率を引き[3]る。景気停滞時は預金準備率を引き[4]る。

◆ 非伝統的金融政策

日本銀行が1990年代後半以降，景気回復を図るために実施してきた政策。[5]政策や[6]政策などがある。

・[5]政策…政策金利を0％に近づける政策。

・[6]政策…政策目標を金利ではなく通貨量に置き，日銀当座預金残高を高めることで，市中に出回る通貨量の増加を図る政策。

10 財政のしくみ

(1) 財政の機能

・資源配分機能

市場機構では満たすことのできない財やサービスを国民に提供し，適切な資源配分を行う。

・所得[1]機能

累進課税制度によって高所得者から徴収した税を社会保障として支出し，所得格差を是正する。

・経済安定化機能

景気動向に応じて，政策的・裁量的に財政支出を伸縮させる補整的財政政策（[2]）を行い，経済を安定化させる。好況期には財政支出の削減・増税を行い景気の抑制をはかる。不況期には財政支出の拡大・減税を行い景気を刺激する。

(2) [3]———自動安定装置

財政の中に組み込まれた累進課税制度や社会保障制度が，自動的に景気を調節する機能をもつこと。

(3) [4]

国の信用に基づいて調達した資金をもって行う投資や融資活動のこと。

11 租税制度

(1) 租税の種類

・[1]———担税者と納税者が同一である租税。

・[2]———担税者と納税者が異なる租税。

・国税————国が徴収主体となり，国庫収入となる税。

・地方税———地方公共団体が徴収主体となり，地方収入となる税。

	[1]	[2]
国税	所得税，法人税など	消費税，酒税，関税など
地方税	住民税，事業税など	地方たばこ税

(2) [3]課税と大衆（[4]）課税

・[3]課税

所得の多い人ほど高税率の税金を納めること。所得税などで採用されており，財政の所得再分配機能がある。

・大衆課税（[4]課税）

消費税のように所得の高低にかかわらず，一律の税率で課税が行われるものを大衆課税という。また，所得の低い者ほど税負担が大きくなることから[4]課税でもある。

(3) 直間比率

税収における直接税と間接税の割合。

(4) 国民負担率

国民所得に対する国民の租税負担額と[5]の割合のこと。日本では46.8％（2023年度見通し）。

12 予算

(1) 予算

一般会計予算，特別会計予算，政府関係機関予算などがある。

(2) 一般会計予算の内訳…総額は約114.4兆円（2023年度）。

① 歳入

税収が約61％，国の借金である[1]が約31％（2023年度概算）。

② 歳出

社会保障関係費が全体の約3分の1を占め最大。以下，国債費，地方交付税交付金の順（2023年度概算）。

13 国債

(1) 国債

・[1]国債

社会資本建設に使用される公共事業費を賄うために発行が認められる国債。

・[2]国債

一般会計歳入の不足分を補い，経常的な支出に充当するために発行される国債。財政法上発行が禁止されている。

(2) 国債依存度

一般会計歳出に占める国債（公債）発行額の割合。2023年度は31.1%。

(3) 国債市中消化の原則

国債の[3]の引受けを禁止し，個人や市中銀行が買い取る原則。[4]の発生を防止するためである。

(4) 国債発行の歴史

1975年度には，[5]による景気減速，税収不足のため[2]国債が発行される。この年度以降，[6]景気の時期を除き，[2]国債が毎年度発行されている。

過去問に挑戦！

1 次の文を読み，空欄にあてはまる語句の正しい組み合わせを選べ。

一般に市場経済では，商品の需要量が供給量を上回るときには価格が（ ① ）し，供給量が需要量を上回るときは価格が（ ② ）する。これを需要と供給の法則という。価格が上昇すると需要量は減少し，供給量は増加する。逆に価格が下落すると需要量は増加して，供給量は減少する。したがって，需要量と供給量に差が生じたときは，価格の変化を通して品不足や品余りが自然と解消される。需要量と供給量を一致させる価格は（ ③ ）と呼ばれる。

	①	②	③
ア.	上昇	下落	独占価格
イ.	上昇	下落	市場価格
ウ.	上昇	下落	管理価格
エ.	下落	上昇	市場価格
オ.	下落	上昇	管理価格

（北海道・札幌市）

2 金融市場の資金を増加させるために，日本銀行が行う金融政策として，最も適当なものはどれか。

1．売りオペレーションを行う。
2．財政投融資を行う。
3．預金準備率を下げる。
4．消費税率を下げる。

（岡山県改題）

3 次は直接税と間接税の組合せである。正しいものはどれか。1～5から1つ選びなさい。

	（直接税）	（間接税）
1．	不動産取得税	事業税
2．	相続税	消費税
3．	事業税	贈与税
4．	所得税	事業税
5．	関税	酒税

（徳島県）

2 日本経済史と現代社会の課題

重要度B

ここが要点　第二次世界大戦後，日本は高度経済成長を達成したが，その一方で，中小企業問題，公害問題，消費者問題などを発生させた。これらについて，理解を深める必要がある。

1 日本経済の発展

(1) 戦後復興

① 三大経済民主化政策――[1]，農地改革，労働関係の民主化。

② 傾斜生産方式――基幹産業に重点的に資金・労働力を投入。

③ 経済安定9原則――インフレ収束のためのGHQ指令。その具体化としてドッジ＝ラインによる1ドル＝[2]円の単一為替レートの設定など。

④ 朝鮮特需――朝鮮戦争の物資調達に伴う特別需要。

(2) 高度(経済)成長

① [3]景気――1955～57年

民間設備投資の拡大と三種の神器(冷蔵庫，洗濯機，白黒テレビ)の耐久消費財ブームが景気の原動力。

② [4]景気――1958～61年

池田内閣の「国民所得倍増計画」により投資が活発化。

③ [5]景気――1962～64年

東京[5]開催に向けて，新幹線・高速道路建設が進み，関連産業が活発化。

④ [6]景気――1965～70年

輸出拡大が中心となっておきた57ヵ月にも及ぶ大型景気。

(3) 安定成長への移行

1973年の[7]を契機に高度経済成長は終了し，低成長時代へと移行。

(4) [8]合意――1985年

円高・ドル安誘導へ……円高不況が発生。

(5) 平成景気([9]経済)――1986～91年

金融緩和による土地・株式への過剰投機がもたらした財テクブーム。

(6) 平成不況――1991～93年

[9]経済の崩壊に伴う個人消費や設備投資の低迷。

2 日本経済の構造の特徴

(1) 経済の二重構造

少数の大企業と多数の中小零細企業，農業と工業との間の経済格差のこと。

(2) 産業構造の高度化

経済の成長に伴い，産業構造の中心が第1次産業から第2次・第3次産業へと移行していくこと。

(3) 国内産業の[1]

円高の進展に伴い，製造業を中心とした企業が海外に工場を移転するようになり，国内産業が衰退していった現象のこと。

3 農業問題

(1) 新食糧法
1995年施行。米流通の市場原理導入などを内容とする。

(2) 食料・農業・農村基本法
1999年制定。消費者重視，食料自給率の改善などを明記した法律。

(3) 農産物開放経過
・[1]年―――牛肉・オレンジの輸入自由化。
・1993年――――GATT[2]・ラウンド合意で[3]の部分的開放決定。
・1999年――――[3]の関税化による輸入自由化。

(4) 近年の農業問題
① 食料自給率―――カロリーベースでは38%(2021年度)にすぎない。
② [4]――――地元で収穫した農産物を地元で消費すること。

4 消費者問題

(1) 消費者4つの権利
アメリカの[1]大統領が提唱した，安全を求める権利，知らされる権利，選択の権利，意見反映の権利の4つ。

(2) 消費者保護法制
・[2]法―――製造物責任法
消費者が商品の欠陥や説明不足が原因で損害を受けた場合，故意・過失の有無にかかわらず，製造業者に損害賠償を負わせることができる法律。
・[3]法
契約時に消費者が悪質な勧誘を受けていれば契約を取り消すことができ，消費者が契約を結んだ後でも不当な条項を含んでいれば契約の無効を主張できる法律。2001年施行。
・[4]法
旧訪問販売法を改正し，消費者保護のための規制対象を拡大し内容を強化した法律。2001年施行。悪質業者に対する罰則が強化されている。2013年の改正で，訪問購入が新たに規制対象に加えられた。
・[5]法
消費者保護基本法を抜本改正して2004年に施行された法律。消費者が必要な情報を知ることなどを消費者の権利として明記し，消費者政策を保護の対象から自立の主体へと転換させる内容となっている。

(3) [6]
消費者が購入契約を締結し商品代金を支払った後でも一定期間内であれば消費者側から無条件で契約を解除できる制度のこと。その期間は訪問販売では[7]日間，マルチ商法では[8]日間とされている。

(4) 消費者行政
・消費者庁(2009年設置)
消費者行政を一元化するため，内閣府の外局として設置された機関。消費者に関する様々な法律を所管する省庁の司令塔的な役割を担う。
※悪質商法(問題商法)
・[9]―――路上で調査を装って接近し契約させる。
・[10]―――電話・はがきなどで呼び出して高額な商品を契約させる。
・[11]―――注文していない商品を一方的に送りつけ代金を請求する。

5 公害問題

(1) 四大公害

・水俣病，［ 1 ］，［ 2 ］，［ 3 ］の4つ。いずれも裁判で被害者住民側が勝利し，企業の公害責任が認められた。

(2) 公害対策行政

① 公害対策基本法――1967年に制定。公害の種類を分類。1993年廃止。

② ［ 4 ］――公害対策基本法に代わり1993年に制定。公害対策を環境行政として総合的に推進。

③ ［ 5 ］――大規模な開発を行う前に事前に調査・評価することで環境への影響をはかるための法律。

(3) 公害規制

・汚染者負担の原則（［ 6 ］）

環境汚染の防止に必要な費用は汚染原因者が負担すべきとする原則。

・無過失責任の原則

企業に故意・過失がなくても，損害が発生した場合，企業が賠償を負う原則。

過去問に挑戦！

1 第二次世界大戦後の日本経済にとって，重要なポイントになる以下の事項を，年代順に並べたとき3番目にくるのはどれか。正しいものを選べ。

① いざなぎ景気
② 特需景気
③ オリンピック景気
④ 第一次石油危機
⑤ バブル経済

（秋田県）

2 次の文を読んで，問1，2に答えなさい。

日本は，第2次世界大戦後，米の増産に努めてきたが，1960年代末には米は生産過剰となった。そこで，政府は稲の作付け制限を実施した。

1980年代に入ると，日本は工業製品を大量に輸出するようになったため，アメリカ合衆国との間に激しい貿易摩擦が生じた。日本政府は，この摩擦を緩和するために，外国産農産物の輸入自由化を進め，1993年の（　　）における合意で，外国産米の一部輸入自由化が決定された。

問1 下線部の理由として正しいものの組合せを選びなさい。

① 食生活の多様化により，米の消費量が減少したため。
② 農家の就業人口が増加したため。
③ 稲の品種改良などにより農家の生産力が向上したため。
④ 農家が経営規模を拡大したため。
⑤ 政府が米の流通制度を自由化したため。

ア．①③　イ．②③④　ウ．③④⑤　エ．②⑤　オ．①④⑤

問2 空欄に当てはまる語句を選びなさい。

ア．中央銀行総裁会議　イ．アジア太平洋経済協力会議
ウ．先進国首脳会議　エ．国連貿易開発会議
オ．ウルグアイ・ラウンド

（北海道・札幌市）

3 労働問題と社会保障

重要度 A

ここが要点 労働関係の法律について内容・問題点をしっかり理解しておく必要がある。また，少子・高齢化をふまえた社会保障制度のしくみについても重点的に学習しておこう。

1 労働関係諸法

(1) 労働基本権

勤労の権利と労働三権（[1]，[2]，[3]）をさす。

(2) 労働三法

・労働[4]法――労働条件の最低基準を定める法律。

・労働[5]法――労働者の団結権などを認め，労働[5]活動の詳細を定める法律。

・労働[6]法――労使関係の公正な調整について定める法律。

(3) 近年の社会変化に伴う法整備

・[7]法――職場での男女平等について定める法律。1985年制定。

・育児・介護休業法――職場と家庭の両立支援をはかるため，育児休業・介護休業について定める法律。

・[8]法――男女が社会の対等な構成員としてあらゆる分野において共同参画することなどについて定める法律。

2 今日の労働問題

(1) 近年の労働事情

・完全失業率――2022年平均は平均2.6％。

・[1]――雇用維持のため1つの仕事を複数の人で分かち合う労働形態。

・[2]――ICTを利用し，時間や場所を有効に活用できる柔軟な働き方。

(2) 我が国の就業構造上の問題点

・[3]曲線

女性の年齢別労働力率グラフを表すと描かれる曲線のこと。

・[4]雇用労働者の割合

女性は53.4％，男性は22.2％（2022年平均）

※人権問題関連用語

語句	意　味
[5]	文化的・社会的に形成される性や性差別。
[6]	差別を積極的に是正する措置。
[7]	親密な関係にある，またはあった者から振るわれる暴力。
[8]	相手の意に反した性的言動を行い就業環境を悪くすること。
[9]	子どもを産む決定権を女性に保障すること。

3 社会保障制度

(1) 社会保障制度の歴史

・エリザベス救貧法（1601年）――イギリスで制定。

・[1]社会保険3法（1883～89年）

ドイツで宰相[1]によって制定された世界最初の社会保険。同時に労働運動の弾圧も行ったので「[2]」の政策といわれる。

・［ 3 ］報告（1942年）
　イギリスで発表された生涯にわたる最低限度の生活の保障を示した報告書。スローガンは「［ 4 ］」。

(2)　我が国の社会保障制度

四本柱
- ・社会保険――――被保険者の保険料を中心に給付を行う。年金保険など。
- ・［ 5 ］――――障害者など社会的弱者に対してさまざまな施設やサービスを提供。
- ・［ 6 ］――――生活困窮者に対して公費で最低限度の生活を保障。
- ・公衆衛生――――国民生活の衛生と健康維持増進。

4　年金保険・介護保険

(1)　年金保険
・国民年金（基礎年金）――日本国内に住む20歳以上60歳未満の全国民が加入。
・［ 1 ］――――――民間企業に勤務するサラリーマン，［ 2 ］，私学教職員が加入。
・年金支給開始年齢――――国民年金は［ 3 ］歳から。厚生年金も2030年には完全に［ 3 ］歳からの支給となる。
・財源――――――――2009年度から，保険料負担割合が［ 4 ］，国庫負担割合が［ 5 ］となっている。

(2)　介護保険
・運営主体（保険者）――――［ 6 ］と東京特別区。
・被保険者（保険料徴収者）――［ 7 ］歳以上の全国民。
・利用できる者――――――介護認定審査会で［ 8 ］認定（又は要支援認定）を受けた者のみ。
・利用者負担――――――介護サービス費用の［ 9 ］割（所得に応じ2割もしくは3割）。

＜社会福祉関係用語＞

語句	意　味
［ 10 ］	すべての人が普通の生活を送る社会の実現を目指そうとする考え方。
［ 11 ］	物理的・精神的障壁をなくし，高齢者などが不自由を感じることなく社会生活を送れるようにしようとする考え方。
［ 12 ］	空間づくりや商品設計の際，誰もが利用しやすいデザインを最初からとり入れるという考え方。

＜医療関係用語＞

語句	意　味
［ 13 ］	患者が医師の説明する治療法などに納得した上で治療参加に同意すること。
［ 14 ］	末期がん患者など死が間近に迫っている人に対して痛みの緩和を図る医療を施すこと。
［ 15 ］	最も身近な医療，一次医療。

5 少子化の現状

(1) 少子化の実態

・［ 1 ］率

一人の女性が一生の間に産む平均の子どもの数のこと。2021年は1.30。日本は国際的にみてかなり低い。

(2) 少子化対策

・［ 2 ］基本法——少子化対策に関する基本理念を示した法律。

(3) 児童に関する諸問題

・［ 3 ］法———児童虐待を人権侵害とし，虐待のおそれのあるときには一般市民にも児童相談所への通告義務を課している。

・児童委員———子どもの地域生活や教育などの相談にあたる。

6 高齢化の現状

(1) 高齢化の実態

・［ 1 ］社会———高齢化率（65歳以上人口の割合）14％以上の社会（国連定義）。日本は28.6％（2020年）と世界で最も高齢化の進んだ国の1つ。

・平均寿命———男性81.56歳，女性87.71歳（2020年）で世界で最も高い国の1つ。

(2) 高齢化対策

・［ 2 ］法———行政が早期介入することによって，高齢者の虐待を防止する法律。

(3) 世界の高齢化率の推移

	1990	2000	2010	2021	2030	2050
［ 3 ］	12.4	17.8	23.6	29.8	31.4	37.5
アメリカ	12.3	12.3	13.0	16.7	20.5	23.6
フランス	14.1	16.2	17.0	21.3	24.4	28.5
ドイツ	14.9	16.4	20.5	22.2	26.4	30.5
［ 4 ］	17.8	17.3	18.3	20.1	21.8	24.8

※2030年および2050年は将来推計人口の中位推計値
（世界国勢図会2022/23）

過去問に挑戦！

1 次は，日本の公的年金制度について説明した文です。誤っているものを1～5から1つ選びなさい。

1．国民年金は，日本国内に住んでいる20歳以上60歳未満のすべての人が加入する。
2．厚生年金は，民間企業に勤めている人が加入する。
3．厚生年金の加入者は，同時に国民年金にも加入する。
4．支給される年金は，老齢年金，障害年金，遺族年金の3種類である。
5．20歳になると，居住地の都道府県が自動的に国民年金の加入手続きを行う。

（埼玉県・さいたま市）

2 次の文は，2000年に施行された我が国の介護保険制度について述べようとしたものである。文中の（ A ），（ B ）内にあてはまる語句を，あとのア～カからそれぞれ一つずつ選んで，その記号を書け。

介護保険制度は，（ A ）以上の国民が全員加入する公的な制度で，その運営主体は（ B ）である。この制度を利用して介護サービスを受けようとする場合には，本人又は家族が申請して，要介護の認定を受ける必要がある。

ア．20歳　イ．40歳　ウ．60歳
エ．国　オ．都道府県　カ．市町村（東京23区を含む）

（香川県　改題）

6 国際関係

●解答解説P257～P258

1 国際政治

重要度 **A**

ここが要点 国際政治関係の中で圧倒的に出題頻度が高いのは国際連合についてである。そのしくみや専門機関の正式名称，略称，役割を確実に覚えておくこと。その他，EU，ASEANなどの地域的統合の出題も多い。

1 国際連合①――組織

(1) **国際連合の成立**

・国際連合の成立――[1]会議により国連憲章が採択され，1945年に発足。

・加盟国数――――2023年6月現在193ヵ国。

・本部――――――[2]

・日本の加盟―――[3]によりソ連との国交が回復した1956年。

(2) **国際連合の組織**

・[4]

全加盟国によって構成され，表決は1国1票で，一般事項は[5]，重要事項は[6]以上の多数決で行われる。議決に法的拘束力はない。

・[7]

平和と安全に関し主要な責任を負う機関。[8]，[9]，[10]，[11]，[12]の5常任理事国と任期[13]年の10非常任理事国で構成される。表決は，手続事項は9理事国以上で，実質事項は[14]常任理事国を含む[15]理事国以上の賛成で行われる。常任理事国には[16]がある。

・経済社会理事会

総会で選出された54ヵ国で構成。任期は3年。国連専門機関やNGO(非政府組織)と連携して経済・教育などの分野で調査・研究活動を行っている。

・信託統治理事会

信託統治下の独立支援活動を行う機関。現在活動を停止している。

・[17](ICJ)

加盟国間の紛争処理にあたる機関。本部はオランダのハーグ。判決には法的拘束力がある。訴訟当事者になれるのは国家に限られる。

・国連事務局

事務総長の下に国際公務員が活動している。事務総長の任期は5年。現在の事務総長は[18]。

(3) **国連**[19]

国連の諸経費を賄うために加盟各国に課せられている国連への拠出金。3年ごとに各国のGNI(国民総所得)に応じて改定される。分担率1位はアメリカ，2位は中国，3位は日本。

※国連の公用語

[20]，[21]，[22]，中国語，スペイン語，アラビア語

2 国際連合②——国連専門機関

(1) **国連専門機関**

名称	略称	目的・活動
国際労働機関	[1]	労働者の利益保護と生活水準の向上を目的として，国際的規模で労働条件の改善を図る。
国連教育科学文化機関	[2]	教育・科学・文化などの面での協力を促進することで，世界平和の確立に寄与する。
[3]	WHO	諸国民の健康保持と増進，保健事業の指導を目的として，公衆衛生の向上を図る。
国連食糧農業機関	[4]	食糧と農業生産の増大などを目的として，農村地域の生活改善などを図る。
[5]	IMF	国際通貨の安定を図ることを目的として，国際収支赤字国に短期融資を行う。
国際復興開発銀行(世界銀行)	IBRD	発展途上国の経済構造の改革を目的として，発展途上国に対する長期融資を行う。

(2) **その他の国連機関**

名称	略称	目的・活動
国際原子力機関	[6]	原子力の平和利用促進などを目的とする。
[7]	UNICEF	発展途上国の児童に対する医療・食糧の援助，栄養の改善などを目的とする。
国連難民高等弁務官事務所	UNHCR	難民の保護と救済援助活動を目的とする。
国連貿易開発会議	[8]	貿易問題を中心として南北問題の解決を目的とする。
[9]	ICJ	国家間の紛争を国際法によって解決するほか，国連専門機関から諮問された法律問題について勧告を与える。

3 国際連合③——国連平和維持活動（PKO）

(1) **国連平和維持活動**

局地的な紛争の悪化防止と武力衝突拡大の防止を図るために派遣される。停戦監視団，国連平和維持軍（[1]），選挙監視団などがある。

(2) **日本とPKO**

・PKO協力法———1992年制定。カンボジア，モザンビーク，ゴラン高原，東ティモールなどに自衛隊の派遣が行われ，2017年5月には[2]PKOから完全撤収した。

(3) **[3]軍**

国連憲章が規定する正規の軍のこと。これまでに一度も結成されたことはない。

4 EU（欧州連合）

(1) **EU（欧州連合）**

1993年，[1]条約の発効により，EC（欧州共同体）を改組して発足。経済統合のみならず，政治・外交統合を目標としている。本部はベルギーの[2]。

・原加盟国（EEC時代）――――[3]，[4]，[5]，ベルギー，オランダ，ルクセンブルク
・1973年加盟（EC時代）――――[6]，アイルランド，デンマーク
※[6]は2020年1月に離脱。
・1981年加盟（EC時代）――――ギリシア
・1986年加盟（EC時代）――――スペイン，ポルトガル
・1995年加盟――――スウェーデン，フィンランド，[7]
・2004年加盟――――ポーランド，チェコ，[8]，スロベニア，スロバキア，リトアニア，エストニア，ラトビア，キプロス，マルタ
・2007年加盟――――ブルガリア，ルーマニア
・2013年加盟――――[9]　計27ヵ国

(2) **EUの発展**

・アムステルダム条約――――1999年発効。[1]条約の内容を強化したもの。手続面での改正が中心。
・[10]条約――――2003年発効。加盟国数の増大に対応させるため，アムステルダム条約の内容を改正したもの。
・[11]条約――――2009年発効。EU憲法条約を骨子として，EU体制の運営を定めた基本条約のこと。

(3) **欧州通貨統合**

・[12]――――1999年の通貨統合により（紙幣・硬貨の流通は2002年から）導入された単一通貨の名称。
・通貨統合未参加国――――デンマーク，スウェーデンなど。

5 地域的統合

(1) [1] **（東南アジア諸国連合）**

東南アジア諸国における地域協力機構。加盟国は[2]，[3]，[4]，[5]，シンガポールの1967年の発足時の原加盟国に加え，ブルネイ，ベトナム，ミャンマー，ラオス，[6]の計10ヵ国。

※[7]（アセアン自由貿易地域）――――域内の貿易・投資の自由化を目指す枠組み。

(2) **APEC（[8]）**

アジア太平洋地域における経済協力などについて討議する枠組み。参加国は，オーストラリア，ASEAN諸国，日本，中国，アメリカ，ロシアなど21ヵ国・地域。

(3) [9] **（米国・メキシコ・カナダ協定）**

1994年発効のNAFTA（北米自由貿易協定）に代わる，米国・メキシコ・カナダ3ヵ国間の新たな貿易協定。2020年7月に発効した。

(4) **メルコスール（MERCOSUR）（[10]）**

ブラジル・アルゼンチン・ウルグアイ・パラグアイ・ボリビア（批准手続き中）・ベネズエラ（資格停止中）6ヵ国による関税同盟（2023年6月現在）。

6 冷戦

(1) **冷戦**

第二次世界大戦後のアメリカを中心とする資本主義諸国とソ連を中心とする社会主義諸国との対立。イギリスの[1]が行った「鉄のカーテン演説」が発端とされる。

(2) **冷戦構造の形成**

- [2]＝プラン――アメリカの[2]国務長官が発表した欧州復興援助計画のこと。1947年発表。
- [3]――北大西洋条約機構。1949年に発足した西欧諸国による軍事同盟。
- ワルシャワ条約機構――1955年，[3]に対抗して結成された社会主義陣営による軍事同盟。

(3) **東西対立で発生した地域紛争**

- [4]戦争（1950～53年）――東アジアにおける東西代理戦争。
- [5]危機（1962年）――[5]にミサイル基地を建設しようとしていたソ連とアメリカが対立。一触即発の事態となる。
- ベトナム戦争（1960～73年）――[6]大統領の北爆によって勃発。アメリカが撤退して終結。

(4) **冷戦の終結**

- マルタ会談（1989年）――アメリカの[7]大統領とソ連の[8]書記長が冷戦の終結を確認。
- ドイツ統一（[9]年）――西ドイツが東ドイツを編入する形で統一達成。
  ※OSCE（欧州[10]）――全ヨーロッパの安全保障機構。

7 軍縮

(1) **反核運動**

- 反核運動――ラッセル・アインシュタインによる[1]会議など。

(2) **核軍縮の展開**

- 部分的核実験禁止条約（PTBT）
  1963年発効。地下核実験を除き核兵器の実験を禁止。
- 核拡散防止条約（[2]）
  1970年発効。核保有国から非核保有国への核兵器の移転を禁止。
- [3]（CTBT）
  1996年採択，未発効。地下核実験を含むすべての核兵器の実験を禁止。

8 人権に関する問題

(1) [1]**宣言**――1948年に国連総会で採択された人権保障の基準を示したもの。法的拘束力はない。

(2) [2]**規約**――1966年に国連総会で採択された条約で，[1]宣言の内容に法的拘束力をもたせたもの。

(3) **その他の人権に関する条約**

- 人種差別撤廃条約――人種差別を禁止するための条約。1965年採択。
- 女子差別撤廃条約――女性の地位向上を図るための条約。日本ではこの条約を批准するため，1985年[3]法が成立した。
- 児童（子ども）の権利条約――[4]歳未満の子どもの人権を守るための条約。子どもを権利行使の主体として保障。1989年採択。

過去問に挑戦！

1 次の文は，国際連合について述べた文である。空欄（　ア　）～（　エ　）にあてはまる語句の組合せとして正しいものを，下の①～⑤の中から一つ選びなさい。

国際連合は，世界平和と安全の維持，国家間の友好関係を発展させることを目的に，1945年，（　ア　）会議において，（　イ　）を採択し，設立された。

国際連合の主要機関の一つである安全保障理事会は，イギリス，フランス，アメリカ，ロシア，（　ウ　）の5常任理事国と（　エ　）年の任期で半数ずつ改選される10の非常任理事国で構成される。

① (ア) サンフランシスコ　(イ) 国際人権規約　(ウ) ドイツ　(エ) 2
② (ア) パリ　(イ) 国際人権規約　(ウ) 中国　(エ) 4
③ (ア) サンフランシスコ　(イ) 国際連合憲章　(ウ) 中国　(エ) 2
④ (ア) パリ　(イ) 国際連合憲章　(ウ) 中国　(エ) 4
⑤ (ア) パリ　(イ) 国際連合憲章　(ウ) ドイツ　(エ) 4

（神奈川県・横浜市・川崎市）

2 次のア～オは，国際機関を説明している。正しいものを二つ選ぶとき，その組み合わせを解答群から一つ選び，番号で答えよ。

ア．国際労働機関（ILO）は，雇用・労働条件の向上を目的とした国際機関である。
イ．国連児童基金（UNICEF）は，教育・科学・文化を通じての国際交流により世界平和と安全に寄与する国際機関である。
ウ．世界保健機関（WHO）は，伝染病撲滅や保健システムの強化などをはかり，健康な生活を拡大するための国際機関である。
エ．国連教育科学文化機関（UNESCO）は，発展途上国の児童福祉のため薬品・食糧・衣料などを提供する国際機関である。
オ．国際通貨基金（IMF）は，発展途上国の開発に長期の融資を与える国際機関である。

【解答群】
1．ア，イ　2．ア，ウ　3．ア，エ　4．ア，オ　5．イ，ウ
6．イ，エ　7．イ，オ　8．ウ，エ　9．ウ，オ　0．エ，オ

（愛知県）

3 次の世界の地域組織等の説明ア～ウとその略称a～cの組み合わせとして適切なものは，下の1～5のうちのどれか。

ア．東南アジアの地域協力機構加盟諸国による域内自由貿易地域で，域内関税を5～0%に引き下げ，数量制限，非関税障壁を撤廃するほか，サービス分野の貿易自由化も目ざしている。
イ．マーストリヒト条約によって発足し，加盟27か国（2023年6月現在）からなる地域統合の包括的組織体で，最終的には政治統合を目ざしている。
ウ．アルゼンチン・ブラジル・パラグアイ・ウルグアイ・ボリビア（批准手続き中）・ベネズエラ（資格停止中）の6か国を加盟国（2023年6月現在）とする共同市場で，財・サービス・労働力の自由市場創設を目ざしている。

a．EU　b．MERCOSUR　c．AFTA

1．アーa　イーb　ウーc
2．アーa　イーc　ウーb
3．アーb　イーa　ウーc
4．アーc　イーa　ウーb
5．アーc　イーb　ウーa

（東京都　改題）

2 国際経済

重要度B

ここが要点　戦後の国際経済体制を理解し，為替相場，国際収支，国際経済組織の名称・略称・活動内容を中心にまとめよう。各々について深い知識は必要ではないが，幅広い知識が要求される分野でもある。

1 戦後の国際経済体制

(1) **IMF体制**

・ブレトン＝ウッズ協定（1944年）
- ・ドルを基軸通貨とし金との交換を保証。
- ・日本は1ドル＝[1]円の[2]相場制を採用（ドッジ＝ラインによる）。
- ・国際通貨基金（[3]）と国際復興開発銀行（[4]）を設立。

(2) **[2]相場制と変動為替相場制**

・[2]相場制――為替相場を一定の値に保つ制度。

・変動為替相場制――為替相場を固定せず，外国為替市場における需給関係による変動に任せる制度。

(3) **[5]＝ショック（ドル危機）**

1971年アメリカの[5]大統領が金とドルの交換の停止を発表したもの。これを契機に，1973年から各国は変動為替相場制に移行した。

(4) **プラザ合意**

1985年G5(先進5ヵ国蔵相中央銀行総裁会議)において円高誘導を図ることが決定した合意。その結果，日本は輸出が[6]して，円高不況に陥った。

2 円高と円安

(1) **円高と円安**

・円高――円の対外的価値が[1]すること。例：1ドル＝200円が1ドル＝100円になったときをさす。

・円安――円の対外的価値が[2]すること。例：1ドル＝200円が1ドル＝300円になったときをさす。

(2) **為替レートの変動の影響**

・円高
- ・輸出品の価格が上昇するため，輸出が[3]する。
- ・輸入品の価格が[4]するため，輸入が[5]する。

・円安
- ・輸出品の価格が[4]するため，輸出が増加する。
- ・輸入品の価格が[6]するため，輸入が[3]する。

3 国際収支

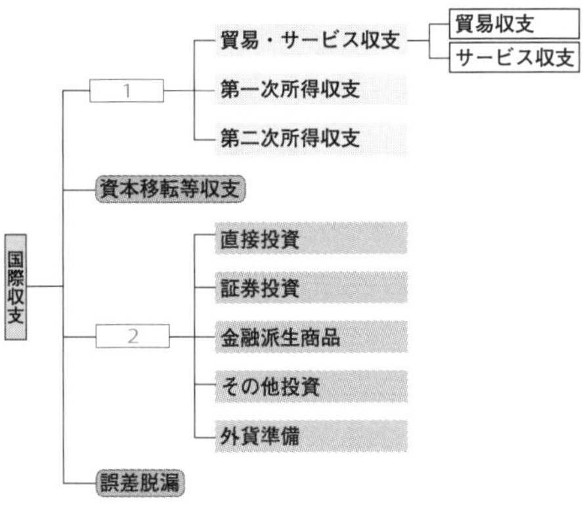

4 国際貿易

(1) **GATT(関税と貿易に関する一般協定)**

1947年に自由貿易の推進，国際貿易の拡大を目的として調印された協定。1995年[1]の発足という形で発展的解消を遂げた。

(2) **多角的貿易交渉**

・[2]・ラウンド(1986～93年)

農産物の例外なき関税化を決定(日本のコメも含む)。

(3) [1] **(世界貿易機関)**

[2]・ラウンドでの合意に基づき，1995年GATTにかわる国際機関として発足。サービス分野や知的所有権についても交渉対象に加え，紛争処理機能が強化されている。

(4) **EPA([3])**

二国間，あるいは地域間で関税を撤廃し，自由な貿易を進めるためのFTA([4])に，人の移動や投資ルールなどのより広汎な経済協定を含めた協力体制。日本も，シンガポール，メキシコ，マレーシアをはじめ，東南アジアの国々を中心に締結している。

5 南北問題

(1) **南北問題**

発展途上国と先進国との間の経済格差のこと。発展途上国は一次産品のみを生産する[1]経済であることがその要因とされる。

(2) **南北問題解決策**

・UNCTAD([2])

1964年国連総会の補助機関として設立され，発展途上国の経済の開発と貿易の促進を図ることを目的とした枠組み。

・NIEO宣言(新国際経済秩序樹立に関する宣言)

1974年国連資源特別総会で採択された，天然資源の恒久主権の確立など発展途上国の利益に結びつくよう新しい国際経済秩序の樹立を求めた宣言。

※発展途上国の資源を国有化し，自国経済の発展につなげようとする動きを[3]という。

(3) [4]

資源をもつ発展途上国と資源をもたない発展途上国の間の経済格差の問題。第一次石油危機後顕在化した。

(4) **先進国の協力機構**

・OECD([5])

アメリカ・日本・EU諸国など先進国で構成されている国際経済全般について協議する組織。

・DAC(開発援助委員会)

OECDの下部組織で，発展途上国に対する経済援助を推進している。

6 ODA(政府開発援助)

(1) **ODA([1])**

先進国による発展途上国への国レベルでの援助のこと。経済開発・福祉向上を目的に行われるものをいう。

(2) **ODAの内容**

・二国間援助———発展途上国に対して直接行う援助。贈与と政府貸付等がある。

・[2]援助――国際機関への出資・拠出などを通じて行う援助のこと。

(3) **日本のODAの特徴**

・贈与相当額は世界第[3]位（2021年）。

・二国間援助が中心。

・GNI比率が[4]い。

7 世界経済に関する首脳会議

(1) **G7サミット**（主要国首脳会議）

① 歴史

1975年[1]のジスカールデスタン大統領の提唱で開始。

② 参加国

当初は[1]，[2]，[3]，[4]，[5]，[6]の6ヵ国だったが，後にカナダが加わり，1997年からは[7]が加わり8ヵ国で行われていた。しかし，[7]はクリミア問題のため，2014年から参加停止となった。

(2) **G20サミット**（金融世界経済に関する首脳会合，金融サミット）

① 歴史

世界的に広がる金融危機の打開策について協議するため，2008年に[8]で初めて開催された。

② 参加国

日欧米主要7ヵ国（G7）にブラジル，[9]，ロシア，インドなど新興11ヵ国とEUを加えた20ヵ国・地域（G20）の首脳が参加。

過去問に挑戦！

1 次のGATT（関税及び貿易に関する一般協定）とWTO（世界貿易機関）に関する記述として，最も適当なものはどれか。

1．GATTはサービス業の分野を含むがWTOは含まない。
2．WTOは1995年に世界の貿易を統括する国際機関として発足した。
3．GATTは第二次世界大戦の前にヨーロッパ諸国がアメリカに対抗して組織した。
4．WTOでは1997年にアメリカの提案による電子商取引の完全自由化が合意された。
5．WTOに比べGATTの方が貿易に関する紛争処理機能が強かった。

（岡山県）

2 次の文を読んで，各問いに答えなさい。

通貨は国によって異なるため，外国と取り引きする際には，基本的に，自国の通貨を相手国の通貨と交換する必要がある。この時の交換比率を外国為替相場という。

第二次世界大戦後，アメリカ合衆国政府がドルと金との交換を外国政府に保証したことから，ドルが国際決済の基軸通貨として使われるようになった。これを前提として，自由貿易の拡大と外国為替相場の安定などをめざして1945年に設立されたのが（　　　）である。これによって，各国通貨とドルとの交換比率が固定化された。

しかし，1971年のニクソン・ショックをきっかけとしてドルの信用が低下し，主要国は，1973年から，需要と供給の関係で交換比率が変化する変動為替相場制へと移行した。

(1) 下線部に関する説明として正しいものの組み合わせを選びなさい。

① 固定為替相場制下の1949年に，1ドル＝360円の単一為替レートが設定された。
② 変動為替相場制においては，1ドル＝100円の状態から1ドル＝90円になることを円安という。
③ 変動為替相場制では，円安の場合，輸入品が安くなるため，外国製品がよく売れるようになる。
④ 変動為替相場制の影響として，急激な円高が進むと，輸出産業においては，生産コストを安くするため海外へ工場を移転する製造業者も出てくる。

ア．①，②　イ．②，③　ウ．③，④　エ．①，④　オ．②，④

(2) 空欄に当てはまるものを選びなさい。

ア．IAEA　イ．IMF　ウ．FAO　エ．GDP　オ．SDR

（北海道・札幌市　改題）

7 環境

●解答解説P259

1 地球環境問題

重要度A

ここが要点　地球温暖化，オゾン層の破壊，酸性雨について，その原因，影響，対策を整理しておく必要がある。また，ラムサール条約の目的，日本の世界遺産に登録された箇所を押さえておこう。

1 地球環境問題の現状

(1) **地球温暖化**

① 地球温暖化とは

石油・石炭などの化石燃料の大量消費により，[1]やメタンといった赤外線を吸収する気体である[2]ガスの濃度が増加し，地球の平均気温が上昇すること。

② 地球温暖化の影響

南極・北極の氷の融解などによる海面水位の上昇，洪水や干ばつなどの異常気象，農作物の収穫量の減少，生態系の変化など。

③ [3]協定

[4]年1月にスタートした新たな地球温暖化対策の枠組み。発展途上国を含む200近い国や地域が参加し，世界全体の平均気温の上昇を，産業革命以前よりも摂氏[5]度高い水準を十分に下回るものに抑えることを長期的目標としている。

(2) **オゾン層破壊**

① オゾン層破壊とは

冷蔵庫の冷媒やスプレーの噴射剤などにかつて使用されていた[6]が[7]圏にあるオゾン層を破壊することにより，オゾン層に吸収されていた有害な[8]線の地上への到達量が増加すること。

② オゾン層破壊の影響

皮膚がんや白内障の増加，農産物の収穫量の減少，生態系の変化など。

③ オゾン層破壊に対する国際的取り組み

1985年に「オゾン層保護のためのウィーン条約」を，1987年にはその具体的な生産削減などの規制措置を定めた[9]議定書が採択された。特に破壊力の強い特定[6]の生産・使用は1995年末までに全廃された。

(3) **酸性雨**

① 酸性雨とは

自動車の排気ガスや工場の排煙に含まれる[10]や[11]が大気中で化学反応をおこし，pH[12]以下の酸性を示す雨や霧として降下すること。特にヨーロッパでの被害が深刻である。

② 酸性雨の影響

湖沼や土壌の酸性化による魚類の死滅，森林の枯死，また，酸性雨が直接付着することによる歴史的遺跡や石像などの腐食など。

③ 酸性雨対策

国境を越えた被害に対し，1979年に[13]条約が採択された。

2 環境保護のための国際的な取り組み

(1) 環境問題に関する国連会議

[1]	1972年にスウェーデンのストックホルムで開催。「かけがえのない地球」をスローガンとした。
[2]	1992年にブラジルのリオデジャネイロで開催。将来の世代に資源と良好な環境を残せるように開発と環境保全を調和させる「[3]」を基本理念とし，アジェンダ21が合意された。気候変動枠組み条約や生物多様性条約を採択。
[4]	「持続可能な開発に関する世界首脳会議」のことで，2002年に南アフリカ共和国のヨハネスブルクで開催された。

(2) 環境問題に関する条約

[5]条約	正式名称は「世界の文化遺産および自然遺産の保護に関する条約」。世界的に重要な遺産を保護することを目的として，1972年に[6]総会で採択。我が国の世界遺産は23ヵ所（2021年6月現在）。
[7]条約	正式名称は「特に水鳥の生息地として国際的に重要な湿地に関する条約」。1975年発効。国際的に重要な湖や沼などの湿地を保全することにより，そこに生息，生育する動植物を保護することを目的とする。
[8]条約	正式名称は「絶滅のおそれのある野生動植物の種の国際取引に関する条約」。1975年発効。野生動植物の国際取引の規制を輸入国と輸出国が協力して実施することにより，絶滅のおそれのある野生動植物の種の保護を図ることを目的とする。

〈我が国の世界遺産〉　（2023年6月現在）

種類	登録年	名称【所在地】
自然遺産	1993年	[9]山地【青森県・秋田県】
		屋久島【鹿児島県】
	2005年	知床【北海道】
	2011年	[10]諸島【東京都】
	2021年	奄美大島，徳之島，沖縄島北部及び西表島【鹿児島県・沖縄県】
文化遺産	1993年	法隆寺地域の仏教建造物【奈良県】
		[11]城【兵庫県】
	1994年	古都京都の文化財【京都府・滋賀県】
	1995年	白川郷・五箇山の合掌造り集落【岐阜県・富山県】
	1996年	原爆ドーム【広島県】
		[12]神社【広島県】
	1998年	古都奈良の文化財【奈良県】
	1999年	[13]の社寺【栃木県】
	2000年	[14]王国のグスク及び関連遺産群【沖縄県】
	2004年	紀伊山地の霊場と参詣道【和歌山県・奈良県・三重県】
	2007年	[15]銀山遺跡とその文化的景観【島根県】
	2011年	平泉―仏国土（浄土）を表す建築・庭園及び考古学的遺跡群―【岩手県】
	2013年	富士山―信仰の対象と芸術の源泉【山梨県・静岡県】
	2014年	[16]製糸場と絹産業遺跡群【群馬県】
	2015年	明治日本の産業革命遺産　製鉄・製鋼，造船，石炭産業【岩手県・静岡県・山口県・福岡県・佐賀県・長崎県・熊本県・鹿児島県】
	2016年	国立西洋美術館本館【東京都】
	2017年	「神宿る島」宗像・沖ノ島と関連遺産群【福岡県】
	2018年	長崎と天草地方の潜伏キリシタン関連遺産【長崎県・熊本県】
	2019年	[17]古墳群【大阪府】
	2021年	北海道・北東北の[18]遺跡群【北海道・青森県・岩手県・秋田県】

2 日本の環境問題

重要度B

ここが要点 環境ホルモン，ダイオキシンの定義を確認し，環境保護法制に関しては，環境基本法，家電リサイクル法，環境アセスメント法などの概要を押さえておこう。また，環境に関する用語についても一通り把握しておく必要がある。

1 環境問題

(1) 水質汚濁の指標

[1]	水中の汚物を分解するために微生物が必要とする酸素の量。
[2]	水中の汚物を化学的に酸化し，安定させるのに必要な酸素の量。

(2) 公害規制

・[3]……環境汚染の防止や被害者救済の費用は，公害を発生させた企業が負担すべきとする原則のこと。

(3) 環境ホルモン・ダイオキシン・PM2.5

[4]	生体内に入るとあたかも生体ホルモンのように働き，体内のホルモン作用をかく乱する化学物質の総称。ごく微量でも生殖異常や成長障害などを引きおこす可能性がある。[5]，有機スズ，PCB(ポリ塩化ビフェニル)などが知られている。
[5]	史上最強の毒性をもつといわれる有機塩素化合物。[6]などの塩素を含む製品の焼却等で発生し，発がん性・催奇形性，ホルモンかく乱作用，免疫抑制，生殖毒性などがあるとされる。
[7]	大きさが2.5 μm以下の微小粒子状物質。[8]の奥深くまで入りやすく，人体への影響が心配されている。

2 環境保護のための取り組み

(1) 環境保護法制

[1]法	1967年制定の公害対策基本法を見直し，環境行政を総合的に推進するために制定された法律。1993年施行。
[2]形成推進基本法	資源を循環させて環境への負荷を減らす社会システムを構築していくことを目的とする法律。2000年施行。
[3]法	不要となった家電製品について，製造業者にリサイクル，小売店に引き取り，消費者にリサイクル料金の負担を義務付けた法律。対象となっているのは，テレビ(ブラウン管，液晶・プラズマ)，[4]，[5]・衣類乾燥機，冷蔵庫・冷凍庫。
小型家電リサイクル法	アルミ，貴金属，レアメタルなど有用な金属が含まれる小型家電を適正にリサイクルして，資源の有効な利用の確保を図ることを目的とする。市町村が回収の主体となり，回収品目も市町村ごとに決定する。
[6]法	ビン，ペットボトル，プラスチック等の容器・包装廃棄物について，消費者に分別排出，自治体に分別回収，事業者にリサイクルを求めた法律。
自動車リサイクル法	使用済み自動車の引き取りと適正処理を製造業者と輸入業者に義務付けた法律。リサイクル料金は[7]が負担する。
[8]法	発電所やダム，高速道路など大規模な開発を行う際，周辺の環境に及ぼす影響について事前に調査，予測，評価することを義務付けた法律。

(2) ごみ減量の「3R」

[9]〔発生抑制〕，リユース〔[10]〕，[11]〔再生利用〕

(3) 環境に関する用語

[12] 14001	民間の国際機関である [12] (国際標準化機構)が規定した環境マネジメントシステム(EMS)に関する国際規格。製品提供過程についての統一基準が示されている。
[13]	自然の営みや人と自然との関わりを対象とし，それらを楽しむとともに，その対象となる地域の自然環境や文化の保全に責任をもつ観光のあり方。
[14]	複数の人が1台の車を共同で利用すること。
[15]	製品やサービスを購入する際に，できる限り環境への負荷が少ないものを優先的に購入すること。
[16]	環境保全を重視し，価格が多少高くても環境にやさしい商品を選ぶ消費者のこと。
[17]	ある産業の製造工程から出る廃棄物を別の産業の原料として利用することにより，廃棄物の排出をゼロにする循環型産業システムの構築を目指すもの。
[18]	貴重な自然や歴史的建造物などを保護し，保存することを目的とする団体や市民運動のこと。
[19]	サトウキビやトウモロコシなどの植物原料で生産するエタノール。燃やすと二酸化炭素は発生するが，それを吸収して育った植物が再び燃料となるため，大気中の二酸化炭素の総量は増加しないという特性(カーボンニュートラル)をもつ。
[20]	最寄り駅や停留所まで自動車でアクセスして，そこに近接した駐車場に駐車し，公共交通機関(鉄道やバス)に乗り換えて通勤・通学する方法。
[21]	動植物が共存共生できる生態系をもった生息・生育空間。

過去問に挑戦！

1 さまざまな環境問題について述べた次の文のうち，内容が正しいものをすべて選べ。

① オゾン層がフロンなどにより破壊され，赤道上空の対流圏には大規模なオゾンホールが観測されている。

② 地球温暖化とは，二酸化炭素などの「温室効果ガス」が大気中に増加することによって，地球全体の平均気温が上昇することである。

③ 二酸化硫黄，窒素酸化物(NOx)等の大気汚染物質は大気中で還元され，硫酸，硝酸等に変化し，pHの高い酸性雨となり地上に落下する。この酸性雨による，湖沼の酸性化や森林の衰退などの影響が懸念されている。

④ 光化学オキシダントは，工場，事業所，自動車から排出される窒素酸化物や炭化水素類(HC)を主体とする一次汚染物質が太陽光線の照射を受けて光化学反応により二次的に生成されるオゾンなどの総称で，いわゆる光化学スモッグの原因となる物質である。

⑤ 化学的酸素要求量(COD)とは，空気中の汚染物質を化学的に酸化し，安定させるために必要な酸素の量であり，その値が大きいほど空気が汚染されている。

(京都府　改題)

2 環境問題を解決していくための取り組み(1)～(4)の説明文を，ア～エより選べ。

(1) ゼロ・エミッション　　(2) 環境アセスメント

(3) バイオエタノール　　(4) グリーン購入

ア．サトウキビ，トウモロコシ，大麦などの植物原料で生産するもののことで，カーボンニュートラルという特性をもつ。

イ．買い物をするときに，環境のことをよく考えて，環境にやさしいものを買うこと。

ウ．新しく道路やダム，発電所などをつくろうとするとき，よく調べて少しでも環境にやさしい設計にしていくこと。

エ．工場や農場から出るいらないものを，他の産業の原料として使い，ごみとして捨てることをできるだけ少なくすること。

(千葉県・千葉市　改題)

Open Sesame 自然科学

1 数学

●解答解説P260～P263

1 数と式

重要度 **A**

ここが要点 この範囲は非常に基本的であり，かつ非常に重要であるため，くり返し学習していくことが大切である。出題内容としては，整式を使ったもの，無理数を整数部分・小数部分に分けて考えるものなど，義務教育の範囲内で対処できるものが多い。

Point Check

1 **分配法則** $(a+b)c=ac+bc$

2 **指数法則** $a^m \times a^n = a^{m+n}$ (m，nは整数)
$(a^m)^n = a^{m\times n}$
$a^m \div a^n = a^{m-n}$

3 **乗法公式** $(x+a)(x+b)=x^2+(a+b)x+ab$
$(a+b)^2=a^2+2ab+b^2$
$(ax+b)(cx+d)=acx^2+(ad+bc)x+bd$

4 **因数分解** 共通因数でくくり出す
$x^2+(a+b)x+ab=(x+a)(x+b)$
$a^2+2ab+b^2=(a+b)^2$
$acx^2+(ad+bc)x+bd=(ax+b)(cx+d)$

5 **約数の個数**…素因数分解したそれぞれの素数の（指数＋1）の積

6 **分母の有理化** $\dfrac{c}{\sqrt{a}+\sqrt{b}}=\dfrac{c(\sqrt{a}-\sqrt{b})}{(\sqrt{a}+\sqrt{b})(\sqrt{a}-\sqrt{b})}=\dfrac{c(\sqrt{a}-\sqrt{b})}{a-b}$

7 **集合と要素の個数** $n(A\cup B)=n(A)+n(B)-n(A\cap B)$

1 式の計算

(1) $3(2a+1)-2(a+2)=\boxed{1}\,a+\boxed{2}-2a-4$
$=(\boxed{1}-2)a+\boxed{2}-4$
$=\boxed{3}\,a-\boxed{4}$

(2) $x^2y\div(-3x^2y)^2\times(-6xy^3)=x^2y\div(\boxed{5})\times(-6xy^3)$
$=\{1\div 9\times(-6)\}x^{2-\boxed{6}+1}y^{1-\boxed{7}+3}$
$=-\dfrac{2y^{\boxed{8}}}{3x}$

(3) $\dfrac{x+2y}{3}-\dfrac{3x+y}{2}=\dfrac{2(x+2y)-3(3x+y)}{\boxed{9}}$
$=\dfrac{2x+4y-\boxed{10}\,x-3y}{\boxed{9}}$
$=\dfrac{\boxed{11}\,x+y}{\boxed{9}}$

2 式の展開と因数分解

(1) $(x-3)^2+(x+1)(x-2)=x^2-\boxed{1}\,x+9+x^2-\boxed{2}\,x-2$
$=2x^2-\boxed{3}\,x+7$

(2) $2x^3+4x^2-6x=\boxed{4}\,x(x-\boxed{5})(x+\boxed{6})$

(3)　$3(x-y)+xy(x-y)=(xy+\boxed{7})(x-y)$

(4)　540の正の約数の個数を求めよ。

$540=2^{\boxed{8}}\times 3^{\boxed{9}}\times 5$より，約数の個数は，

$\boxed{10}\times\boxed{11}\times 2=\boxed{12}$である。

3　平方根

$x=\dfrac{1}{\sqrt{5}+\sqrt{3}}$，$y=\dfrac{1}{\sqrt{5}-\sqrt{3}}$のとき，$x^2+y^2$の値を求めよ。

解き方　xとyについて，分母の有理化をすると，

$x=\dfrac{\sqrt{5}-\sqrt{3}}{\boxed{1}}$，$y=\dfrac{\sqrt{5}+\sqrt{3}}{\boxed{1}}$だから，

$x+y=\boxed{2}$，$xy=\boxed{3}$

$$x^2+y^2=(x+y)^2-2xy$$
$$=\boxed{2}^2-2\boxed{3}$$
$$=\boxed{4}$$

4　集合と要素の個数

1から100までの整数のうち，次のような数の個数を求めよ。

(1)　4または5で割り切れる数

解き方　4，5で割り切れる数の集合をそれぞれA，Bとすると，

$n(A)=\boxed{1}$，$n(B)=\boxed{2}$，$n(A\cap B)=\boxed{3}$

4または5で割り切れる数の集合は$A\cup B$であるから，

$n(A\cup B)=n(A)+n(B)-n(A\cap B)$　より，

$=\boxed{1}+\boxed{2}-\boxed{3}$

$=\boxed{4}$

(2)　5で割り切れるが，4では割り切れない数

解き方　求める集合の数は図より，

$n(\boxed{5})-n(\boxed{6})$

$=\boxed{7}-\boxed{8}$

$=\boxed{9}$

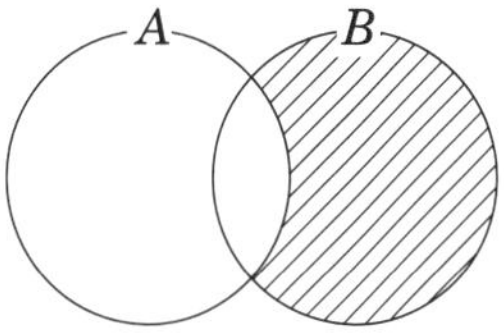

過去問に挑戦！

1　$x^2-p^2+2pq-q^2$を因数分解せよ。

（富山県　改題）

2　$x+y=4$，$xy=3$の式が成り立つとき，x^2+y^2の値を求めよ。

（鹿児島県）

3　4で割ると2余り，5で割ると3余る2桁の整数はいくつあるか。

（長野県　改題）

2 方程式と不等式

重要度 A

ここが要点

前章同様，出題頻度の高い範囲である。その方程式や不等式が成り立つための係数の値や範囲を問う問題や，応用問題が主流である。とにかく類題をたくさんこなしていこう。この範囲が苦手な人は，高校入試対策用の問題集で慣らしてみるのもいい。確実に得点しておきたい範囲である。

Point Check

1 1次方程式の解き方

① 分数や小数を含んだ式では両辺を何倍かして，係数を整数にする。
② かっこがあればはずす。
③ 文字の項は左辺に，定数項は右辺に移項する。
④ 両辺を整理し，$ax=b$の形にする。
⑤ 両辺をxの係数aで割る。

2 連立方程式の解き方

① 代入法…$x=$（yの式）または $y=$（xの式）を他方の式に代入して，1つの文字を消去する。
② 加減法…xかyの係数をそろえ，2式を加えるか引くかして1つの文字を消去する。

3 2次方程式の解き方

① 因数分解の利用…$ax^2+bx+c=(px+q)(rx+s)=0$の解は，

$$x=-\frac{q}{p},\quad y=-\frac{s}{r}$$

② 解の公式の利用…$ax^2+bx+c=0$の解は，

$$x=\frac{-b\pm\sqrt{b^2-4ac}}{2a}$$

4 1次不等式の解き方

1次方程式の手順に従って，$ax>b$や$ax\leqq b$などの形にする。

$ax>b$の解

$a>0$のとき　$x>\dfrac{b}{a}$，$a<0$のとき　$x<\dfrac{b}{a}$

5 2次不等式の解き方

因数分解の利用…実数α，βについて，$\alpha<\beta$とする。

$(x-\alpha)(x-\beta)>0$の解は，$x<\alpha$，$\beta<x$

$(x-\alpha)(x-\beta)<0$の解は，$\alpha<x<\beta$

6 絶対値記号を含んだ方程式・不等式

$$|A|=\begin{cases}A & (A\geqq 0)\\ -A & (A<0)\end{cases}$$

絶対値記号をはずすとき，絶対値記号の中の式の正（$\geqq 0$）と負（<0）で場合分けして考える。

1 1次方程式

(1) $\dfrac{y}{5}-3=\dfrac{y-3}{3}$

$$\boxed{\ 1\ }\left(\frac{y}{5}-3\right)=\boxed{\ 1\ }\cdot\frac{y-3}{3}$$

$$3y-45=\boxed{\ 2\ }y-15$$

$$\boxed{\ 3\ }y=30$$

$$y=\boxed{\ 4\ }$$

(2)　A町からB町まで行くのに，途中のC地点までは時速4kmで残りの道のりを時速5kmで歩いた。A町からB町までは7kmで1時間半かかったとするとき，AC間の距離を求めよ。

解き方　AC間の距離を$x$kmとすると，

$$\frac{\boxed{5}}{4}+\frac{\boxed{6}}{5}=\frac{90}{60}$$

$$15\boxed{5}+12\boxed{6}=\boxed{7}$$

$$3x=\boxed{8}$$

$x=\boxed{9}$　よって，AC間の距離は，$\boxed{9}$km

2　連立方程式

(1)　$\begin{cases}3x+4y=6 & \cdots① \\ 5x+3y=-1 & \cdots②\end{cases}$

解き方　①×$\boxed{1}$より　$\boxed{2}x+\boxed{3}y=\boxed{4}$　…①′

②×4より　$-)\ \ 20x+12y=-4$　…②′

①′−②′より　$\boxed{5}x=\boxed{6}$

$x=\boxed{7}$

$x=\boxed{7}$を①に代入して，$y=\boxed{8}$

$\therefore(x,\ y)=(\boxed{7},\ \boxed{8})$

(2)　2つの管A，Bを同時に開いて水槽に水を入れると，4分間に72L入る。はじめにA管だけで7分間水を入れた後B管だけで2分間水を入れると86L入る。A管，B管で1分間に入れることのできる水の量をそれぞれ求めよ。

解き方　1分間に入れることのできる水の量をA管，B管それぞれxL，yLとする。

$\begin{cases}\boxed{9}x+\boxed{10}y=72 & \cdots① \\ \boxed{11}x+\boxed{12}y=86 & \cdots②\end{cases}$

②−①÷$\boxed{13}$より，

$\boxed{14}x=\boxed{15}$

$x=\boxed{16}$

①より，　$y=\boxed{17}$

よって，A管は$\boxed{16}$L，B管は$\boxed{17}$L入れることができる。

3　2次方程式

(1)　$6x^2+x-2=0$

$(\boxed{1}x-1)(\boxed{2}x+2)=0$より，$x=\boxed{3}$，$\boxed{4}$

(2)　$2x^2+5x-1=0$

解き方　解の公式より，

$$x=\frac{-\boxed{5}\pm\sqrt{\boxed{5}^2-4\cdot2\cdot\boxed{6}}}{2\cdot2}=\frac{-\boxed{5}\pm\sqrt{\boxed{7}}}{4}$$

(3)　原価2000円の品物に，x%の利益を見込んで定価をつけたが，その品物が売れ残ったので，その定価のx%だけ引いて売った。すると20円損をしたことになった。xの値を求めよ。

解き方　$2000(1+\boxed{8})(1-\boxed{8})=2000-20$

$2000(1-\boxed{9})=1980$

$\boxed{10}x^2=-20$

$x>0$より，$x=\boxed{11}$

4 不等式

(1) $x^2-x-12<0$

$(x-\boxed{1})(x+\boxed{2})<0$ より，$\boxed{3}<x<\boxed{4}$

(2) $2x^2-3x-2\geqq 0$

$(2x+\boxed{5})(x-\boxed{6})\geqq 0$ より，$x\leqq\boxed{7}$，$\boxed{8}\leqq x$

(3) 2次方程式 $x^2+kx+2k-3=0$ が異なる2つの実数解をもつときの定数 k の値の範囲を求めよ。

解き方 2次方程式 $ax^2+bx+c=0\ (a>0)$ の判別式を D とすると，$D=b^2-4ac$ であり，$D>0$ のとき，この2次方程式は異なる2つの実数解をもつ。

したがって，$x^2+kx+2k-3=0$ の判別式を D とすると，

$D=\boxed{9}^2-4\cdot 1\cdot(\boxed{10})>0$

これを整理して因数分解すると，

$(k-\boxed{11})(k-\boxed{12})>0$

$\therefore k<\boxed{11}$，$\boxed{12}<k$

5 絶対値記号を含んだ方程式・不等式

$|2x-1|<x+2$

i) $2x-1\ \boxed{1}\ 0$ のとき，つまり $x\ \boxed{2}\ \dfrac{1}{2}$ …①のとき

$2x-1<x+2$

$x<\boxed{3}$ …②

①②より，x の値の範囲は，$\boxed{4}$

ii) $2x-1\ \boxed{5}\ 0$ のとき，つまり $x\ \boxed{6}\ \dfrac{1}{2}$ …③のとき

$-2x+1<x+2$

$x>\boxed{7}$ …④

③④より，x の値の範囲は，$\boxed{8}$

i) ii) より x の値の範囲は，$\boxed{9}$

過去問に挑戦！

1 画用紙を何人かの子どもに分けるのに，**1**人に**6**枚ずつ分けると**10**枚あまり，**1**人に**7**枚ずつ分けると**8**枚たりない。画用紙の枚数は何枚か。

（大阪府・大阪市　改題）

2 船が川を**40km**上るのに**8**時間かかり，同じ所を下るのに**4**時間かかった。この川の流れの速さが一定の場合，川の流れの速さは毎時何**km**か。ただし，静水に対する船の速さは上りも下りも変わらないものとする。

（岡山県　改題）

3 **5**%の食塩水**200g**に**10**%の食塩水を何**g**加えると，**8**%の食塩水になるか。

（熊本県　改題）

4 **30**人以上で入場すると入場料が**1**人につき**2**割引になる遊園地がある。**29**人以下でも**30**人として入場した方が安くなるのは何人のときか。すべて答えよ。

（福井県　改題）

3 関数

重要度 A

ここが要点　この範囲はよく出題されているが，そのほとんどは，次章の図形との融合問題である。だからこそ基本的な部分をしっかりと押さえる必要がある。1次関数，2次関数とも義務教育期間に学習しているため，忘れている部分も多いだろうが，逃げ腰にならず取り組んでもらいたい。

Point Check

1　1次関数…2点を通る直線の式の求め方

① 求める直線の式を $y = ax + b$ とおき，直線上の異なる2点 (x, y) の値をそれぞれ代入し連立方程式により a と b の値を求める。

② 傾き（＝変化の割合）を算出してから求める。

2　2次関数 $y = ax^2$ と直線 $y = mx + n$ の2つのグラフの交点

$ax^2 = mx + n$ の解が交点の x 座標である。

3　2次関数とグラフ

・$y = a(x - p)^2 + q$ は頂点 (p, q)，軸 $x = p$ の放物線

・$y = f(x)$ を x 軸に関して対称移動すると，$y = -f(x)$ となる。

・$y = f(x)$ を原点に関して対称移動すると，$y = -f(-x)$ となる。

4　2次関数の最大・最小（定義域が定められるとき）

グラフをかいて次のことに着目する。

x^2 の係数の符号（上に凸か下に凸か）
軸と区間（定義域）の位置関係
頂点の y 座標
定義域の両端での y 座標

5　2次関数 $y = ax^2 + bx + c$ と直線 $y = mx + n$ の位置関係

$ax^2 + bx + c = mx + n$ として，$ax^2 + (b - m)x + c - n = 0$

この2次方程式の判別式を D とすると，$D = 0$ のとき接する。

1　1次関数

2点 (1, 5)，(－1, －1) を通る直線の式を求めよ。

解き方　求める直線の式を $y = ax + b$ とすると，

$\begin{cases} [1] = [2]\,a + b \\ [3] = [4]\,a + b \end{cases}$ より，$a =$ [5]，$b =$ [6]

よって，$y =$ [5] $x +$ [6]

2　2次関数

放物線 $y = 2x^2$ と直線 $y = 3x - 1$ のグラフの交点を求めよ。

解き方　$2x^2 = 3x - 1$ として，

$2x^2 - 3x + 1 = 0$

([1] $x - 1$)([2] $x - 1$) $= 0$

したがって，交点の x 座標は $x =$ [3]，[4]

$y = 3x - 1$ に代入して，$y =$ [5]，[6]

よって，交点は，([3]，[5])，([4]，[6])

3　2次関数とグラフ

(1)　点 (2, 3) を頂点とし，点 (1, 5) を通る放物線の方程式を求めよ。

解き方　頂点 (2, 3) より求める放物線の方程式を

$$y = a(x - \boxed{1})^2 + \boxed{2}$$

とおく。これに$x = 1$，$y = 5$を代入して，$a = \boxed{3}$

よって，$y = \boxed{3}\,(x - \boxed{1})^2 + \boxed{2}$

(2)　放物線$y = x^2 + 5x - 3$をx軸に関して対称移動した放物線の式を求めよ。

解き方　求める放物線の方程式は，もとの式のyに$\boxed{4}$を代入すればよい。

$\boxed{4} = x^2 + 5x - 3$より，$\therefore y = \boxed{5}$

(3)　放物線$y = 2x^2 - x + 1$を原点に関して対称移動した放物線の式を求めよ。

解き方　求める放物線の方程式は，もとの式のyに$\boxed{6}$，xに$\boxed{7}$を代入すればよい。

$\boxed{6} = 2(\boxed{7})^2 - \boxed{7} + 1$より，$\therefore y = \boxed{8}$

4　2次関数の最大・最小

2次関数$y = x^2 - 6x + 8$の$0 \leqq x \leqq 4$における最大値・最小値およびそのときのxの値を求めよ。

解き方　$y = x^2 - 6x + 8$を変形して，

$y = (x - \boxed{1})^2 - \boxed{2}$より，

頂点$(\boxed{1},\ -\boxed{2})$，軸$x = \boxed{1}$の下に凸の放物線である。

$x = 0$のとき，$y = \boxed{3}$

$x = 4$のとき，$y = \boxed{4}$

$0 \leqq x \leqq 4$の範囲でグラフをかくと右図のようになる。

よって，最大値$\boxed{5}$ $(x = \boxed{6})$

最小値$\boxed{7}$ $(x = \boxed{8})$

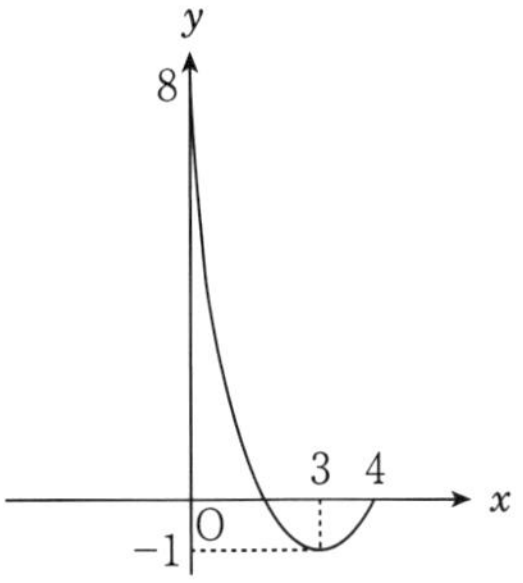

5　2次関数のグラフと直線の位置関係

放物線$y = x^2 - 4x + k$と直線$y = 2x - 2k$が接するときの定数kの値を求めよ。また，そのときの接点の座標も求めよ。

解き方　$x^2 - 4x + k = 2x - 2k$として，整理すると，

$x^2 - \boxed{1}\,x + \boxed{2}\,k = 0$　…①

放物線と直線が接するには①の判別式Dが$D\ \boxed{3}\ 0$であればよい。

$D = (\boxed{4})^2 - 4 \cdot 1 \cdot \boxed{5}\ \boxed{3}\ 0$

よって，$k = \boxed{6}$

$k = \boxed{6}$を①に代入して，$x^2 - 6x + \boxed{7} = 0$

$(x - \boxed{8})^2 = 0$

$x = \boxed{8}$

これを$y = 2x - \boxed{9}$に代入して，$y = \boxed{10}$

よって，接点の座標は，$(\boxed{8},\ \boxed{10})$

過去問に挑戦！

$y = 2x^2 - 4x + 1$を点Aで対称移動したら，$y = -2x^2 + 12x - 17$になった。このときの点Aの座標を求めよ。

（熊本県　改題）

4 図形

重要度 A

ここが要点　この範囲で大事なことは，問題が文章だけで書かれている場合，おおよそでも図形を描いて考えることである。基本の図形に補助線や新たな点を書き込む場合が多いので，イメージだけではかえって時間がかかる。初めから描かれている図形も正確でないことがあるので，目分量などで答えたりしないようにしなければならない。

Point Check

1 三角形と多角形

① 三角形の内角の和は，180°

② 三角形の1つの外角は，それと隣りあわない2つの内角の和に等しい。

③ n角形の内角の和は，$180° \times (n-2)$

④ n角形の外角の和は，360°

2 円

① 半径r，中心角$a°$の扇形の弧の長さをl，面積をSとすると，

$$l = 2\pi r \times \frac{a}{360},\quad S = \pi r^2 \times \frac{a}{360} = \frac{1}{2}lr$$

② 円周角は，中心角の大きさの半分に等しい。

③ 同じ弧に対する円周角の大きさは，等しい。

④ 円に内接する四角形の向かい合う内角の和は，180°

⑤ 円に内接する四角形の1つの外角は，それと隣りあう内角の対角に等しい。

3 相似

① 右図において，BC // DEならば，

△ABC∽△ADEで，

$$\frac{AD}{AB} = \frac{AE}{AC} = \frac{DE}{BC},\quad \frac{AD}{DB} = \frac{AE}{EC}$$

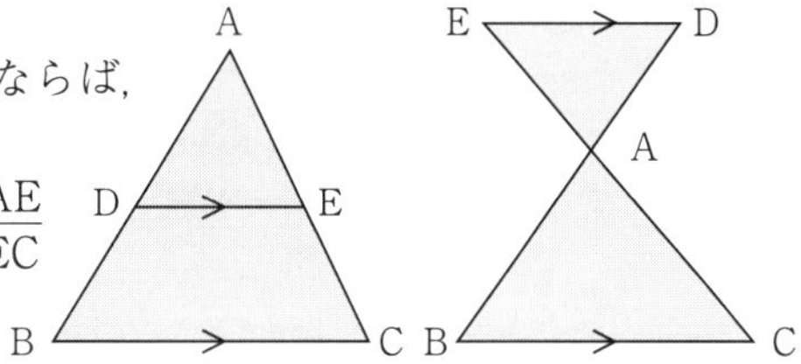

② 相似な図形の面積比は，相似比の2乗に等しい。

相似比$m : n$ならば，

面積比は$m^2 : n^2$

4 三平方の定理

直角三角形の直角をはさむ2辺の長さをa，b，斜辺の長さをcとすると，

$$a^2 + b^2 = c^2$$

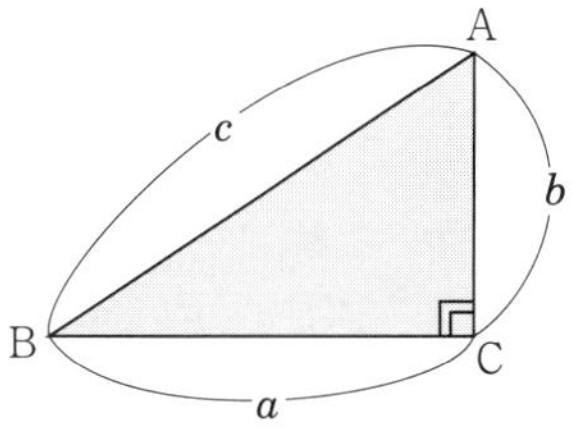

5 立体の表面積と体積

底面の半径r，高さh，母線lの円すいの体積Vと側面積Sは，

$$V = \frac{1}{3}\pi r^2 h,\quad S = \pi l^2 \times \frac{中心角}{360} = \pi lr$$

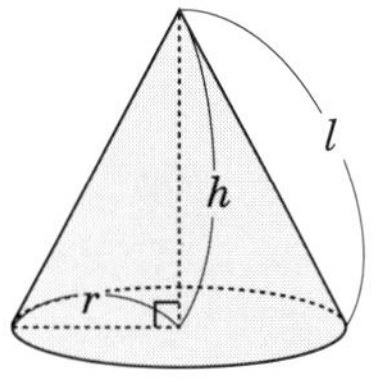

1 三角形と多角形

(1) 十二角形の内角の和を求めよ。

180° × (12 − [1]) = [2]°

(2) 1つの外角の大きさが45°である正多角形を求めよ。

解き方　外角の和は[3]°だから，

[3]° ÷ 45° = [4]

よって，正[4]角形

2 円

右図のように四角形ABCDが円に内接しているとき，∠DEAの大きさを求めよ。

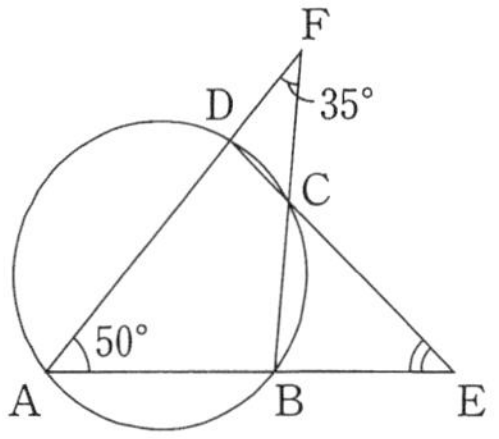

解き方 四角形ABCDは円に内接しているので，

$\angle \mathrm{ECB} = \angle \boxed{1} = \boxed{2}°$

△FABにおいて，三角形の内角と外角の関係から，

$\angle \mathrm{FAB} + \angle \boxed{3} = \angle \boxed{4}$

$50° + \boxed{5}° = \angle \boxed{4}$

△CBEにおいて，三角形の内角の和は180°だから，

$\angle \mathrm{DEA} = 180° - \angle \mathrm{ECB} - \angle \boxed{4}$

$= 180° - \boxed{2}° - \boxed{6}°$

$= \boxed{7}°$

3 相似と比

右図の平行四辺形ABCDで辺ADを1：2に内分する点をE，BAとCEそれぞれの延長の交点をFとする。このとき，平行四辺形ABCDと△FBCの面積比を求めよ。

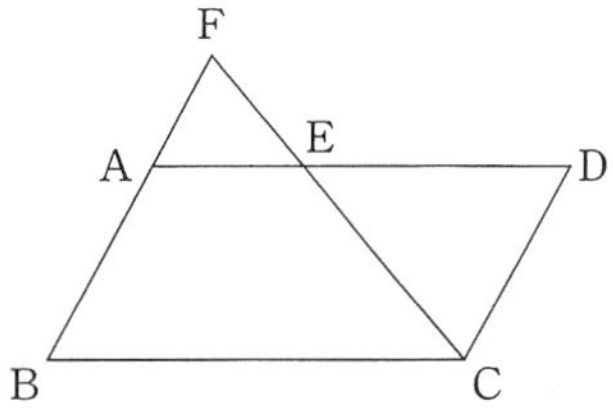

解き方 △FAE∽△FBCで，

AE：BC = $\boxed{1}$ ： $\boxed{2}$ より，

△FAE：△FBC = $\boxed{3}$ ： $\boxed{4}$

したがって，△FAE：▱ABCE = $\boxed{5}$ ： $\boxed{6}$ …①

また，△FAE∽△CDEで，AE：DE = 1：2より，

△FAE：△CDE = $\boxed{7}$ ： $\boxed{8}$ …②

①②より，平行四辺形ABCD：△FBC = $\boxed{9}$ ： $\boxed{10}$

4 三平方の定理

右図の二等辺三角形の高さを求めよ。

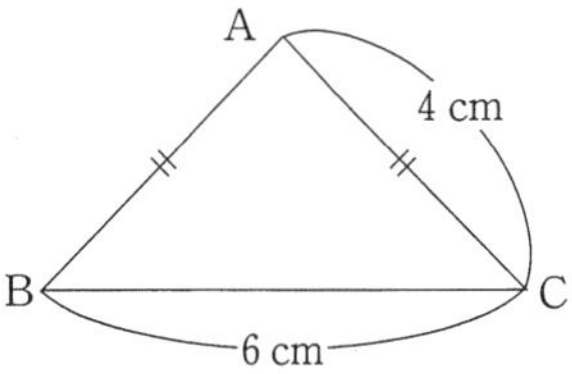

解き方 BCの中点をHとすると，△ABHにおいて，

三平方の定理より，

$\mathrm{AH}^2 = \boxed{1}^2 - \boxed{2}^2 = \boxed{3}$

AH＞0より，AH = $\boxed{4}$

5 立体の表面積と体積

右図の円すいの体積を求めよ。

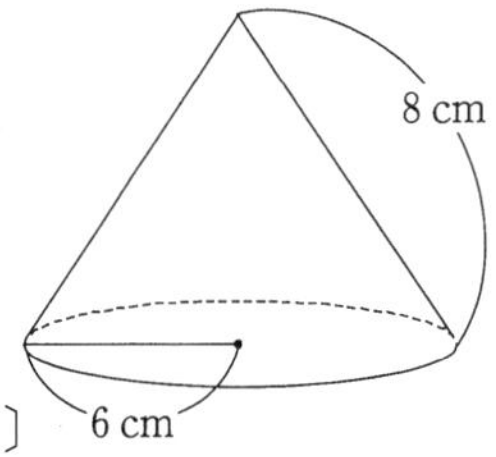

解き方 円すいの高さを h とすると，

$h^2 = \boxed{1}^2 - \boxed{2}^2 = \boxed{3}$

$\therefore h = \boxed{4}$

したがって，円すいの体積は，

$\frac{1}{3} \times \pi \times \boxed{5}^2 \times \boxed{4} = \boxed{6}\pi$ 〔cm³〕

過去問に挑戦！

1 半径**5 cm**で中心角**144°**の扇形の弧の長さを①～⑤の中から**1**つ選べ。
① **3π cm**　② **4π cm**　③ **5π cm**
④ **6π cm**　⑤ **7π cm**

（群馬県　改題）

2 面積**63**の三角形**ABC**がある。**AD：DC＝1：2**，**DE：EB＝1：2**のとき，△**BEF**の面積を①～⑤の中から**1**つ選べ。
① **6**　② **7**　③ **8**　④ **9**　⑤ **10**

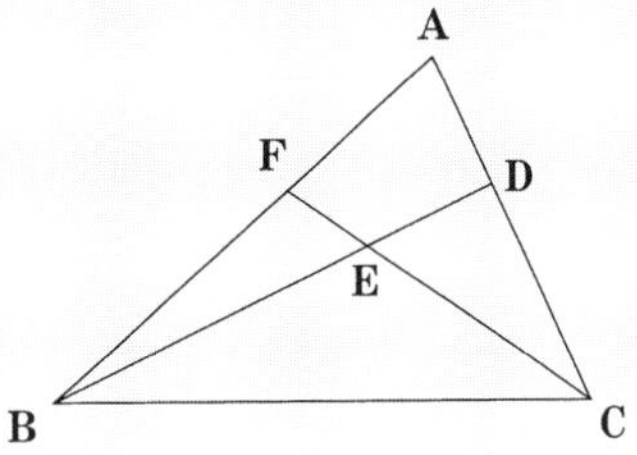

（京都市　改題）

3 右図のような，∠**ABC＝30°**，∠**BCD＝15°**，**BD＝$\sqrt{3}$**である直角三角形**ABC**において，**AC**の長さを求めよ。

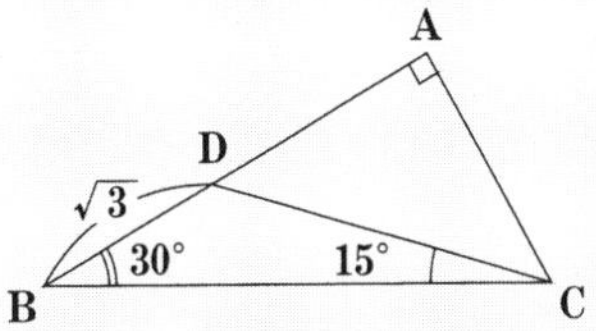

（長野県　改題）

4 右の正方形は，一辺の長さが**4 cm**である。隠れている半円（直径**4 cm**）の斜線部分の面積を求めよ。

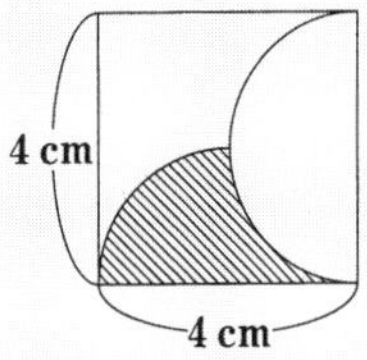

（鹿児島県）

5 右の図のような円すい状の容器に水を**200 cm^3**入れたら水の深さが**10 cm**になった。水面を**5 cm**高くするには，水をあと何**cm^3**入れればよいか求めよ。

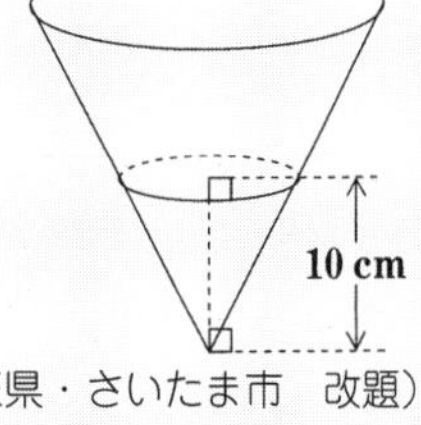

（埼玉県・さいたま市　改題）

5 確率

重要度 A

ここが要点　確率は出題頻度の高い範囲である。出題パターンとしては，さいころを複数使った問題，袋から玉を取り出す問題，トーナメント戦についての問題などである。順列，組合せ等，重要公式はしっかり覚えておこう。

Point Check

1 順列……異なるn個のものからr個取り出して1列に並べたものを，n個からr個とる順列といい，その総数は，

$${}_n\mathrm{P}_r = n(n-1)(n-2)\cdots\cdots(n-r+1)$$

2 組合せ…異なるn個のものからr個取り出して1組にしたものを，n個からr個とる組合せといい，その総数は，

$${}_n\mathrm{C}_r = \frac{{}_n\mathrm{P}_r}{r!} = \frac{n(n-1)(n-2)\cdots(n-r+1)}{r\cdot(r-1)(r-2)\cdots2\cdot1}$$

3 確率……ある試行によって起こりうるすべての場合の数がNで，そのうち事象Aの起こる場合の数がaならば，Aの起こる確率は，

$$P(A) = \frac{a}{N}\quad(0\leqq P(A)\leqq 1)$$

Aの余事象$\overline{A}$（事象Aの起こらない事象）の確率は，

$$P(\overline{A}) = 1 - P(A)$$

1 順列

(1)　0，1，2，3，4，5の数字がかいてある6枚のカードの中から，異なる4枚のカードを用いてできる4桁の整数は全部で何個あるか。また，そのうち偶数は何個あるか。

解き方　千の位は0以外の数字がくるからその選び方は[1]通り

百，十，一の位は残りの5枚のカードから3枚選んで並べればよいので，

$${}_5\mathrm{P}_3 = [\ 2\ ]$$通り，

よって，4桁の整数は[1]×[2]＝[3]通り，

そのうち，偶数は，一の位が0，2，4のときである。

i）一の位が0のとき，

千，百，十の位は残りの5枚のカードから3枚選んで並べればよいので，

$${}_5\mathrm{P}_3 = [\ 2\ ]$$〔個〕

ii）一の位が2，4のとき，

千の位は0がきてはいけないので，[4]通り

百，十の位は残りの4枚のカードから2枚選んで並べればよいので，

$${}_4\mathrm{P}_2 = [\ 5\ ]$$通り。

したがって，[4]×[5]＝[6]〔個〕

i）ii）より，偶数の個数は，[2]＋2×[6]＝[7]〔個〕

(2)　男子2人，女子3人が横一列に並ぶとき，女子どうしが隣り合わない並び方は全部で何通りか。

解き方　右図で男子を●，女子を○に並べればよいから，

それぞれの並び方は，[8]通り，[9]通り。

よって，全部で[8]×[9]＝[10]〔通り〕

○●○●○

2 組合せ

右図のような道路がある。このとき，AからBまでの最短経路は何通りあるか。また，PとQの両方を通る最短経路は何通りあるか。

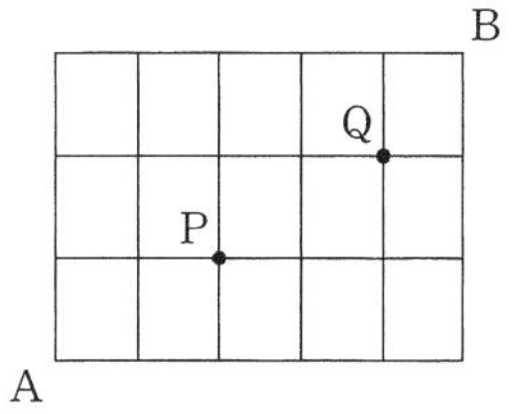

解き方 AからBまでの行き方は，右が5，上が3を一列に並べる順列と同じ。よって，

$$_8C_3=\frac{_8P_3}{3!}\left(=\frac{8!}{5!3!}\right)=\boxed{\ 1\ }\text{〔通り〕}$$

AからPまでの行き方は [2] 通り，PからQまでの行き方は [3] 通り

QからBまでの行き方は [4] 通り

よって，PとQの両方を通る最短経路は，

$\boxed{\ 2\ }\times\boxed{\ 3\ }\times\boxed{\ 4\ }=\boxed{\ 5\ }$〔通り〕

3 確率

(1) 3個のさいころを同時に振ったとき，3個とも出た目が2以下である確率を求めよ。

解き方 1個のさいころについて，出た目の数が2以下である確率は [1] であるから求める確率は，$\boxed{\ 1\ }^3=\boxed{\ 2\ }$

(2) 袋の中に赤球3個，白球5個が入っている。この袋から2個の球を同時に取り出すとき，赤球，白球が1個ずつになる確率を求めよ。

解き方 8個の球から2個取り出す場合の数は，

$_8C_2=\boxed{\ 3\ }$〔通り〕

そのうち，赤球と白球が1個ずつ取り出される場合の数は，

$_3C_1\times{}_5C_1=\boxed{\ 4\ }$〔通り〕

よって，求める確率は [5]

(3) 4枚の硬貨を同時に投げるとき，少なくとも1枚は表が出る確率を求めよ。

解き方 4枚の硬貨の表・裏の出方は全部で，[6] 通り

そのうち，4枚とも裏であるのは [7] 通りだから求める確率は，

$$1-\frac{\boxed{\ 7\ }}{\boxed{\ 6\ }}=\boxed{\ 8\ }$$

過去問に挑戦！

1 [1][2][3]のカードが**1**枚ずつと[4]のカードが**3**枚ある。この**6**枚のカードの中から**3**枚のカードを使って**3**桁の整数をつくりたい。全部で何通りできるか。

（京都市　改題）

2 赤球**6**個と青球**7**個が合わせて**13**個入っている袋の中から同時に**2**個の球を取り出すとき，同じ色の球が出る確率を求めよ。

（徳島県）

3 大小**2**つのさいころを同時に投げるとき，出る目の数の積が**4**の倍数となる確率を求めよ。

（埼玉県・さいたま市　改題）

4 **A**，**B**，**C**，**D**，**E**の**5**人を一列に並べる。**A**，**B**の**2**人が隣り合わせに並ぶ確率を求めよ。

（群馬県　改題）

6 データの分析

重要度B

ここが要点 データの分析は，出題頻度は高くないが，問われる内容は基本的なものが多いので，基礎をしっかりと身につけて得点できるようにしておきたい。

Point Check

1 代表値

① 平均値…すべてのデータの合計を度数の合計で割った値

② 中央値（メジアン）…データの値を大きさの順に並べたときの中央にくる値

③ 最頻値（モード）…データにおいて最も度数の多い値

2 箱ひげ図

データの最小値，第１四分位数$\boldsymbol{Q}_1$，中央値（第２四分位数）$\boldsymbol{Q}_2$，第3四分位数$\boldsymbol{Q}_3$，最大値を箱と線（ひげ）で表した図のこと。

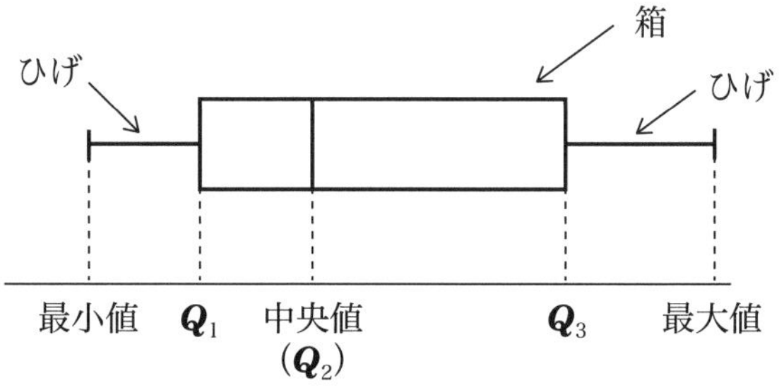

3 分散と標準偏差

① 分散s^2

n個のデータをx_1，x_2，…，x_nとし，その平均値を$\bar{x}$とすると，

$$s^2 = \frac{1}{n}\{(x_1 - \bar{x})^2 + (x_2 - \bar{x})^2 + \cdots + (x_n - \bar{x})^2\}$$

② 標準偏差s

標準偏差＝$\sqrt{\text{分散}}$より，

$$s = \sqrt{\frac{1}{n}\{(x_1 - \bar{x})^2 + (x_2 - \bar{x})^2 + \cdots + (x_n - \bar{x})^2\}}$$

4 相関係数

相関係数は－１～１の間の値で表され，相関係数が1に近いほど正の相関が強く，－1に近いほど負の相関が強い。相関がないときは，0に近い値をとる。

1 データの代表値

次のデータはある野球チームの16試合について，試合ごとの得点をまとめたものである。

5　3　10　3　8　5　3　3　0　7　4　2　5　1　4　1

この資料について，平均値，中央値，最頻値を求めよ。

解き方　16個のデータを度数分布表で整理する。

得点(点)	0	1	2	3	4	5	6	7	8	9	10	計
試合数	1	2	1	[1]	[2]	[3]	0	1	1	0	1	[4]

平均値は，「(得点)×(試合数)」の総和を試合数の合計で割った値なので，

(0×1＋1×2＋2×1＋3×[1]＋4×[2]＋5×[3]
＋6×0＋7×1＋8×1＋9×0＋10×1)÷[4]

＝[5]÷[4]

＝[6]〔点〕

中央値は，データを小さい順に並べたときの[7]番目の値と[8]番目の値の平均値なので，

$$\frac{[\ 9\ ]+[\ 10\ ]}{2}=[\ 11\ ]$$〔点〕

最頻値は，試合数の最も多い得点なので，[12]点である

ポイント・アドバイス
データの大きさが偶数のときの中央値は，中央にくる2つの値の平均値となる。

2 データの散らばりと箱ひげ図

次のデータは15人の生徒の1週間に読んだ本の冊数をまとめたものである。

7　0　2　6　1　5　3　7　2　4　6　4　3　3　4

このデータの箱ひげ図をかけ。

解き方　箱ひげ図をかくのに必要な

最小値，最大値，四分位数

を求めていく。

最小値は[1]，最大値は[2]である。

第2四分位数(中央値)は，データを小さい順に並べたときの[3]番目の値となるから，[4]点である。

第1四分位数は，下位7個のデータの中央値になるから，[5]番目の値の[6]となる。

第3四分位数は，上位7個のデータの中央値になるから，[7]番目の値の[8]となる。

よって，箱ひげ図は，

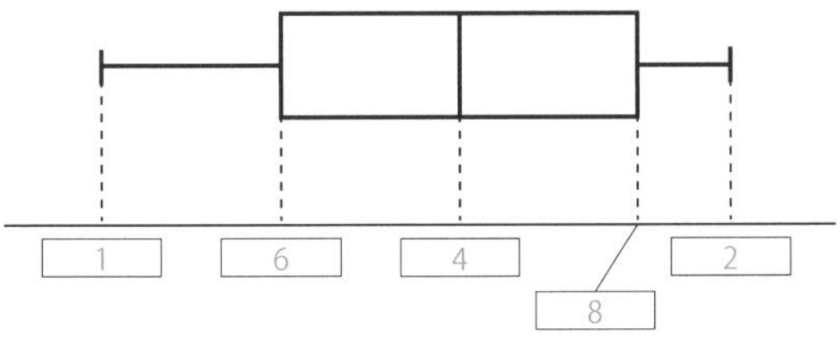

ポイント・アドバイス
四分位数とは，データを小さい順に並べたとき4等分する位置にくる値である。

3 分散と標準偏差

次の5つのデータの分散と標準偏差を求めよ。

10　17　11　9　13

解き方　5つのデータの平均値$\bar{x}$は，

$$\bar{x}=\frac{1}{[\ 1\ ]}(10+17+11+9+13)$$

＝[2]

分散s^2は,

$$s^2=\frac{1}{\boxed{\ 1\ }}\{(10-\boxed{\ 2\ })^2+(17-\boxed{\ 2\ })^2$$
$$+(11-\boxed{\ 2\ })^2+(9-\boxed{\ 2\ })^2+(13-\boxed{\ 2\ })^2\}$$
$$=\boxed{\ 3\ }$$

標準偏差sは,

$$s=\sqrt{\boxed{\ 3\ }}=\boxed{\ 4\ }$$

4 散布図と相関係数

次のデータはA～Jの10人の生徒の数学と英語の小テストの結果である。次の各問いに答えよ。

生徒	A	B	C	D	E	F	G	H	I	J
数学（点）	10	7	2	2	3	1	5	3	6	8
英語（点）	8	6	2	4	3	3	7	6	7	9

(1) このデータの相関関係に当てはまるものを次の①～③から選べ。

① 正の相関がある　② 負の相関がある　③ 相関がない

(2) このデータの相関係数の値について最も近いものを①～⑤から選べ。

① −0.9　② −0.3　③ 0　④ 0.3　⑤ 0.9

解き方　このデータについて，数学の点数を横軸に，英語の点数を縦軸にとり散布図をかくと次図になる。

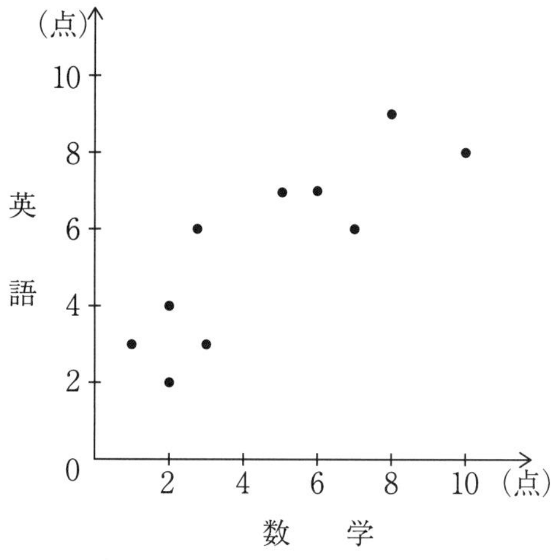

(1) 散布図の点は，$\boxed{\ 1\ }$上がりの直線に群がるように分布しているので，$\boxed{\ 2\ }$の相関がある。

よって，答は$\boxed{\ 3\ }$である。

(2) 強い$\boxed{\ 2\ }$相関があるので，相関係数は$\boxed{\ 2\ }$の値で，1に$\boxed{\ 4\ }$値となる。

よって，答は$\boxed{\ 5\ }$である。

7 数列

重要度 B

ここが要点 あまり多く見られる範囲ではないが，タイルや碁石などを用いた問題が近年出題傾向にある。苦手とする人は多いだろうが，基本的な公式を覚えると同時に，その問題の規則性を見つけ，数列を使うと早く解けることに気づくよう日頃から取り組んでもらいたい。

Point Check

1 自然数の列

① 1からnまでの自然数の和　$1+2+\cdots+n=\dfrac{1}{2}n(n+1)$

② 1から$2n-1$までの奇数の和　$1+3+5+\cdots+(2n-1)=n^2$

2 数列

① 初項a，公差dの等差数列の第n項は，$a+(n-1)d$

② 初項aから第n項までの等差数列の和は，

$\dfrac{n}{2}\{2a+(n-1)d\}$ または，$\dfrac{n}{2}(a+l)$　（lは末項）

1 自然数の列

図のように正方形のタイルを積み重ねていく。A_{10}のとき必要なタイルの個数を求めよ。

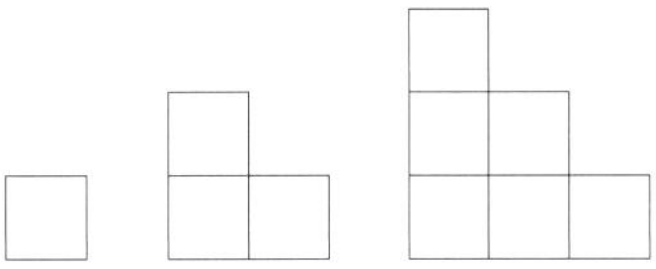

A_1　　A_2　　A_3　　……

A_1のタイル数　1
A_2のタイル数　$1+2$
A_3のタイル数　$1+2+3$

よって，A_{10}のタイル数は，　$1+2+3+\cdots+10=\dfrac{1}{2}\cdot\boxed{1}\cdot\boxed{2}$

$=\boxed{3}$

2 数列

(1) 2，6，10，14，…　の等差数列の第20項を求めよ。

解き方　初項2，公差$\boxed{1}$の等差数列だから，一般項a_nは，

$a_n=2+\boxed{1}(n-1)=\boxed{1}n-\boxed{2}$

これに$n=20$を代入して，$a_{20}=\boxed{3}$

(2) 第2項が8，第5項が23となる等差数列がある。この数列の初項から第10項までの和を求めよ。

解き方　この数列の初項をa，公差をdとすると，

第2項が8であるから，$a+\boxed{4}d=8$

第5項が23であるから，$a+\boxed{5}d=23$

これらを連立させて解くと，$a=\boxed{6}$，$d=\boxed{7}$

よって，第10項までの和は，

$\dfrac{10}{2}\{2\times\boxed{6}+(10-1)\boxed{7}\}=\boxed{8}$

過去問に挑戦！

1　次の図のように○を積み上げていくとする。各問いに答えよ。

1段　2段　3段

(1)　**7**段の○の数の和はいくつになるか。

(2)　n段の○の数の和を文字を使って答えよ。

（鳥取県　改題）

2　一辺**1 cm**の正方形を次のように組み合わせた。次の各問いに答えよ。

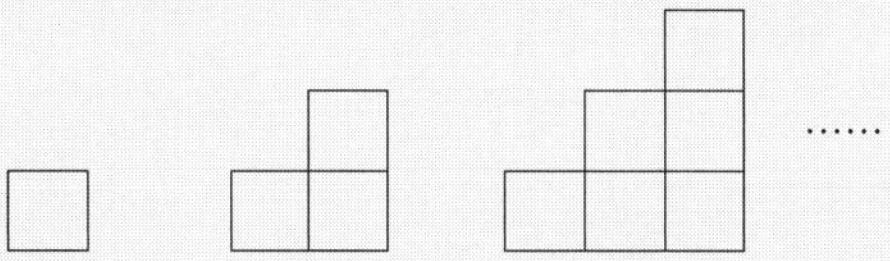

1段　2段　3段

(1)　**5**段並べたときの周囲の長さは何**cm**か。

(2)　n段並べたときの周囲の長さは何**cm**か。

(3)　n段並べたときの面積は$\dfrac{n(n+1)}{2}$で表される。どのような考え方か，図を書いて説明せよ。

（愛媛県　改題）

3　次の図のように，はじめに白の碁石を**1**個おき，次に黒の碁石を**L**字形に**3**個並べていく。このように，白と黒の碁石を交互に並べていき，縦，横それぞれ**20**個並べたとき，並べたすべての碁石の数について正しくのべているものはどれか。

①　白が黒より**10**個多い。
②　黒が白より**10**個多い。
③　白が黒より**20**個多い。
④　黒が白より**20**個多い。
⑤　白が黒より**30**個多い。

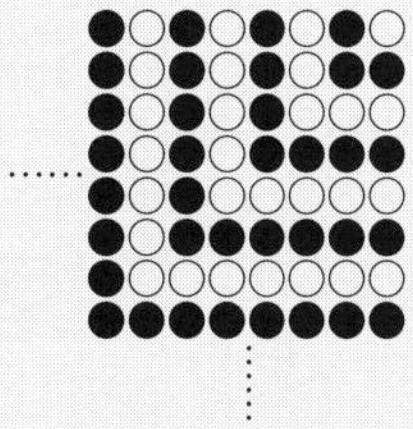

（千葉県・千葉市）

2 物理

●解答解説P264〜P265

1 力の働き

重要度**B**

ここが要点　力のつり合い，バネの伸び，圧力と浮力については中学レベルの問題が多数を占める。基本的事項を確認し，類題をこなして解法を身につけていこう。

1 力のつり合い

Point Check

1 いろいろな力

[1]…地球上にある物体が地球に向かって引かれる力。質量m〔kg〕の物体に働く重力の大きさは，$\boldsymbol{mg}$〔N〕(g = 9.8m/s^{2}で重力加速度)と表す。またはm〔kg重(kgw)〕と表し，1kgw = 9.8Nの関係がある。

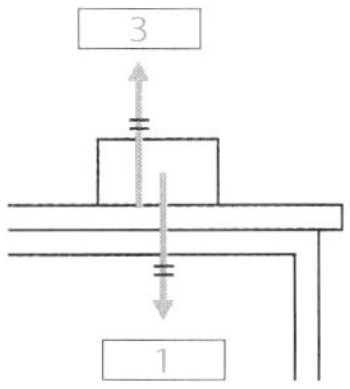

[2]…面が物体に及ぼす力。特に，接触している面が物体に垂直に及ぼす力を[3]という。

[4]…ピンと張った糸が物体を引く力。

[5]…力が加わって変形した物体(ばねやゴムなど)が，もとの状態にもどろうとして他の物体に及ぼす力。

[6]…物体と物体の接触面で働き，互いの運動を妨げる力。

2 てこのつり合いの条件

てこが水平につり合っているときは，

「右あるいは左にかたむける力(おもりの質量)」×**「支点からの距離」**

が支点を中心にして等しくなっている。

問題1 〈力の分解とつり合い〉

重さ200Nの物体を右の図のような斜面上に置いたとき，物体はその場で静止した。ただし，$\sqrt{2} = 1.41$とする。

(1) 物体が面から受ける垂直抗力の大きさを求めよ。

(2) 物体が面から受ける摩擦力の大きさを求めよ。

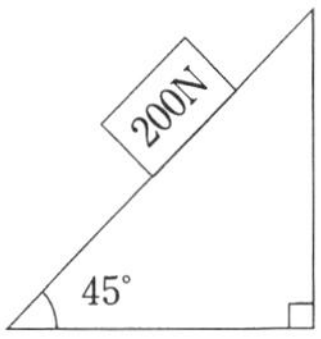

解き方 (1) 物体にかかる重力を，斜面に平行な方向と斜面に垂直な方向の力に分解する。分解する際，重力を対角線とする平行四辺形(この場合は長方形)をつくる。

物体が面から受ける垂直抗力は，物体が面を押す力とつり合っている。よって，重力の斜面に垂直な方向の力を求めればよい。

重力の斜面に垂直な方向の力の大きさをx〔N〕とすると，三角形の辺の比より，

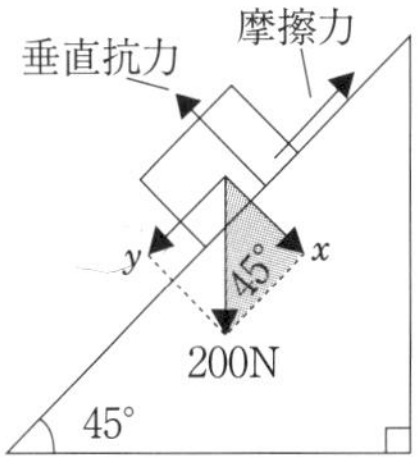

ポイント・アドバイス

直角二等辺三角形の辺の比は以下の図の通り。

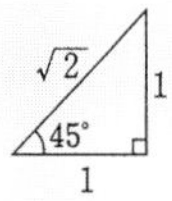

[7] ： [8] ＝ 200：x

x ＝ [9]〔N〕

(2) 物体は静止しているので，面から受ける摩擦力は重力の斜面に平行な力とつり合っている。

よって，重力の斜面に平行な力をyとして，(1)と同様に考えると，

[10] ： [11] ＝ 200：y

y ＝ [12]〔N〕

問題2 〈てこのつり合いの条件〉

右の図のように，つり合っているてこがある。おもりAは何gか。ただし，棒及びひもの重さは考えないものとする。

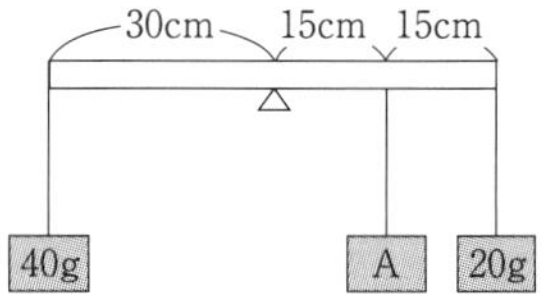

解き方 支点△を中心にして，左右の（おもりの質量）×（支点からの距離）が等しくなっていることから，つり合いの式をつくる。

おもりAをx〔g〕とすると，

40 × [13] ＝ 20 × [14] ＋ x × [15]

x ＝ [16]〔g〕

2 バネの伸びと滑車

Point Check

1 バネの伸び（弾性力）

① バネの伸び…つり下げたおもりの重さ（加えた力）に比例（フックの法則）

② バネのつなぎ方と伸びの関係

・**直列**…どのバネにも同じ大きさの力が加わる。
バネ全体の伸びは，バネの本数に比例する。

・**並列…バネ1本の伸びは，バネの本数に反比例する。**

2 滑車

① 定滑車

F（ひもを引く力）＝ W（物体の重さ）

・ひもを引く力は物体の重さと同じ。
・ひもを引く距離は物体を持ち上げる距離と同じ。

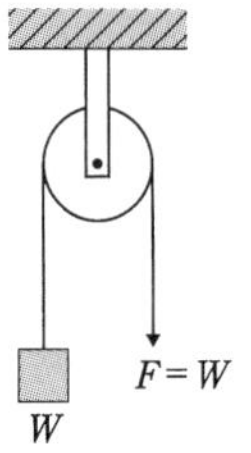

② 動滑車（重さが無視できるほど軽い場合）

$$F = \frac{W}{2}$$

・ひもを引く**力は物体の重さの$\frac{1}{2}$倍。**
・ひもを引く**距離は物体を持ち上げる距離の2倍。**

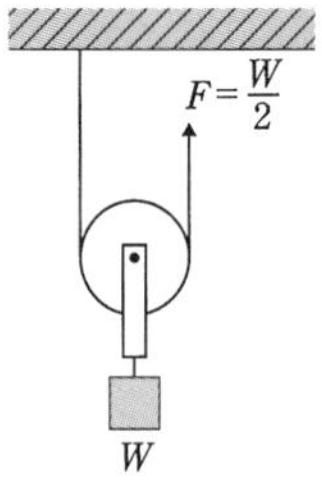

※①，②のいずれにおいても次のことが成り立つ。

（物体の重さ）×（持ち上げる距離）＝（ひもを引く力）×（ひもを引く距離）

問題3 〈バネのつなぎ方と伸びの関係〉

20gのおもりをつるすと5cm伸びるバネがある。このバネを図1，図2のようにつなぎ80gのおもりをつるしたとき，それぞれ全体のバネの伸びは何cmになるか。

<図1>

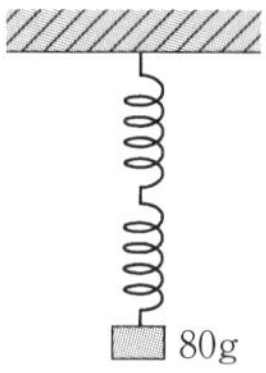

<図2>

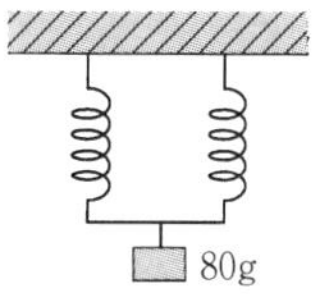

解き方 〈図1〉 直列つなぎなので，上下のバネはそれぞれ80gのおもりをつるした状態である。

1本のバネについて，

$$5〔\text{cm}〕\times \frac{\boxed{\ 1\ }}{20} = \boxed{\ 2\ }〔\text{cm}〕$$

伸びるので，全体では，

$$\boxed{\ 2\ } \times 2 = \boxed{\ 3\ }〔\text{cm}〕$$

〈図2〉 並列つなぎなので，左右のバネはそれぞれ40gのおもりをつるした状態である。

1本のバネについて，

$$5〔\text{cm}〕\times \frac{\boxed{\ 4\ }}{20} = \boxed{\ 5\ }〔\text{cm}〕$$

全体の伸びも $\boxed{\ 5\ }$〔cm〕である。

問題4 〈組合せ滑車〉

右の図のように，2つの動滑車を使って1.4Nのおもりを引き上げた。ひもを引いて，おもりを引き上げるのに必要な力は何Nか。

また，ひもを0.80m引くとおもりは何m上がるか。ただし，滑車とひもの重さや摩擦は考えないものとする。

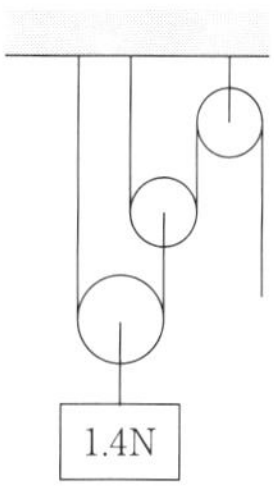

解き方 動滑車1個につき，必要な力は$\frac{1}{2}$となり，2個あれば$\boxed{\ 6\ }$となるので，

$$1.4〔\text{N}〕\times \boxed{\ 6\ } = \boxed{\ 7\ }〔\text{N}〕$$

おもりの重さ×おもりの移動距離＝ひもを引く力×ひもを引く距離となるので，おもりの移動距離をx〔m〕とすると，

$$1.4 \times x = \boxed{\ 7\ } \times 0.80$$

$$\therefore x = \boxed{\ 8\ }〔\text{m}〕$$

ポイント・アドバイス

「おもりの重さ×おもりの移動距離＝ひもを引く力×ひもを引く距離」の式は③エネルギーで学ぶ仕事の原理から導いている。

3 圧力と浮力

Point Check

1 圧力

$$\text{圧力}〔N/m^2〕 = \frac{\text{力の大きさ}〔N〕}{\text{面積}〔m^2〕} \qquad 1N/m^2 = 1Pa$$

2 水圧

水圧の大きさは，水面からの深さに比例する。

3 浮力

① **アルキメデスの原理**…浮力は物体が押しのけた液体の重さに等しい。

② 物体が浮いているときの力のつり合い

物体に働く浮力と重力がつり合っているとき，物体は浮く。

問題5 〈圧力〉

縦0.3m，横0.4m，高さ0.5mで重さが3600Nの直方体がある。最も圧力が大きくなるように置いたとき，この物体が床に加える圧力はいくらか。

解き方 圧力は面積と[1]の関係なので，床と接する面積が[2]ほど，圧力は大きくなる。よって，最も面積が[2]面の面積は，[3]m^2

なので，圧力 $= \dfrac{[\ 4\ ]}{[\ 3\ ]} =$ [5]〔N/m^2〕

問題6 〈浮力〉

質量80.0g，底面積10.0cm^2，高さ12.0cmの直方体の木片があり，この木片を水の入っている容器に浮かべた。ただし，重力加速度を9.8m/s^2とする。

(1) この木片に働く浮力の大きさを求めよ。

(2) この木片の水に沈んでいる部分の体積を求めよ。

(3) 水面より上の木片の高さを求めよ。

解き方 (1) 木片は浮かんでいることから，浮力と木片に働く[6]はつり合っている。木片の質量は0.0800kgより，重さは $mg =$ [7]〔N〕である。よって，浮力は[7]〔N〕

(2) 木片の水に沈んでいる部分の体積をx〔cm^3〕とすると，水の密度は1g/cm^3であるから，木片に押しのけられた水の質量は，$\dfrac{1 \times x}{1000}$〔kg〕である。アルキメデスの原理より，

$$[\ 7\ ] = \frac{1 \times x}{1000} \times 9.8 \qquad x = [\ 8\ ]〔cm^3〕$$

(3) 水に沈んでいる部分の高さをh〔cm〕とすると，

$10.0 \times h =$ [8]　　$h =$ [9]〔cm〕

木片の高さは12.0cmなので，水面より上部の高さは，

$12.0 -$ [9] $=$ [10]〔cm〕

2 力と運動

重要度B

ここが要点　等加速度直線運動，自由落下，鉛直投げ上げ投射については公式を覚え，使えるようにしておくこと。グラフに関する出題もあるので，速さ，時間，距離の関係を確認しておこう。

1 直線運動

Point Check

1 速さと速度

① 速さ…速さ$v = \dfrac{距離x}{時間t}$

② 速度…速さと向きを合わせもつ量。直線運動では，正負（＋と－）の符号を使って速度の向きを表す。

2 加速度…単位時間（1秒間）当たりの速度変化の割合

直線上を走っている物体の速度が，時刻t_1〔秒〕においてv_1〔m/s〕，時刻t_2〔秒〕においてv_2〔m/s〕であるとき，加速度a〔m/s^2〕は，

$$a = \frac{v_2 - v_1}{t_2 - t_1}$$

3 等加速度直線運動

初速度v_0〔m/s〕，加速度a〔m/s^2〕で等加速度直線運動をはじめた物体の時刻t〔秒〕における速度v〔m/s〕と移動距離x〔m〕は，

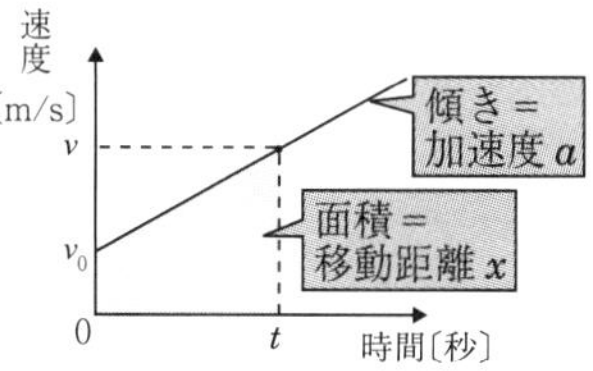

$$v = v_0 + at$$

$$x = v_0 t + \frac{1}{2}at^2$$

$$v^2 - v_0{}^2 = 2ax$$

問題1 〈運動のグラフ〉

右の図はエレベーターが1階から屋上まで上昇したときの速度vと時間tの関係を示したものである。

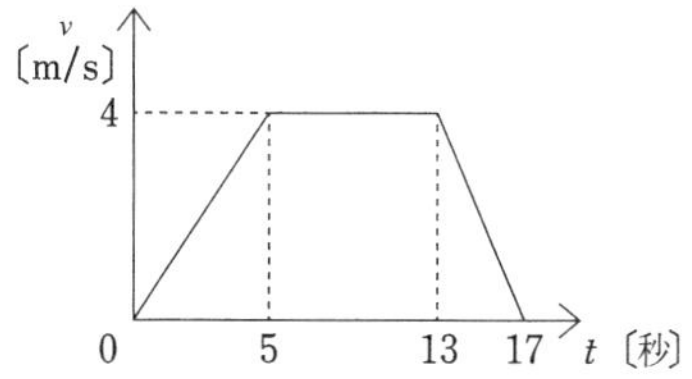

(1) このエレベーターの0～5秒，5～13秒，13～17秒の間の加速度は，それぞれいくらか。

(2) 1階から屋上まで，エレベーターが上昇した距離は何mか。

解き方 (1) $v-t$グラフの場合，グラフの傾きは[1]を表す。よって，

0 ～5秒：$a_1 = \dfrac{[\ 3\ ]}{[\ 2\ ]} = [\ 4\ ]$〔m/s^2〕

5 ～13秒：$a_2 = 0$〔m/s^2〕

13～17秒：$a_3 = -\dfrac{[\ 7\ ]}{[\ 5\ ] - [\ 6\ ]} = -[\ 8\ ]$〔m/s^2〕

(2) グラフと時間軸で囲まれた[9]が，上昇した距離となるので，

$\dfrac{1}{2} \times \{(13-5) + 17\} \times 4 = 50$〔m〕

問題2 〈等加速度直線運動〉

10m/sで直進していた自動車が，一定の加速度で5秒間加速し，速さが20m/sになった。このときの加速度と5秒間に進んだ距離を求めよ。

解き方 初速度v_0 = [10]，時間t = [11]後の速度v = [12]がわかっている。このとき，加速度aを求めるためには，等加速度直線運動の3式のうち[13]を使えばよいので，それぞれの値を代入して計算すると，
a = [14]〔m/s^2〕

次に，5秒間に進んだ距離xは$x = v_0t + \frac{1}{2}at^2$にそれぞれの値を代入して計算すると，$x$ = [15]〔m〕

2 物体の落下運動

Point Check

v〔m/s〕：物体が落下し始めてからt〔秒〕後の速度
v_0〔m/s〕：初速度　　y〔m〕：落下した距離
g：重力加速度 = 9.8〔m/s^2〕

自由落下	鉛直投げ上げ投射	水平投射
$v = gt$ $y = \frac{1}{2}gt^2$ $v^2 = 2gy$	$v = v_0 - gt$ $y = v_0t - \frac{1}{2}gt^2$ $v^2 - v_0^2 = -2gy$	水平方向…等速直線運動 $\begin{cases} v_x = v_0 \\ x = v_0t \end{cases}$ 鉛直方向…自由落下運動 $\begin{cases} v_y = gt \\ y = \frac{1}{2}gt^2 \end{cases}$

問題3 〈鉛直投げ上げ投射〉

真上に向けて，9.8m/sの速さでボールを投げた。重力加速度を9.8m/s^{2}としたとき，次の各問いに答えよ。
(1) ボールは何秒後に最高点に達するか。
(2) 最高点の高さは投げた位置から何mか。

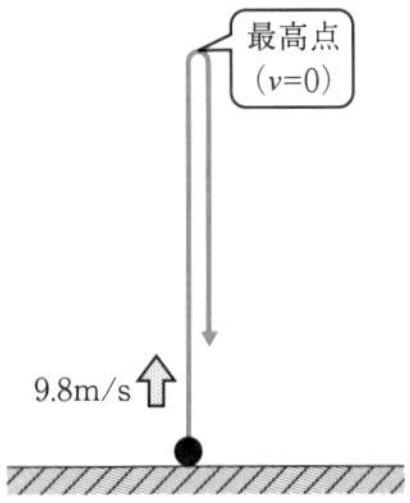

解き方 (1) 初速度v_0 = [1]，重力加速度g = 9.8であり，ボールが最高点に達したときの速度は，v = [2]と考えればよいので，鉛直上方投射の3式のうち[3]に，それぞれの値を代入し，計算すると，
t = [4]〔秒〕

(2) $y = v_0t - \frac{1}{2}gt^2$（または$v^2 - v_0^2 = -2gy$）にそれぞれの値を代入し，計算すると，$y$ = [5]〔m〕

問題4 〈水平投射〉

地面から高さ44.1mの地点でボールを水平に初速度20m/sで投げ出した。重力加速度を$9.8\mathrm{m/s^2}$としたとき，次の各問いに答えよ。

(1)　ボールが地面に落下するのにかかる時間は何秒か。

(2)　ボールは水平方向に何m進んだか。

解き方　(1)　鉛直方向には[6]運動をしている。求める時間をtとすると，落下距離y = [7]，重力加速度g = 9.8であるから，

$y = \dfrac{1}{2}gt^2$に値を代入して，計算すると，

t = [8]〔秒〕

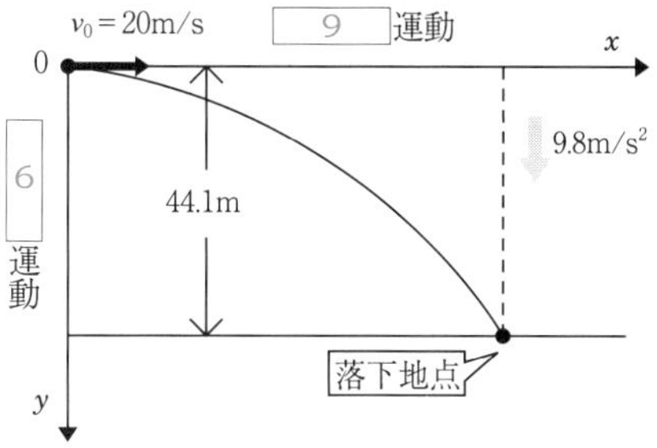

(2)　水平方向には[9]運動をするので，

x = [10]〔m〕

3 運動の3法則

Point Check

1 [1]の法則（第1法則）

物体に外部から力が働かないとき，または，いくつかの力が働いてもそれらの力がつり合っているとき，静止している物体は静止を続け，運動している物体は等速直線運動をし続ける。

2 [2]の法則（第2法則）

物体に力F〔N〕が作用して動くとき，力の向きに加速度a〔$\mathrm{m/s^2}$〕が生じ，加速度の大きさは，力の大きさF〔N〕に比例し，質量m〔kg〕に反比例する。

$ma = F$（運動方程式）

3 [3]の法則（第3法則）

物体Aから物体Bに力を働かせると，物体Bから物体Aに，同じ作用線上で，大きさが等しく，向きが反対の力が働く。

問題5 〈運動方程式〉

次の各問いに答えよ。

(1)　質量3.0kgの物体に$8.0\mathrm{m/s^2}$の加速度を生じさせる力は何Nか。

(2)　質量2.0kgの物体に10Nの力を加えたとき，物体に生じる加速度の大きさは何$\mathrm{m/s^2}$か。

解き方　(1)　運動方程式$ma = F$にm = [4]，a = [5]を代入し，計算すると，F = [6]

(2)　運動方程式$ma = F$にm = [7]，F = [8]を代入し，計算すると，a = [9]

過去問に挑戦！

1 右の図のように，手で押さえて静止している台車が，手を離すと同時に斜面に沿って落下するとき，手を離してからの時間と台車の速さとの関係を表しているグラフはどれか。正しいものを次の①～⑤から1つ選べ。
ただし，摩擦は考えないものとする。

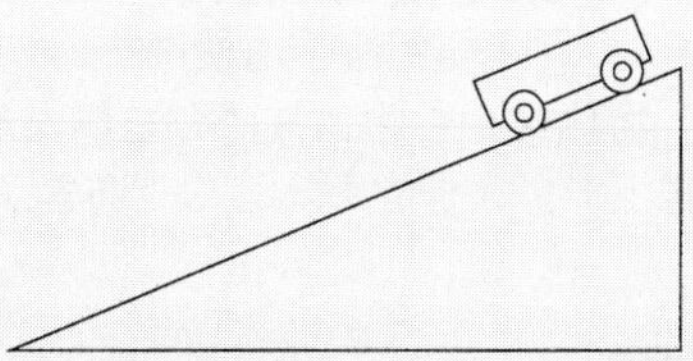

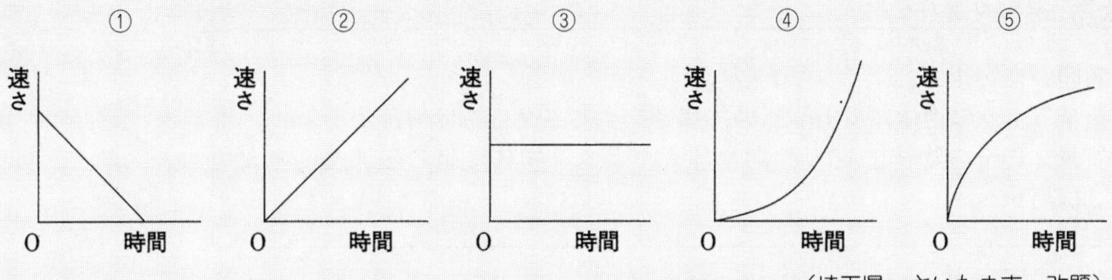

（埼玉県・さいたま市　改題）

2 同じ物体を，同じ高さから水平方向に投げる。**20 m/s**で投げ出したとき地面に到達するまでの時間は，**10 m/s**で投げ出したときにかかる時間の何倍か。

① $\frac{1}{2}$倍　② $\frac{\sqrt{2}}{2}$倍　③ 1倍　④ $\sqrt{2}$倍　⑤ 2倍

（岡山県　改題）

3 エネルギー

重要度 C

ここが要点 力学的エネルギー保存の法則は振り子の問題と関連付けて覚えておくとよい。仕事や仕事率そのものについては，出題数は少ないが公式を覚えておけば解けるので，ここで確認しておこう。

1 仕事と仕事率

Point Check

1 仕事

物体に力Fが作用して，力の向きに距離sだけ移動したとき，力Fのした仕事Wは，

$$W = Fs$$

単位は〔J〕(ジュール)または〔kg重m〕を用いる。

$\begin{cases} 1\mathrm{J} = 1\mathrm{N} \cdot \mathrm{m} \text{(1Nの力で，物体を力の向きに1m動かしたときの仕事の量)} \\ 1\mathrm{kg重m} \fallingdotseq 9.8\mathrm{J} \end{cases}$

2 重力に関係する仕事

質量m〔kg〕の物体が鉛直方向にh〔m〕落下するとき重力のする仕事W，または質量m〔kg〕の物体を鉛直方向にh〔m〕持ち上げるとき重力に逆らってする仕事Wは，

$$W = mgh\text{〔J〕}$$

$$W = mh\text{〔kg重m〕}$$

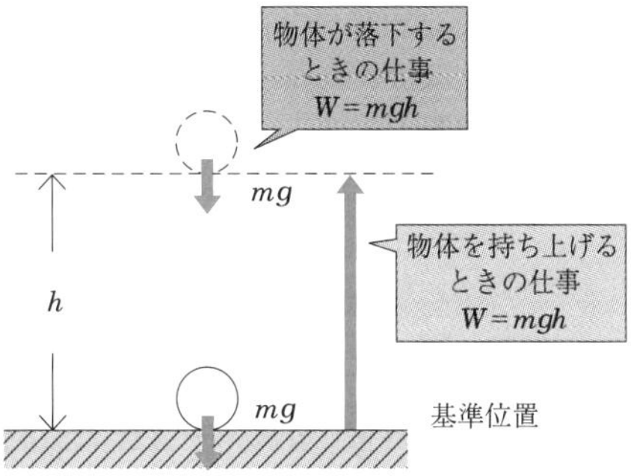

3 仕事の原理

てこや滑車，斜面などの道具を使うと，動かす力は小さくなるが，物体を動かす距離は長くなるため，道具の質量や摩擦を無視できるときは，道具を使う場合と使わない場合の仕事の量は等しくなる。

4 仕事率

時間t〔秒〕の間に仕事W〔J〕を行うときの仕事率P〔W〕は，

$$P = \frac{W}{t}$$

単位は〔W〕(ワット)または〔kg重m/s〕を用いる。

$\begin{cases} 1\mathrm{W} = 1\mathrm{J/s} \text{(1秒間に1Jの仕事をするときの仕事率)} \\ 1\mathrm{kg重m/s} \fallingdotseq 9.8\mathrm{W} \end{cases}$

問題1 〈仕事と仕事率〉

質量10kgの物体を重力に逆らって，図のようになめらかな斜面に沿って高さが2mになるまで持ち上げた。重力加速度を$9.8\mathrm{m/s^2}$としたとき，次の各問いに答えよ。

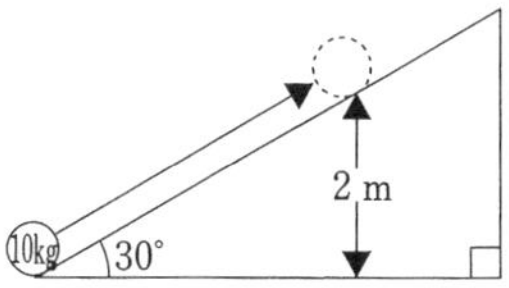

(1) この物体が外力からされた仕事は何Jか。

(2) 40秒かけて持ち上げたときの仕事率はいくらか。

解き方 (1) 重力に逆らってされた仕事は，［ 1 ］により斜面を使っても，直接持ち上げるのと変わらないので，$W = mgh =$［ 2 ］〔J〕

(2) 仕事率は$P = \dfrac{W}{t} =$［ 3 ］〔W〕

2 力学的エネルギー

Point Check

1 エネルギー

① 運動エネルギー…運動する物体がもっているエネルギー

質量m〔kg〕の物体が速さv〔m/s〕で運動しているとき，その物体のもつ運動エネルギーK〔J〕は，物体の速さの2乗に比例し，物体の質量に比例する。

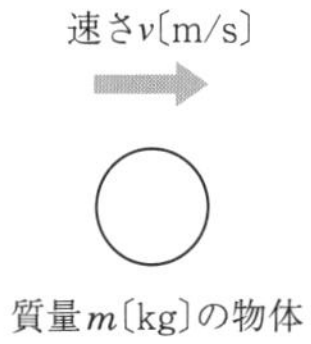

$$K=\frac{1}{2}mv^2$$

② 重力による位置エネルギー…高い位置にある物体のもつエネルギー

質量m〔kg〕の物体が基準水平面からh〔m〕の高さにあるとき，その物体のもつ重力による位置エネルギーU〔J〕は，物体の質量と高さの積で表される。

$$U=mgh$$

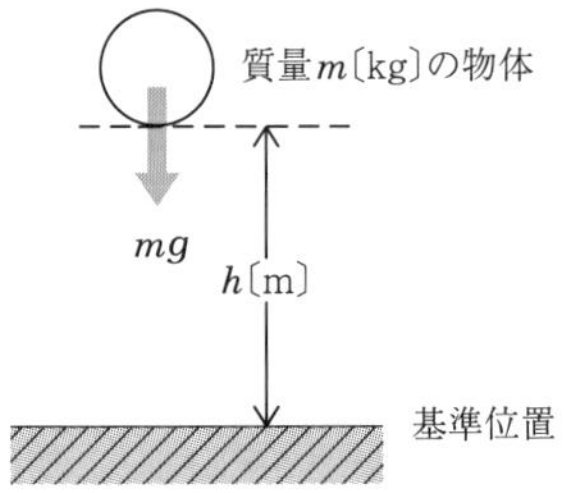

2 力学的エネルギー保存の法則

物体に保存力（重力・弾性力）のみが作用する場合，運動エネルギーと位置エネルギーの和（**力学的エネルギー**）は一定になる。

問題2 〈力学的エネルギー保存の法則〉

質量10kgの物体を地面から10mの高さより静かに手をはなした。重力加速度を9.8m/s^2としたとき，次の各問いに答えよ。

(1) 手をはなした瞬間の物体の位置エネルギーを求めよ。ただし，地面を基準面とする。

(2) 地面に到達したときの物体の速さを求めよ。

解き方 (1) 重力による位置エネルギーは$U=mgh=$ [1]〔J〕

(2) 力学的エネルギー保存の法則より，(1)で求めた位置エネルギーが地面に到達するときにはすべて [2] エネルギーに変化している。

よって，$K=\frac{1}{2}mv^2=$ [1] より，$v=$ [3]〔m/s〕

問題3 〈振り子の運動とエネルギー〉

右の図のようにA～Dを振れている振り子がある。

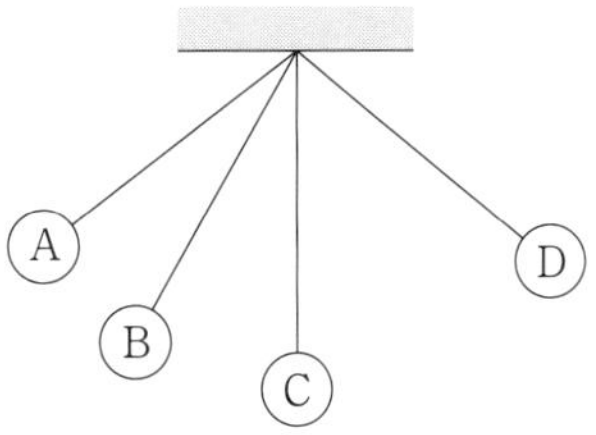

(1) CからBを通ってAまで動く過程で，増加したエネルギーと減少したエネルギーは何か。

(2) おもりの速さが最も速いのはA～Dのうちどれか。

(3) 振り子の周期は，何によって変化するか。

解き方 (1) 位置エネルギーは高いところにあるほど [4] い。振り子にはたらく糸の張力は仕事をしないので，力学的エネルギーは保存される。よって，位置エネルギーが [4] くなるほど，運動エネルギーは[5]くなる。したがって，増加したエネルギーは[6]エネルギー，減少したエネルギーは[7]エネルギーである。

(2)　運動エネルギーが最大のところでおもりは最も速くなるので，答えは[8]である。

(3)　振り子の周期は[9]で決まり，おもりの質量や振幅を変えても周期は変化しない。

3 熱

Point Check

1 熱量と比熱

①　熱量

物体を加熱すると，熱運動のエネルギーが増加し，物体の温度が上がるが，このとき物体が得たエネルギーの量。単位には〔J〕(ジュール)を用いる。

②　比熱

物質1gの温度を1K(1℃)上げるのに必要な熱量。単位は〔J/(g・K)〕

例　水の比熱：4.2 J/(g・K)　　鉄の比熱：0.4 J/(g・K)

2 熱量の計算

熱量 Q〔J〕＝比熱〔J/(g・K)〕×物質の質量〔g〕×温度変化〔K〕

問題4 〈熱量の計算〉

18℃の水80gの中に，70℃の鉄200gを入れた。しばらくしたとき，水温は何℃になっているか。水の比熱は4.2J/(g・K)，鉄の比熱は0.4J/(g・K)，熱は他に逃げないものとする。

解き方　[1]の放出する熱量＝[2]の吸収する熱量が成立するので，

熱量 Q〔J〕＝比熱〔J/(g・K)〕×物質の質量〔g〕×温度変化〔K〕

より，求める温度を t〔℃〕とすると，

[1]の放出する熱量＝0.4×200×([3])

[2]の吸収する熱量＝4.2×80×([4])

よって，t＝[5]〔℃〕

4 光と音

重要度B

ここが要点　「光と音」は日常的に見聞きする事柄が多いため，理解しやすい分野である。凸レンズによってできる像は作図できるようにしておこう。光，音の性質については基本事項を確認しておくこと。

1 光

Point Check

1 光の性質

① 光の［1］…入射角＝［1］角

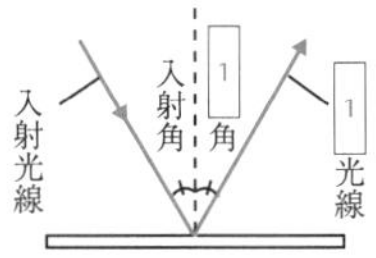

② 光の［2］…光が空気中から水やガラス中に進むとき，
［2］角＜入射角
光が水やガラス中から空気中に進むとき，
［2］角＞入射角

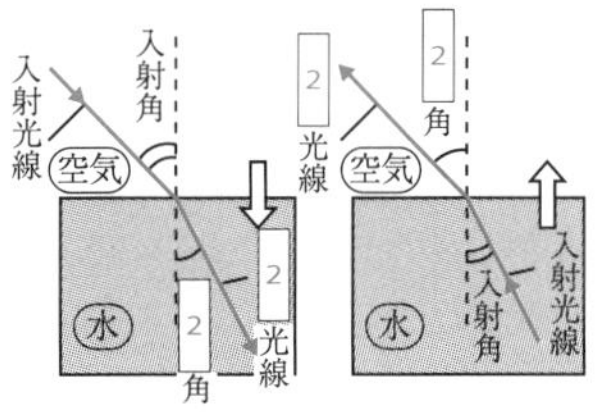

③ 全反射…光が水中やガラス中から空気中に進むとき，入射角がある角度以上になると，境界面ですべて反射される現象。

④ 光の［3］…光が障害物の背後に回りこむ現象。

⑤ 光の［4］…白色光をプリズムに通すと，波長によって屈折率が異なるため，光が分散する。可視光は，波長の長い方から，赤，橙，黄，緑，青，藍，紫となり，波長の長いものほど屈折率が小さい。

⑥ 光の［5］…光が空気中の気体分子や微粒子に当たり，四方に散っていく現象。空が青く見えたり，朝焼けや夕焼けが赤く見えたりするのはこのためである。

2 凸レンズによってできる像

① 物体を焦点距離の2倍より遠い位置に置く⇒実物より小さい倒立の実像

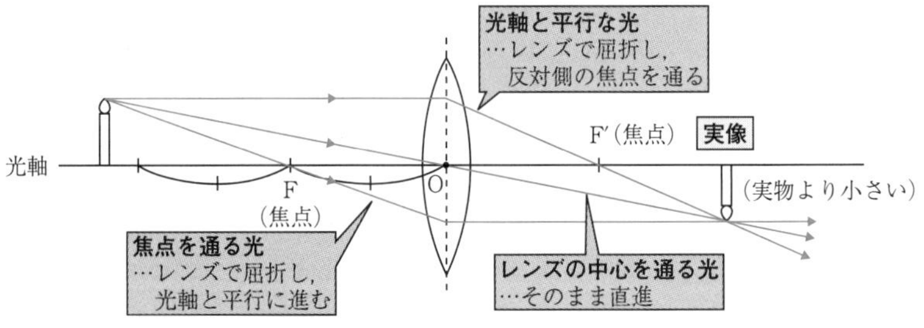

② 物体を焦点距離の2倍の位置に置く⇒実物と同じ大きさの倒立の実像
③ 物体を焦点距離の2倍と焦点の間に置く⇒実物より大きい倒立の実像
④ 物体を焦点の内側に置く⇒レンズを通して見ると，実物より大きな正立の虚像

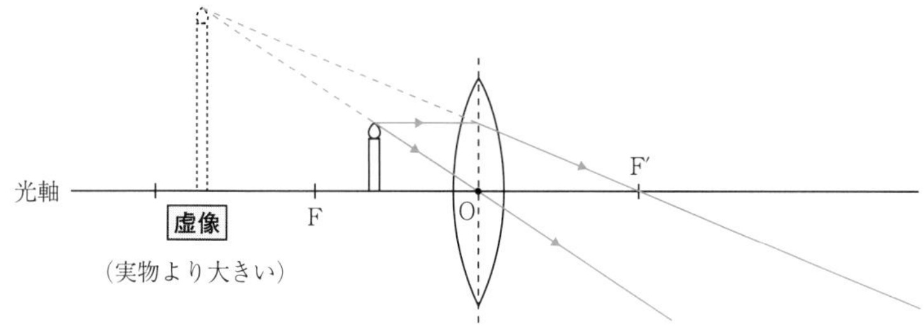

問題 〈凸レンズによってできる像〉

図のように，ろうそくと凸レンズがある。F，F′ は凸レンズの焦点である。次の各問いに答えよ。

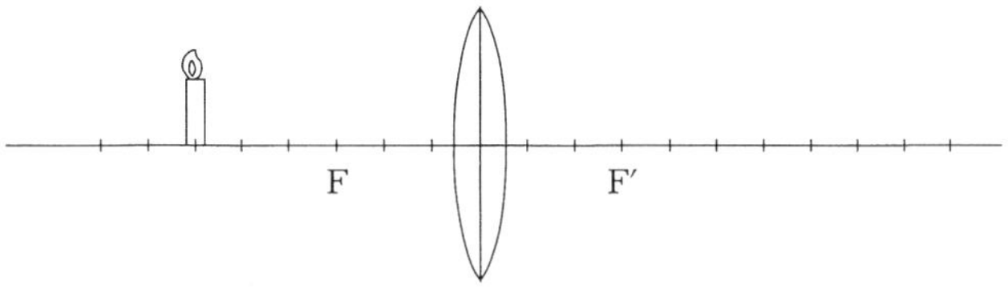

(1) 図の状態のとき，ろうそくと比べて像の大きさはどうか。ア～ウより選べ。
ア．大きい　　イ．小さい　　ウ．同じ

(2) ろうそくを凸レンズから遠ざけていくと，(1)と比べて像の大きさと像の位置はどうなるか。

解き方 (1) ろうそくは焦点距離の2倍の位置にあるので，答えは[6]。

(2) ろうそくの位置を凸レンズから遠ざけた場合を，実際に作図をして考えてみる。作図方法は，
・光軸と平行な光…レンズで屈折し，反対側の[7]を通る
・レンズの中心を通る光…直進する
・焦点を通る光…レンズで屈折し，光軸に[8]に進む
の3つのうち2つをかけばよい。

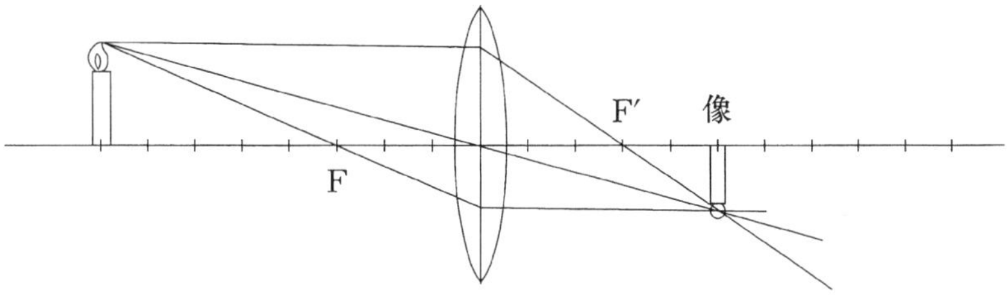

図より，像の大きさは[9]なり，像の位置は凸レンズから[10]なる。

2 音

Point Check

1 音の高さと大きさ

① [1]…音を伝える媒質が1秒間に振動する回数。**多いほど，高い音**である。

※人の耳に聞こえる音の[1]…20～20000Hz

② 振幅…振動の中心から振動の折り返し点までの長さ（振れ幅）。振動数が一定のとき，**振幅が大きいほど音も大きい**。

③ 弦と音

弦の長さを短くしたり，弦の太さを細くしたり，弦の張力を大きくしたりするほど，高い音が出る。

2 音が伝わる速さ

① 空気中を伝わる音の速さ…約[2]m/s（気温15℃のとき）

② 音の伝わりやすさ…気体＜液体＜固体

3 ドップラー効果

音源や観測者が移動することによって，音波の振動数（音の高さ）とは異なった振動数の音が観測される現象。

・音源と観測者が近づくとき…音源の音より[3]く聞こえる。

・音源と観測者が遠ざかるとき…音源の音より[4]く聞こえる。

過去問に挑戦！

1 次の文中の空欄ア～ウにあてはまる語句と記号の正しい組み合わせを，下の①～⑤の中から１つ選べ。

右の図の**YO**は水の中を進む光である。この光が水中から空気中に進むとき，（　ア　）の方向に曲がって進み，この現象を光の（　イ　）という。また，光**YO**の一部は水と空気の境界面ではね返り，（　ウ　）の方向に進む。

	ア	イ	ウ
①	**A**	放射	**E**
②	**A**	反射	**D**
③	**A**	屈折	**C**
④	**B**	放射	**E**
⑤	**B**	屈折	**D**

（和歌山県　改題）

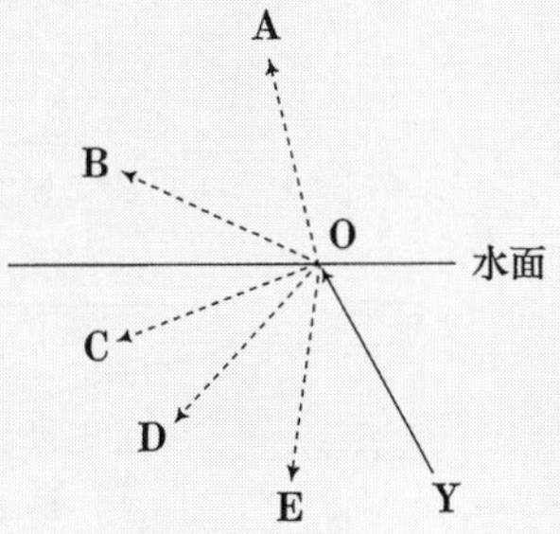

2 音に関した次の①～④の文のうち，誤っているものが一つある。それはどれか。その記号を書け。

① 音は，「高さ」，「大きさ」，「音色」によって特徴づけられるが，このうち「大きさ」は，音波の振動数による。

② 救急車の出すサイレンの音は，救急車が目の前を通過した後，高さが急に低くなる。

③ 潜水艦がもつ探知システムの一つに，音波を発射して戻ってきた反射波から目標物を探知するソナーがある。

④ ナイロン製の弦を使った楽器では，弦の張力を強くしたり弦を細くするほど音が高くなる。

（香川県　改題）

5 電磁気

重要度 A

ここが要点 頻出分野である。オームの法則を用い電流・電圧・抵抗の大きさを求める問題，消費電力を求める問題については公式を確認し，必ず解けるようにしておくようにしよう。

1 電流と電圧

Point Check

1 オームの法則

電流をI〔A〕，電圧をV〔V〕，抵抗をR〔Ω〕とすると，

$V = RI$

2 直列回路と並列回路

	回路図	合成抵抗	電圧	電流	分圧比・分流比
直列回路	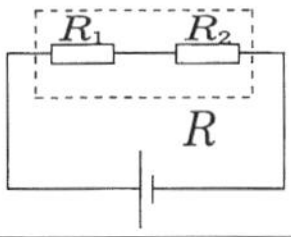	$R = R_1 + R_2$	$V = V_1 + V_2$	$I = I_1 = I_2$	$V_1 : V_2 = R_1 : R_2$
並列回路	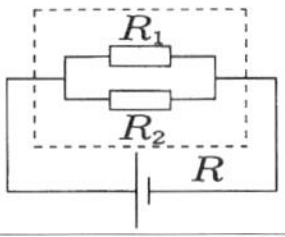	$\frac{1}{R} = \frac{1}{R_1} + \frac{1}{R_2}$	$V = V_1 = V_2$	$I = I_1 + I_2$	$I_1 : I_2 = R_2 : R_1$

問題1 〈複雑な回路〉

右の図のように，2Ωの抵抗R_1，4Ωの抵抗R_2，6Ωの抵抗R_3と15Vの電源をつないだ。次の各問いに答えよ。

(1) この回路の合成抵抗を求めよ。

(2) この回路を流れる電流の大きさを求めよ。

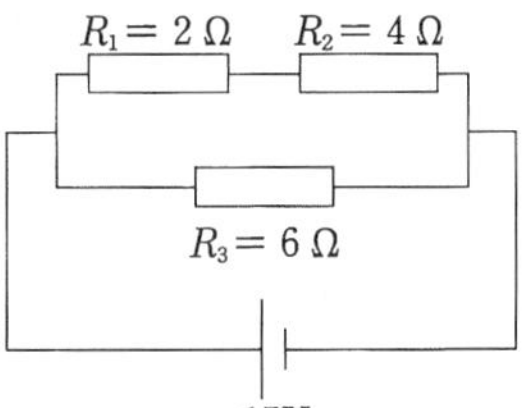

解き方 (1) R_1とR_2は直列に接続されているので，R_1とR_2の合成抵抗は，

$R' = R_1 + R_2 =$ [1]〔Ω〕

これとR_3は並列に接続されているので，回路の合成抵抗をRとすると，$\frac{1}{R} = \frac{1}{R'} + \frac{1}{R_3}$なので，$R =$ [2]〔Ω〕

(2) 電圧15V，合成抵抗[2]Ωであるから，オームの法則より，

$I = \frac{V}{R} =$ [3]〔A〕

2 電気とエネルギー

Point Check

1 電力と電力量

① 電力（消費電力）…電池や電流が単位時間あたりにした仕事（仕事率）

電力 P〔W〕$= VI$

② 電力量…電池や電流のする仕事量

電力をP〔W〕，時間をt〔時間〕とすると，

電力量 $W = Pt$

単位は，〔Wh〕（ワット時）または〔J〕（$1\,\mathrm{Wh} = 3.60 \times 10^3\,\mathrm{J}$）。

2 ジュールの法則

電力をP〔W〕，時間をt〔秒〕とすると，

熱量 Q〔J〕$= Pt = VIt$

$1\,\mathrm{J} = 0.24\,\mathrm{cal}$より，熱量$Q$〔cal〕$= 0.24Pt$と表すこともできる。

3 豆電球の明るさと電力

豆電球の明るさは，電力の大きさで決まり，**豆電球にかかる電圧の2乗に比例**する。

問題2 〈電力量〉

100V用200Wの電熱線を100Vの電源につないだ。次の各問いに答えよ。

(1) 電熱線を流れる電流は何Aか。

(2) 電熱線の抵抗は何Ωか。

(3) 電熱線に30分の電流を流すとき，消費する電力量は何Whか。

解き方 (1) $P = 200\,\mathrm{W}$，$V = 100\,\mathrm{V}$で，$P = VI$より，$I =$ [1]〔A〕

(2) オームの法則$V = RI$より，$R =$ [2]〔Ω〕

(3) 30〔分〕= 0.5〔時間〕で，$W = Pt$より，$W =$ [3]〔Wh〕

問題3 〈電池と豆電球の明るさ〉

すべて同じ種類の豆電球と電池を図のA～Dのようにつなぎ，豆電球の明るさを観察した。このとき，豆電球が最も明るいのはどれか。

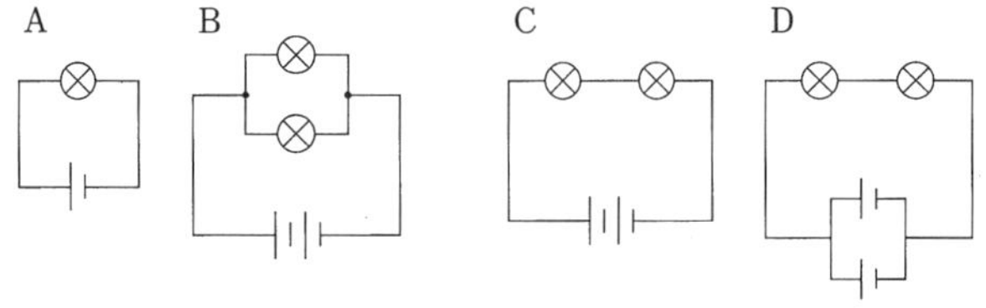

解き方 豆電球の明るさは電圧の [4] に比例するので，電源の電圧の比を求めた後，豆電球にかかる電圧の比を求める。電池は，

・直列つなぎ…全体の電圧＝電池1個の電圧×個数

・並列つなぎ…全体の電圧＝電池1個の電圧

となるので，電池1個の電圧を1とすると，それぞれの回路の電圧の比は，

A：B：C：D＝ [5] ： [6] ： [7] ： [8]

それぞれの豆電球1個にかかる電圧の比は，

A：B：C：D＝ [9] ： [10] ： [11] ： [12]

よって，最も明るい豆電球は [13] である。

3 電流と磁界

Point Check

1 電流による磁界

① 右ねじの法則

ねじの進む向き→電流の向き
ねじを回す向き→磁界の向き

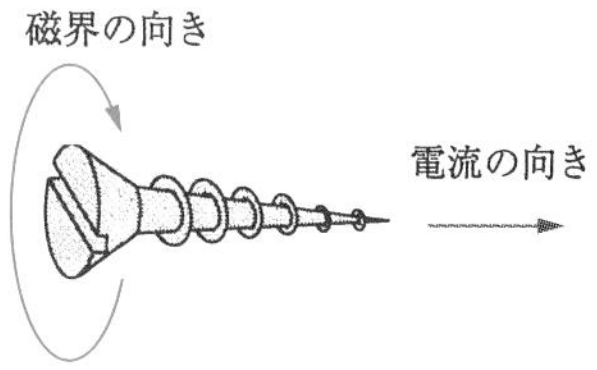

② コイルのまわりの磁界

コイルに電流を流すと電磁石になる。

・コイルの内側の磁界の向き…右手の親指以外の4本の指を電流の向きに合わせてコイルを握ったときの親指の指す向き。

・コイルの外側の磁界の向き…コイルの内側と反対向き。

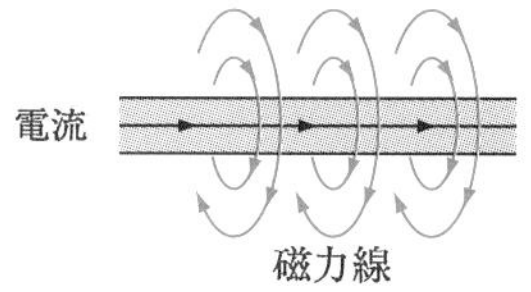

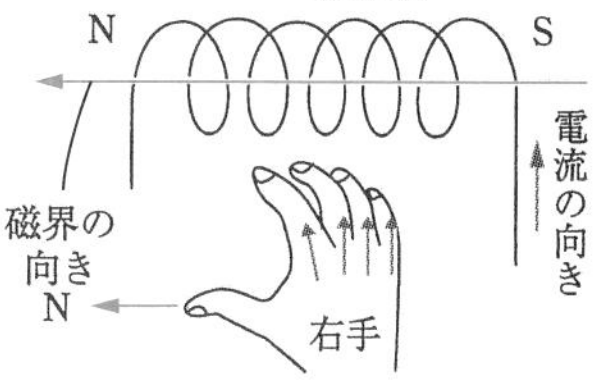

2 電磁誘導

棒磁石の磁極をコイルに近づけたり遠ざけたりして，コイルの中の磁界を変化させると，コイルの両端に電圧が生じる現象。流れる電流のことを［ 1 ］という。

① 大きな誘導電流を流す方法

・強い磁石を使用する。
・コイルの巻き数を［ 2 ］する。
・磁石の出し入れを［ 3 ］する。

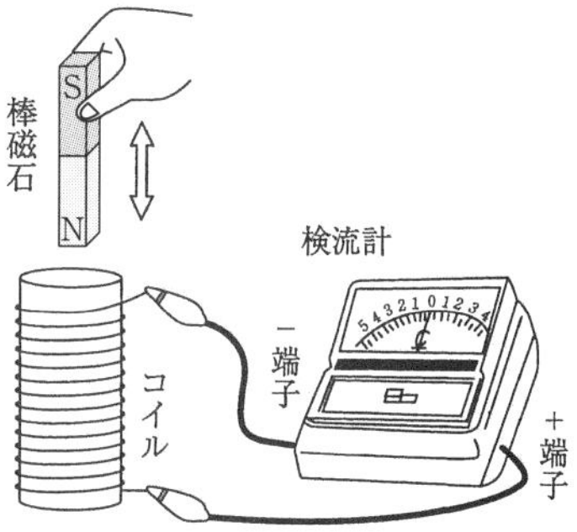

② 誘導電流の向き

・誘導電流は，誘導電流のつくる磁界が，外部からの磁界の変化を妨げるような向きに生じる（レンツの法則）。
・磁石を近づけるときと遠ざけるときでは逆になる。
・近づける極（遠ざける極）を変えると逆になる。

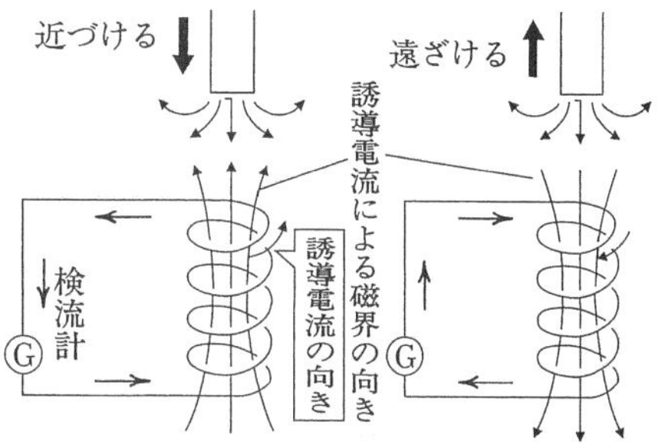

問題4 〈電磁誘導〉

右の図のように，コイルに磁石のN極を近づけた。次の問いに答えよ。

(1) このとき誘導電流はⓐ，ⓑどちらの向きに流れるか。

(2) 磁石のS極を遠ざけると誘導電流はⓐ，ⓑどちらの向きに流れるか。

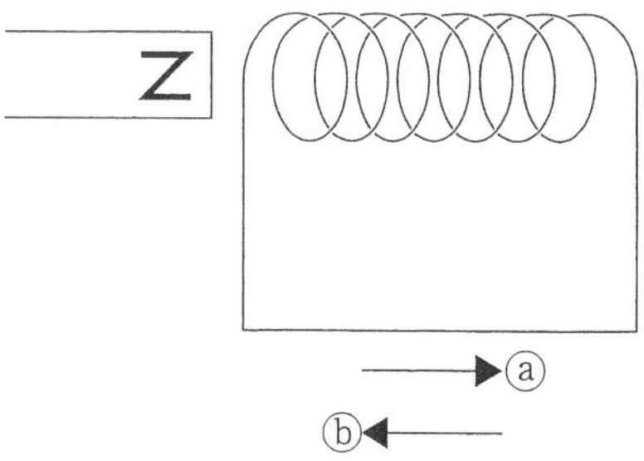

解き方　(1)　磁石によって，コイルの左端は右向きの磁界が増えるため，それを打ち消す左向きの磁界を生じる電流が流れればよい。よって，誘導電流の向きは[4]である。

(2)　S極を遠ざけると，コイルの左端は左向きの磁界が減るため，左向きの磁界を生じる電流が流れればよい。よって，誘導電流の向きは[5]である。

過去問に挑戦！

1　図のような回路において，回路全体で消費される電力を求めよ。

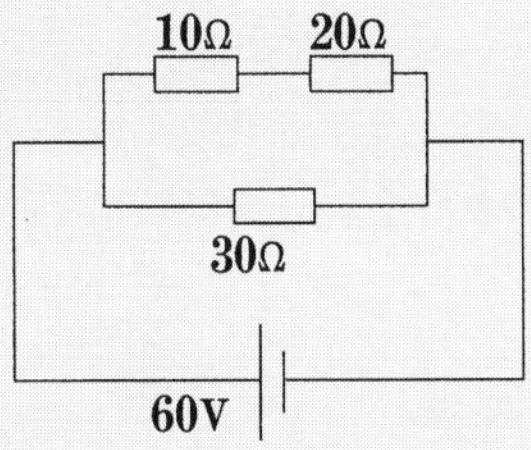

（島根県　改題）

2　コイルのまわりの磁界の様子を調べるために，図1のように厚紙に銅線を通し，電流を流したところ磁針の向きは図2のようになった。次の(1)，(2)の問いに答えよ。

(1)　このとき，流れている電流の向きは，図2の矢印ア，イのどちらか，書け。

(2)　このとき，磁針をコイルの中心P点に置くと，磁針はどの向きをさすか。次の①～④から選び，その記号を書け。

図1

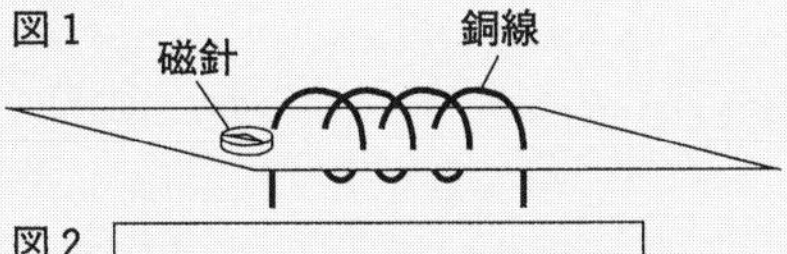

図2

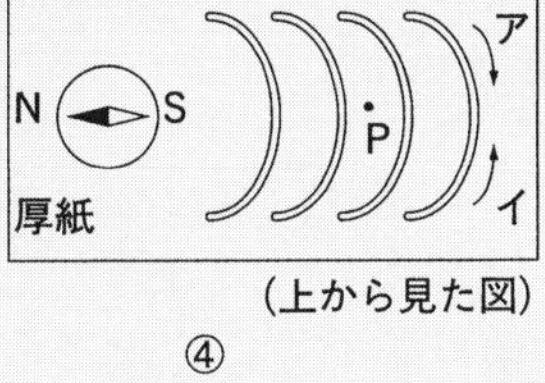

(上から見た図)

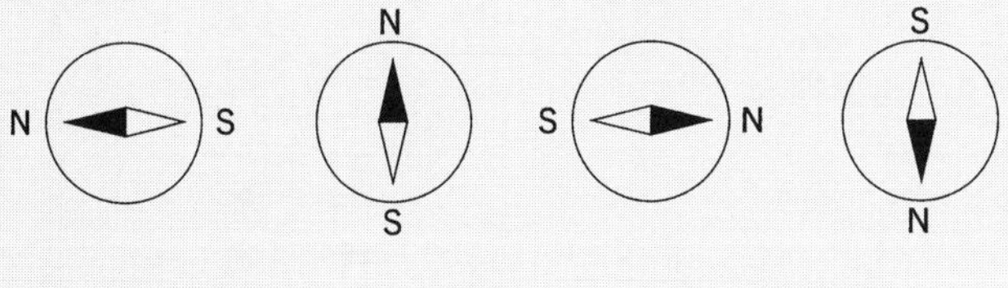

（愛媛県）

3 化学

●解答解説P266～P268

1 物質の構成

重要度B

ここが要点　物質の分類について，各用語の定義を正確におさえ，具体的な物質を区分できるようにすること。また，化学反応式の係数を決定できるようにしておき，質量，体積などの量的関係をつかめるようにしておくこと。

1 物質の分類

(1)　混合物と純物質

物質		融点・[3]
[1]	1種類の物質からなるもの	一定である
[2]	2種類以上の[1]が混合しているもの	一定でない

※　以下の空欄に当てはまる物質をあとの語群から選べ。

純物質	混合物
食塩（塩化ナトリウム），二酸化炭素 [4]，[5]，[6]	花こう岩，ガソリン [7]，[8]，[9]

〈語群〉水，酸素，空気，石油，鉄，海水

(2)　混合物の分離：混合物中の各成分の性質の違いを利用して，[2]から[1]を分離する操作方法。

①　[10]…ろ紙のすき間を通過できない[11]成分を液体から分離する方法。

②　[12]・[13]…[12]は[3]の違いを利用して，液体の混合物を加熱して出てきた気体を冷却し，再び液体として取り出す方法。いくつかの液体が溶け合っているとき，[3]の低い物質から順に[12]していくことを[13]という。

③　[14]…溶媒を用いて，混合物から特定の物質だけを溶かし出す方法。

④　[15]法…液体に溶かした純物質を，溶解度の差を利用して析出させる方法。

⑤　[16]法…固体混合物から，[16]して気体になりやすい物質だけを分離する方法。

⑥　[17]…混合物を，ある物質との吸着力の差を利用して分離精製する方法。

▲混合物を分離する方法の例▲

[10]	泥水から水を得る。
[12]	水とエタノールの混合物からエタノールを得る。
[13]	石油からガソリン，灯油，軽油，重油を得る。
[14]	コーヒー豆からコーヒーのエキスを得る。
[15]法	少量の塩化ナトリウムが混じった硝酸カリウムの混合物から硝酸カリウムを得る。
[16]法	ヨウ素とヨウ化カリウムの混合物からヨウ素を得る。
[17]	たんぱく質を加水分解して得られるアミノ酸を分離する。

(3) 有機化合物と無機化合物

① 有機化合物…[18]原子を骨格とした化合物。

② 無機化合物…[18]以外の元素からなる化合物。例外として，二酸化炭素CO_2，一酸化炭素COなどは無機化合物。

▲有機化合物と無機化合物の特徴▲

	有機化合物	無機化合物
構成元素	[19]。C，H，O，Nが主。	多い。約100種類。ほぼ全元素。
結合	ほとんどが[20]結合。	多くはイオン結合。
融点・沸点	比較的[21]。	高いものが多い。
溶解性	[22]に溶けにくいものが多い。 有機溶媒（ベンゼンなど）には溶けるものが多い。	[22]に溶けるものが多い。 有機溶媒には溶けない。
可燃性	空気中で燃え[23]ものが多い。	燃えないものが多い。

③ 有機化合物の主な分類

有機化合物の特性は，その分子中に含まれる官能基によって決まる。

▲官能基による分類の例▲

官能基の種類	構造	一般名	化合物の例
ヒドロキシ基（水酸基）	—OH	[24]	メタノールCH_3-OH エタノールC_2H_5-OH
カルボキシ基	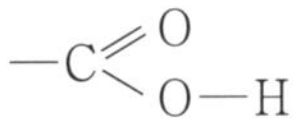	カルボン酸	[25] CH_3-COOH

2 物質を構成するもの

(1) 単体と化合物

① [1]…物質を構成する基本的な成分。

② [2]…1種類の[1]だけからできている純物質。

[3]…2種類以上の[1]からできている純物質。

③ [4]…同じ[1]からなる[2]で，性質が互いに異なるもの。

元素	同素体
[5]	斜方硫黄，単斜硫黄，ゴム状硫黄
C	[6]，[7]，フラーレン
O	[8]，[9]
[10]	赤リン，黄リン

※ [11]～[16]の空欄に当てはまる物質をあとの語群から選べ。

物質 ─┬─ 純物質 ─┬─ [2]…水素，[11]，[12]，[13]
　　　│　　　　　└─ [3]…水，[14]，[15]，[16]
　　　└─ 混合物

〈語群〉二酸化炭素，塩化ナトリウム，酸素，炭素，銅，硫酸

(2) 物質を構成する粒子

① [17]…物質を構成する基本的粒子。名称は元素と同じ。

② [18]…[17]がいくつか結合してできた粒子で，その物質の性質を決める最小の単位。

③ [19]…正または負のどちらかの電気を帯びた原子または原子団。

※　以下の空欄に当てはまるイオンをあとの語群から選べ。

陽イオン	陰イオン
ナトリウムイオン，銅イオン，[20]，[21]	酸化物イオン，硫酸イオン，[22]，[23]

〈語群〉水酸化物イオン，水素イオン，アンモニウムイオン，塩化物イオン

④　[24]…水溶液中で[25]イオンと[26]イオンに電離する物質。[24]の水溶液は電気を通す。

※　以下の空欄に当てはまる物質をあとの語群から選べ。

電解質	非電解質
[27]，[28]	[29]，[30]

〈語群〉塩化ナトリウム，塩酸，エタノール，グルコース（ブドウ糖）

⑤　[31]…原子番号（陽子の数）は同じで，[32]の数が異なる原子。質量数は異なるが，化学的性質はほとんど同じ。

3　物質量

(1)　原子量・分子量・式量

①　[1]…質量数12の炭素原子^{12}Cの1個の質量を12としたときの各原子の相対的質量。相対質量なので単位はない。

②　[2]…[1]と同じ基準で表した分子の相対的質量。分子を構成する原子の[1]の総和に等しいため，分子式と[1]がわかっていれば，[2]を計算することができる。

③　[3]…イオン式や組成式で表される物質における式中の全構成原子の[1]の総和。

【問】　原子量をH＝1，C＝12，N＝14，O＝16，S＝32，Ca＝40とするとき，次の物質の分子量，式量を求めよ。

アンモニアNH_3＝[4]＋[5]×3＝[6]

硫酸H_2SO_4＝[7]×2＋[8]＋[9]×4＝[10]

炭酸カルシウム$CaCO_3$＝[11]＋[12]＋[13]×3＝[14]

(2)　物質量

①　物質量の基準…アボガドロ数個の粒子を1モルといい，1モルの物質中には[15]個の原子または分子が含まれる。6.02×10^{23}を[16]という。

②　物質1モルの[17]…原子量・分子量・式量に単位gをつけたもので表される。

例　原子量40のCa（カルシウム）1モルの質量＝[18]g

分子量[19]のH_2O（水）1モルの質量＝18g

③　[20]…物質量1モルの質量。原子量・分子量・式量に単位g/molをつけたもので表される。

例　分子量18のH_2O（水）の[20]＝[21]g/mol

④　[22]と質量…物質の質量がわかれば，その物質量を求めることができる。

$$[22]\ n〔\mathrm{mol}〕=\frac{\text{質量}\ w〔\mathrm{g}〕}{\text{モル質量}\ M〔\mathrm{g/mol}〕}=\frac{\text{質量}}{\text{原子量，分子量，式量}}$$

例　分子量44のCO_2（二酸化炭素）660gの[22] n〔mol〕は，

$$n=\frac{[23]〔\mathrm{g}〕}{[24]〔\mathrm{g/mol}〕}=[25]〔\mathrm{mol}〕$$

CO_2 0.5モルの質量w〔g〕は，

$$w = \boxed{26}\,〔\mathrm{g/mol}〕\times 0.5〔\mathrm{mol}〕= \boxed{27}\,〔\mathrm{g}〕$$

⑤　気体1モルの体積…0℃，1.0×10^5Pa（＝大気圧）の標準状態において，1モルの気体の占める体積は，気体の種類に関係なく[28] L。0℃，1.0×10^5PaでV〔L〕の気体の物質量

$$n〔\mathrm{mol}〕= \frac{V〔\mathrm{L}〕}{\boxed{28}\,〔\mathrm{L/mol}〕}$$

例　0℃，1.0×10^5Paで2.24Lの酸素の物質量n〔mol〕は，

$$n = \frac{2.24〔\mathrm{L}〕}{\boxed{28}\,〔\mathrm{L/mol}〕} = \boxed{29}\,〔\mathrm{mol}〕$$

⑥　[30]の法則…同温同圧のもとで，同体積の[31]はすべて同数個の分子を含む。

問題1　〈物質量①〉

炭素18.0g中には炭素原子が何個含まれるか。原子量はC＝12，O＝16，アボガドロ定数を6.0×10^{23}とする。

解き方　炭素原子の1モルの質量は，12.0gであるから，炭素18.0gの物質量は，

$$\frac{\boxed{32}}{\boxed{33}} = \boxed{34}\,〔\mathrm{mol}〕$$

1モルにつき6.0×10^{23}個の粒子が含まれているから，

$$6.0 \times 10^{23} \times \boxed{34} = \boxed{35} \times 10^{23}〔個〕$$

問題2　〈物質量②〉

二酸化炭素（気体）が標準状態で5.6Lある。CO_2分子は何個含まれているか。また，この気体の質量は何gか。原子量はC＝12，O＝16，アボガドロ定数は6.0×10^{23}とする。

解き方　二酸化炭素（CO_2）の分子量は，[36]＋[37]×2＝[38]であるから，1モルの質量は[38] gである。5.6Lの質量をx〔g〕とすると，

$$物質量 = \frac{x}{\boxed{38}}\,〔\mathrm{mol}〕\quad \cdots①$$

$$物質量 = \frac{5.6}{\boxed{39}}\,〔\mathrm{mol}〕\quad \cdots②$$

①，②が等しいので，

$$\frac{x}{\boxed{38}} = \frac{5.6}{\boxed{39}} \qquad \therefore x = \boxed{40}$$

分子数をy個とすると，

$$物質量 = \frac{y}{6.0 \times 10^{23}}\,〔\mathrm{mol}〕\quad \cdots③$$

②，③が等しいので，

$$\frac{y}{6.0 \times 10^{23}} = \frac{5.6}{\boxed{39}} \qquad \therefore y = \boxed{41}\,〔個〕$$

問題3　〈物質量③〉

ある気体0.75gの体積は標準状態で1120mLであった。この気体の分子量を求めよ。

解き方　この気体の分子量をxとすると，

$$物質量 = \frac{0.75}{x} \text{〔mol〕} \quad \cdots ①$$

1120mLは[42]Lであるので，

$$物質量 = \frac{[\ 42\ ]}{22.4} \text{〔mol〕} \quad \cdots ②$$

①，②が等しいので，

$$\frac{0.75}{x} = \frac{[\ 42\ ]}{22.4} \qquad \therefore x = [\ 43\ ]$$

4 化学反応と化学反応式

(1)　化学反応式の書き方

①　[1]物質の化学式を左辺，[2]物質の化学式を右辺に書き，矢印→で両辺を結ぶ。

②　両辺で同じ種類の[3]の数が等しくなるように，係数をつける。係数は最も簡単な整数比になるようにし，1は省略する。

問題1　〈化学反応式の係数〉

係数を加えて，次の化学反応式を完成させよ。

$C_2H_4 + O_2 \rightarrow CO_2 + H_2O$

解き方　**〈目算法による解き方〉**

反応式中，最も原子数の多い物質[4]の係数を1とし，両辺の原子の種類と数をそろえる。ここでは，C原子とH原子の数から[5]CO_2，[6]H_2Oと決まる。

最後に右辺のO原子の数は合わせて[7]なので，[8]O_2となる。

〈未定係数法による解き方〉

$aC_2H_4 + bO_2 \rightarrow cCO_2 + dH_2O$　とおき，C原子，H原子，O原子の数について，次の3式を連立させて解く。

C：$2a = c$…①

H：[9]a = [10]d…②

O：[11] = [12] + d…③

ここで，$a = 1$とおくと，式①より$c = 2$，式②よりd = [13]，これと，式③よりb = [14]

よって，化学反応式は

C_2H_4 + [15] $O_2 \rightarrow$ [16] CO_2 + [17] H_2O

(2)　化学反応式の量的関係

化学反応式	$2H_2$　+　O_2　→　$2H_2O$	左右の[18]数は等しい
[19]	2mol　1mol　2mol	係数の比＝[19]の比
[20]	2×2g　1×32g　2×18g	両辺の[20]の和が等しい
気体の[21]	2×[22]L　1×[22]L　－	標準状態のとき

(3)　いろいろな化学反応

①　[23]…2種類以上の物質が反応して，別の新しい物質ができる化学変化。

②　[24]…[23]のうち，特に酸素と[23]する化学変化。

③　[25]…[24]の一種。激しく熱や光を出しながら物質が酸素と[23]する化学変化。

④　[26]…酸化物が酸素を失う化学変化。

⑤　[27]…1種類の物質が2種類以上の物質に分かれる化学変化。

▲化学反応の例▲

[23]	鉄＋硫黄→硫化鉄　　水素＋酸素→水
[24]・[25]	マグネシウム＋酸素→酸化マグネシウム 炭素＋酸素→二酸化炭素 [25]は[24]の一種で反応が激しくおこる。
[26]	酸化銅＋炭素→銅＋二酸化炭素 酸化銅＋水素→銅＋水 [26]は酸化銅が受けた化学反応。
[27]	酸化銀→銀＋酸素 炭酸水素ナトリウム→炭酸ナトリウム＋水＋二酸化炭素

問題2 〈化学反応式の量的関係〉

メタンCH_4 1.6gを空気中で燃焼させたところ，二酸化炭素と水が生じた。原子量H＝1，C＝12，O＝16として，次の各問いに答えよ。

(1)　この化学変化を化学反応式で示せ。

(2)　このとき生じた水の質量は何gか。

解き方　(1)　メタンを燃焼させるので，この化学反応式を構成するのは，メタンCH_4と酸素O_2，二酸化炭素CO_2と水H_2Oである。

$$CH_4 + O_2 \rightarrow CO_2 + H_2O$$

この化学反応式に係数を加えて完成させる。目算法で考えると，反応式中，最も原子数の多いCH_4の係数を1とし，両辺の原子の種類と数をそろえる。C原子とH原子の数から，CO_2，[28]H_2Oと決まる。最後に右辺のO原子の数はあわせて[29]なので，[30]O_2となる。完成した化学反応式は次のようになる。

CH_4 + [30] O_2 → CO_2 + [28] H_2O

(2)　CH_4 1モルの質量は[31]＋[32]×4＝[33]より[33]gであるから，

CH_4 1.6gの物質量は，$\dfrac{1.6\,[\text{g}]}{\boxed{33}\,[\text{g/mol}]}$＝[34]〔mol〕

化学反応式より，1モルのCH_4からH_2Oは[28]モル生じる。1モルのH_2O の質量は，[35]×2＋[36]＝[37]より[37]gであるから，生じた水の質量は，

[37]×[28]×[34]＝[38]〔g〕

過去問に挑戦！

食塩水を熱して沸騰させ，出てくる水蒸気を冷やして純水を集めた。このような分離する操作を何というか。

ア.ろ過　　イ.蒸留　　ウ.抽出　　エ.再結晶法　　オ.昇華法

（長崎県　改題）

2 物質の状態　重要度C

ここが要点 溶液の濃度の表し方について，質量パーセント濃度とモル濃度の違いに注意し，質量パーセント濃度については正確に計算できるようにしておくこと。溶解度についても比例式を用いた解法を身につけたい。

1 物質の三態

(1) 物質の状態変化

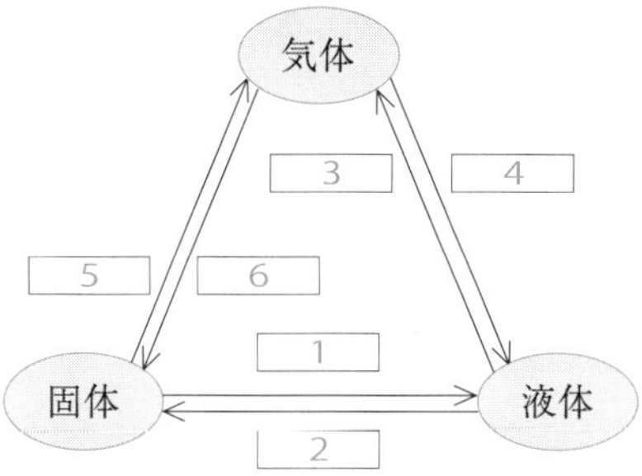

① [1]…固体から液体への変化。[1]しはじめるときの温度が[7]。

② [2]…液体から固体への変化。[2]しはじめるときの温度が[8]。

③ [3]…液体から気体への変化。液体の表面から[3]することを[9]，液体の内部からもさかんに[3]する現象を[10]という。液体が[10]するときの温度が[11]。

④ [4]…気体から液体への変化。液化ともいう。

⑤ [5]…固体から気体への変化。

⑥ [6]…気体から固体への変化。

(2) 状態変化と体積・密度

① [12]：状態変化するとき，[12]は変わらない。

② [13]：一般に，凝固するとき[13]は小さくなり，気化するとき[13]は大きくなる。ただし，水は凝固するときも，気化するときも[13]は[14]なる。

③ [15]：状態変化するとき，[13]は変化するが[12]は変わらないため，[15]も変化する。一般に[15]は固体が最も大きく，気体が最も小さい。

2 気体

Point Check

1 [1]**の法則**…$P_1V_1 = P_2V_2 = k$(一定)（Tが一定のとき）

2 [2]**の法則**…$\dfrac{V_1}{T_1} = \dfrac{V_2}{T_2}$（$P$が一定のとき）

3 [3]**の法則**…$\dfrac{P_1V_1}{T_1} = \dfrac{P_2V_2}{T_2}$

4 **気体の**[4]…$PV = nRT = \dfrac{w}{M}RT$

5 **ドルトンの**[5]**の法則**…[5]＝全圧×成分気体のモル比(体積比)

※気体の圧力………P〔Pa〕　　気体の体積………V〔L〕
気体の絶対温度…T〔K〕$= 273 + t$〔℃〕　　気体の物質量……n〔mol〕
気体の質量………w〔g〕　　気体の分子量……M
気体定数…………$R = 8.31 \times 10^3$〔Pa・L/(K・mol)〕

問題1 〈ボイルの法則〉

圧力2×10^5Paで体積3Lの気体がある。この気体の温度を変えずに，圧力を3倍にすると体積は何Lになるか。

解き方　温度が一定なので $\boxed{6}$ の法則を利用すればよい。$\boxed{6}$ の法則より，

$$2 \times 10^5 \times \boxed{7} = \boxed{8} \times V_2 \qquad \therefore V_2 = \boxed{9}\text{〔L〕}$$

問題2 〈シャルルの法則〉

273℃で体積2Lの気体がある。この気体の圧力を変えずに819℃に加熱したら体積は何Lになるか。

解き方　圧力が一定なので，$\boxed{10}$ の法則を利用すればよい。
T〔K〕$= \boxed{11} + t$〔℃〕より，273℃は $\boxed{12}$ K，819℃は $\boxed{13}$ K。

$\boxed{10}$ の法則より，$$\frac{2}{\boxed{12}} = \frac{V_2}{\boxed{13}} \qquad \therefore V_2 = \boxed{14}\text{〔L〕}$$

問題3 〈気体の状態方程式〉

同温，同体積の水素と窒素の質量を測ったところ，同じ値であった。水素の圧力を14.0×10^5Paとしたとき，この窒素の圧力は何Paになるか。ただし，原子量はH = 1，N = 14とする。

解き方　気体の $\boxed{15}$ を利用すればよい。
水素H_2の分子量は $\boxed{16}$，窒素N_2の分子量は $\boxed{17}$ である。

気体の $\boxed{15}$ $PV = \dfrac{w}{M}RT$ より，

水素について，$$\boxed{18} \times V = \frac{w}{\boxed{16}}RT \qquad \cdots①$$

窒素について，$$PV = \frac{w}{\boxed{17}}RT \qquad \cdots②$$

水素・窒素の体積V，質量w，絶対温度Tの数値は同じであるから，

①÷②より，$$\frac{\boxed{18} \times V}{P \times V} = \frac{\dfrac{w}{\boxed{16}} \times RT}{\dfrac{w}{\boxed{17}} \times RT} \qquad \therefore P = \boxed{19}\text{〔Pa〕}$$

問題4 〈分圧の法則〉

空気の体積組成を窒素80%，酸素20%とする。505kPaの空気の窒素および酸素の分圧を求めよ。

解き方　$\boxed{20}$ の法則…$\boxed{20}$ = 全圧×成分気圧のモル比（体積比）を利用すればよい。

$$\text{窒素の分圧} = \boxed{21} \times \frac{\boxed{22}}{100} = \boxed{23}\text{〔kPa〕}$$

$$\text{酸素の分圧} = \boxed{21} \times \frac{\boxed{24}}{100} = \boxed{25}\ \text{〔kPa〕}$$

3 溶液

Point Check

1 $\boxed{1}$〔%〕$= \dfrac{\text{溶質の質量〔g〕}}{\text{溶液の質量〔g〕}} \times 100$　　※溶液の体積…V〔L〕
溶質の物質量…n〔mol〕

2 $\boxed{2}$…c〔mol/L〕$= \dfrac{n}{V}$

3 $\boxed{3}$…溶媒100gに溶けることができる固体の溶質の最大量をg単位で表した数値。飽和水溶液P〔g〕を$\boxed{3}$がS_1となる温度から$\boxed{3}$がS_2となる温度に冷却したときに析出する溶質の質量をx〔g〕とすると，

$$x = \frac{(S_1 - S_2)}{100 + S_1} \times P$$　という式でxが求められる。

問題1 〈質量パーセント濃度〉

食塩50gを水150gに溶かした食塩水Aがある。
(1) 食塩水A100gに水を加えて10%の食塩水をつくりたい。何gの水を加えればよいか。
(2) 食塩水A400gに食塩を加えて40%の食塩水をつくりたい。何gの食塩を加えればよいか。

解き方 溶媒は水，溶質は食塩，溶液は食塩水である。食塩水Aの濃度は，

$$\frac{\text{溶質の質量〔g〕}}{\text{溶液の質量〔g〕}} \times 100 \text{より，}$$

$$\frac{\boxed{4}}{\boxed{4} + \boxed{5}} \times 100 = \boxed{6}\ \text{〔%〕}$$

(1) 食塩水A100gに含まれている食塩の量は，

$$100 \times \frac{\boxed{6}}{100} = \boxed{7}\ \text{〔g〕}$$

食塩水Aに加える水の量をx〔g〕とすると，次の式が成り立つ。

$$\frac{\boxed{7}}{100 + x} \times 100 = 10 \quad \therefore x = \boxed{8}\ \text{〔g〕}$$

(2) 食塩水A400gに含まれている食塩の量は，

$$400 \times \frac{\boxed{6}}{100} = \boxed{9}\ \text{〔g〕}$$

食塩水A400gに加える食塩の量をy〔g〕とすると，次の式が成り立つ。

$$\frac{\boxed{9} + y}{400 + y} \times 100 = 40 \quad \therefore y = \boxed{10}\ \text{〔g〕}$$

問題2 〈溶液の濃度〉

水酸化ナトリウムの固体12gを水に溶かし，100mLとした水溶液がある。この水溶液について次の各問いに答えよ。ただし，原子量はH = 1，O = 16，Na = 23，この水溶液の密度は1.2g/mLとする。
(1) 質量パーセント濃度を求めよ。
(2) モル濃度を求めよ。

解き方 (1) 質量パーセント濃度〔%〕= $\dfrac{\boxed{11}\text{の質量〔g〕}}{\boxed{12}\text{の質量〔g〕}} \times 100$

を利用すればよい。

水酸化ナトリウム水溶液の質量は,

$\boxed{13}$〔mL〕× $\boxed{14}$〔g/mL〕= $\boxed{15}$〔g〕だから,

質量パーセント濃度は $\dfrac{12}{\boxed{15}} \times 100 = \boxed{16}$〔%〕

(2) モル濃度〔mol/L〕= $\dfrac{\text{溶質の}\boxed{17}\text{〔mol〕}}{\text{溶液の}\boxed{18}\text{〔L〕}}$

を利用すればよい。

水酸化ナトリウムNaOHの式量は $\boxed{19}$ だから,NaOHのモル質量は $\boxed{19}$ g/mol,水溶液1L中の物質量を求めると,

$$\frac{12\text{〔g〕}}{\boxed{19}\text{〔g/mol〕}} \times \frac{\boxed{20}\text{〔mL〕}}{100\text{〔mL〕}} = \boxed{21}\text{〔mol/L〕}$$

問題3 〈溶解度〉

硝酸カリウムは100gの水に,70℃のとき最大140g溶け,20℃のとき最大30g溶ける。このとき,次の各問いに答えよ。

(1) 70℃の硝酸カリウムの飽和水溶液120gには,何gの硝酸カリウムが溶けているか。

(2) 70℃の硝酸カリウムの飽和水溶液120gを20℃まで冷却するとき,何gの結晶が析出するか。

解き方 (1) 70℃で水が100gのときの硝酸カリウムの飽和水溶液を基準にして,比例関係で求める。

求める硝酸カリウムの量を x〔g〕とすると,

$\boxed{22} : 140 = 120 : x$

$$x = \frac{140 \times 120}{\boxed{22}} \qquad \therefore x = \boxed{23}\text{〔g〕}$$

(2) 水が100gのときの飽和水溶液を基準にして,比例式を解いて求めればよい。70℃における飽和水溶液 $\boxed{24} + 140$〔g〕を20℃まで冷却すると,$\boxed{25} - \boxed{26}$〔g〕の結晶が析出することから,70℃の硝酸カリウムの飽和水溶液120gを20℃まで冷却したときに析出する結晶の量 y〔g〕は,

$$y = \frac{\boxed{25} - \boxed{26}}{\boxed{24} + 140} \times 120 \qquad \therefore y = \boxed{27}\text{〔g〕}$$

過去問に挑戦!

0℃,**1.0×10^5Pa**で**273mL**の気体がある。この気体を**27**℃,**2.0×10^5Pa**にしたとき,体積は何**mL**になるか。
(茨城県 改題)

3 物質の変化

重要度 A

ここが要点　酸とアルカリ，中和についてはイオンの形で考えられるようにしておくこと。酸化還元反応については化学反応式と合わせて押さえておくこと。イオン化傾向はいろいろと役に立つので，ぜひとも覚えておきたい。

1 酸とアルカリ

(1) 酸とアルカリ

① [1]…水溶液にしたとき，酸性を示す物質。水中で電離して[2]イオンを生じる。多くの金属は酸性の水溶液に溶けて，[3]を発生。

② [4]…水溶液にしたとき，アルカリ性を示す物質。水中で電離して[5]イオンを生じる。一部の金属のみアルカリ性の水溶液に溶けて[3]を発生。

③ [6]…酸性もアルカリ性も示さない水溶液の性質。

(2) 酸性・中性・アルカリ性の水溶液の性質

	酸性	中性	アルカリ性
リトマス紙	[7]色→[8]色	変化しない	[8]色→[7]色
BTB溶液	[9]色	[10]色	[11]色
フェノールフタレイン液	変化しない	変化しない	[12]色
pH値	7より[13]	7	7より[14]

(3) 中和

酸の水溶液に含まれる[2]イオンとアルカリの水溶液に含まれる[5]イオンが結びついて[15]ができる反応。このとき[15]とともにできる化合物を[16]という。

2 酸化還元反応

(1) 酸化と還元

① [1]…物質が[2]と化合する化学変化。[1]によってできた物質を[3]という。

② [4]…[3]の[2]を取り去る化学変化。

(2) 酸化還元反応

[1]と[4]は同時におきる。たとえば，酸化銅と水素から銅と水ができる化学反応では，酸化銅が[5]されて，水素が[6]されていることになる。

問題 〈酸化と還元〉

酸化銅10gを炭素とよく混ぜ合わせて加熱したところ，気体が発生して石灰水は白く濁り，赤味を帯びた銅が8g生じた。このとき，銅20gをつくるために必要な酸化銅の質量を求めよ。

解き方　酸化銅と銅の質量比は，酸化銅：銅＝10：[7]＝5：[8]

求める酸化銅の質量をx〔g〕とおくと，

5：[8]＝x：20　　∴x＝[9]〔g〕

3 金属のイオン化傾向と電池

(1) 金属のイオン化傾向

① [1]…金属の単体が，水溶液中で[2]を放出して[3]イオンとなる性質。酸化されやすい金属ほどイオン化傾向は[4]。

② イオン化列と水との反応

イオン化列	水との反応	酸との反応
K＞Ca＞[5]	冷水と反応して[8]を発生	塩酸や希硫酸などと反応して[8]を発生
＞[6]＞	熱水と反応して[8]を発生	
Al＞Zn＞[7]	高温の水蒸気と反応して[8]を発生	

(2) 電池

希硫酸，希塩酸，食塩水，レモン汁などの[9]溶液と銅と亜鉛など，イオン化傾向の異なる2種類の金属を組合せて電気エネルギーを得る装置。イオン化傾向が大きい（酸化されやすい）金属が[10]極，イオン化傾向が小さい金属や炭素が[11]極となる。

	正極	負極
亜鉛と銅	[12]	[13]
マグネシウムと銅	[14]	[15]

(3) ボルタの電池

銅板と亜鉛板とを希硫酸に浸し，双方を導線でつなぐと，[16]が正極，[17]が負極となって電気が通る。これをボルタの電池という。電流は，銅板から導線を通って亜鉛板に流れ，[18]の表面には水素が発生する。

4 電気分解

(1) 電気分解

電解質溶液に電極を入れて，外部から直流電圧をかけると，液中の電解質または電極が[1]されること。

陰極：電子を受け取る[2]反応がおこる。
陽極：電子を放出する[3]反応がおこる。

(2) 水の電気分解

水に少量の水酸化ナトリウムまたは硫酸を加えて電流を流すと，水が分解されて，陰極から[4]，陽極から[5]が発生する。陰極と陽極から発生する気体の体積比を最も簡単な整数比で表すと[6]である。

過去問に挑戦！

マグネシウム**1.5g**を完全に燃やした後の物質の質量を量ると**2.5g**であった。同じようにして，マグネシウム**3.3g**を完全に燃やすと，燃えた後の物質の質量は何**g**になるか。

（静岡県　改題）

4 物質の性質

重要度A

ここが要点　気体の性質をしっかりと押さえておくこと。特に水に溶けやすいかどうか，溶けるときの水溶液は何性か，空気より重いか軽いかが重要である。金属については炎色反応を覚えておくと便利である。

1 気体の製法と性質

(1) 主な気体の性質

① [1]…ものを燃やす働き([2])がある。

【発生方法】 [3]にオキシドール(うすい過酸化水素水)を加える。

② [4]…[5]を白く濁らせる。水に少し溶け，水溶液(炭酸水)は弱[6]性を示す。

【発生方法】 石灰石(炭酸カルシウム)に[7]を加える。

③ [8]…気体自身が燃える性質[9]がある。すべての気体の中で最も軽い。

【発生方法】 亜鉛やアルミニウムなどの金属に希硫酸や希塩酸を加える。

④ [10]…刺激臭がある。水に非常によく溶け，水溶液(アンモニア水)は弱[11]性を示す。

【発生方法】 塩化アンモニウムに水酸化カルシウム(消石灰)を加えて加熱する。

⑤ [12]…空気中の体積の約80%を占める。常温では化学変化をおこしにくい。

⑥ [13]…黄緑色で刺激臭がある。水に溶け，水溶液(塩素水)は[14]性。

⑦ [15]…刺激臭がある。水によく溶け，水溶液(塩酸)は強[16]性。

⑧ [17]…腐卵臭がある。水に溶け，水溶液(硫化水素水)は弱[18]性。

(2) 気体の捕集方法

① [19]法…水に溶けにくい気体の捕集

② [20]法…水に溶けやすく，空気より重い気体の捕集

③ [21]法…水に溶けやすく，空気より軽い気体の捕集

※　以下の空欄に当てはまる気体をあとの語群から選び，化学式で記入せよ。

[19]で捕集する気体	[20]で捕集する気体	[21]で捕集する気体
N_2, [22], [23], (CO_2)	CO_2, H_2S, [24], [25]	[26]

〈語群〉アンモニア，酸素，塩化水素，塩素，水素

2 溶液の性質

(1) 主な酸性の水溶液

① 濃硫酸…化学式[1]。不揮発性。脱水作用があり，乾燥剤として使われる。

② 濃硝酸…化学式[2]。刺激臭がある。酸化作用が強く，銅や銀も溶かす。

③ 濃塩酸…化学式[3]。刺激臭がある。塩化水素の水溶液。亜鉛やマグネシウムなどの金属と反応して，[4]を発生する。

(2) 主なアルカリ性の水溶液

① 水酸化ナトリウム…化学式[5]。白色の半透明の固体。空気中の水分を吸収する性質(潮解性)をもつ。

② 水酸化カルシウム…化学式[6]。白色の粉末で，消石灰ともいう。水にわずかに溶け，水溶液は[7]という。二酸化炭素の検出に使われる。

③ 水酸化バリウム……化学式[8]。白色の固体。水酸化バリウム水溶液に希硫酸を加えると，水に溶けない硫酸バリウムという白色の物質が生成する。

3 金属の性質

(1) 主な金属の特色

① [1]…Li，Na，K，Rb，Cs，Fr
価電子が[2]個で，[2]価の[3]イオンになりやすい。水溶液は強い[4]性。

② [5]…Ca，Sr，Ba，Ra
価電子が[6]個で，[6]価の[3]イオンになりやすい。水溶液は[4]性。

③ [7]…Cu，Ag，Auなど
熱や電気をよく伝える。展性，延性が大きい。

(2) 炎色反応

[1]，[5]および一部の[7]を，炎の中に入れると，炎にその元素特有の色が現れる反応。

元素	[8]	Na	[10]	[11]	Sr	[13]	[14]
炎色	深赤	[9]	赤紫	橙赤	[12]	黄緑	青緑

過去問に挑戦！

1 気体の性質について述べた次の説明のうち，誤っているものをア～オのうちから1つ選べ。
ア．水素は，室温で無色・無臭の気体で，化合物として水をはじめ多くの物質の成分として広く存在する。
イ．酸素は，空気の体積の約1/5を占めている。大気中の酸素は諸種燃料の燃焼に不可欠である。
ウ．窒素は，化学変化を起こしやすい気体である。常温でいろいろな元素と化合する。
エ．アンモニアは，常温で無色，特有の刺激臭のある気体である。水溶液にネスラー試薬を加えると，黄褐色の沈殿を生じる。
オ．塩素は，常温で黄緑色，刺激臭のある気体である。水に溶け，空気より重い。きわめて毒性が強く，微量でも人体に影響がある。

(島根県　改題)

2 実験でアンモニアを捕集するとき，上方置換法を用いて集めるのはアンモニアのどのような性質のためか，2つ述べよ。

(福井県　改題)

3 アルカリ金属の性質に関する記述として誤っているものをア～オのうちから1つ選べ。
ア．水と容易に反応し，水素を発生する。
イ．1価の陽イオンとなる。
ウ．特有な炎色反応がある。
エ．化合物は水に溶けにくいものが多い。
オ．水酸化物は強アルカリ性である。

(秋田県　改題)

4 生物

●解答解説P269～P272

1 植物の世界

重要度A

ここが要点　生物は植物と動物に分けられるが，ここでは，植物を分類し，それぞれの特徴を覚えること。さらに植物の体のつくりを理解し，植物の重要な働きである光合成，他に顕微鏡の操作について把握しておくとよい。

1 顕微鏡の操作

(1) **顕微鏡の操作**

① [1]レンズをつけ，次に[2]レンズをつける。
② [3]の角度と[4]を調節し，視野全体を明るくする。
③ [5]をステージにのせる。
④ 横から見ながら[6]を回し，対物レンズを[5]に近づける。
⑤ 接眼レンズをのぞきながら[6]を回して鏡筒を[7]げ，ピントを合わせる。

(2) **顕微鏡の倍率**

顕微鏡の倍率＝接眼レンズの倍率[8]対物レンズの倍率

(3) **顕微鏡の倍率と視野の広さ，視野の明るさ**

顕微鏡の倍率が高倍率になると，視野の広さは[9]くなり，視野の明るさは[10]くなる。

2 水中の微小生物

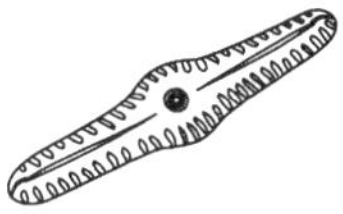

[1]…[2]細胞生物

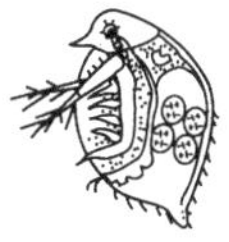

[3]…[4]細胞生物

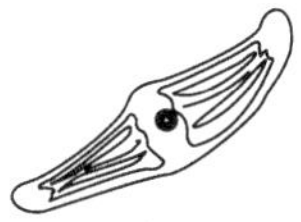

[5]…[6]細胞生物

[7]…[8]細胞生物

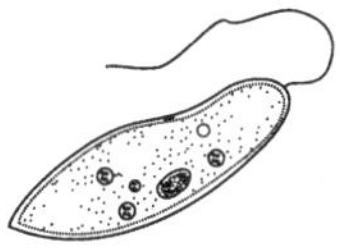

[9]…[10]細胞生物

[11]…[12]細胞生物

3 花のつくりとその働き

(1) **種子植物**

※ 例の空欄については，当てはまる植物をあとの語群から選ぶこと。

① [1]植物…胚珠が子房に包まれている。
　例 [2]，[3]，[4]，[5]，[6]，[7]
② [8]植物…子房がなく，胚珠がむき出しになっている。
　例 [9]，[10]，[11]，[12]

〈語群〉

アブラナ，アサガオ，イチョウ，イネ，サクラ，スギ，ソテツ，タンポポ，マツ，ユリ

(2) **被子植物**

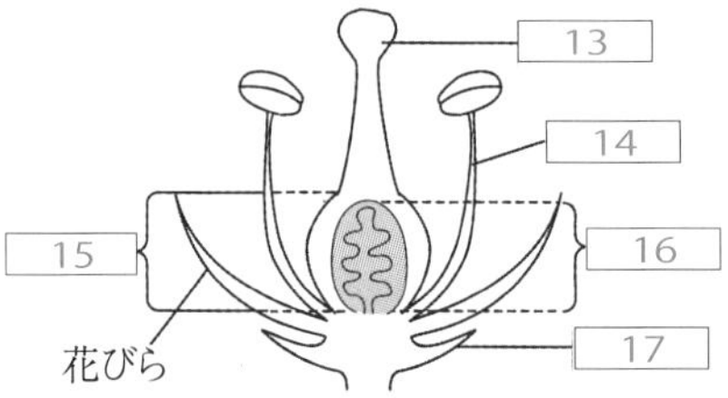

受粉後，子房は[18]に，胚珠は[19]になる。

(3) **裸子植物**

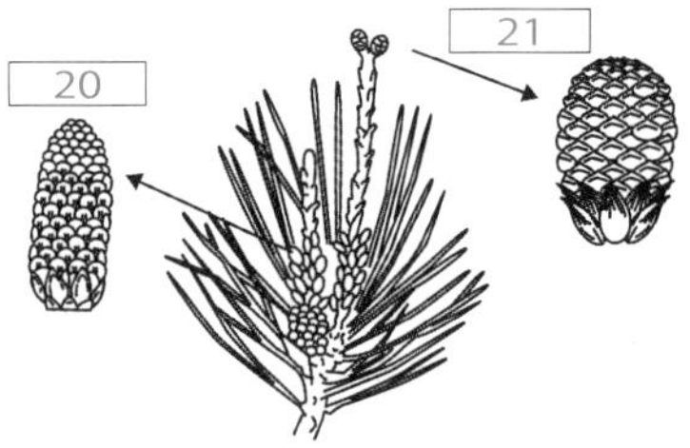

雌花の[22]に花粉がつくと[23]になる。
子房がないので[24]はできない。

4 葉と茎の働き

(1) **光合成のしくみ**

・光合成は，光のエネルギーを[1]に含まれるクロロフィル（葉緑素）が吸収し，[2]と[3]などの無機物から，ブドウ糖，デンプンなどの有機物を合成して[4]を発生する働きである。クロロフィルには[5]という金属が含まれている。

6[6] + $12H_2O$ + 光エネルギー → ($C_6H_{12}O_6$) + $6H_2O$ + 6[7] 有機物

・光合成は，温度や[8]，[9]などの環境要因の影響を受ける。

・光合成の働きを確かめる方法として，BTB液を使用する。BTB液は，酸性で[10]色，中性で[11]色，アルカリ性で[12]色を示す。

(2) **葉の働き**

[13]…植物が葉の[14]から，水を水蒸気として排出する働き。

(3) **茎の維管束の働き**

① [15]…根から吸収した[16]や養分を運ぶ管。

② [17]…葉でつくられた栄養分を運ぶ管。

5 植物の分類

(1) **植物などの種類**

※ 例の空欄については，当てはまる植物をあとの語群から選ぶこと。

① 種子でふえる植物…根・茎・葉が発達する。光合成をおこなう。

a) 被子植物…胚珠が[1]に包まれている。

・双子葉類…子葉が[2]枚。葉脈は[3]脈，維管束は[4]，根は主根と側根。花びらがくっついている[5]と離れている[6]に分けられる。

例 [7]，[8]，[9]，[10]，[11]

・単子葉類…子葉が[12]枚。葉脈は[13]脈，維管束は[14]，根は[15]根。

例 [16]，[17]，[18]，[19]

b）裸子植物…子房がなく，[20]がむき出しで，雄花と雌花の区別が[21]。

例 [22]，[23]，[24]，[25]

② 胞子でふえる植物

a）シダ植物…根・茎・葉の区別が[26]。維管束が[27]。光合成をおこなう。

例 [28]，[29]，[30]，[31]

b）コケ植物…根・茎・葉の区別があいまい。維管束が[32]。雄株，雌株の区別が[33]。光合成をおこなう。

例 [34]，[35]

c）藻類………根・茎・葉の区別が[36]。[37]で生活する。多くのものが胞子でふえる。光合成をおこなう。

例 [38]，[39]，[40]

d）菌類………からだは菌糸でできている。寄生生活をする。光合成をおこなわない。

例 [41]，[42]，[43]

③ 分裂でふえる植物

a）細菌類……単細胞で非常に小さい。寄生生活をする。

例 [44]，[45]

〈語群〉

アオカビ，アオミドロ，アサガオ，アブラナ，イチョウ，イヌワラビ，イネ，エンドウ，ケイソウ，サクラ，シイタケ，スギ，スギゴケ，スギナ，ゼニゴケ，ゼンマイ，ソテツ，大腸菌，タケ，タンポポ，チューリップ，乳酸菌，ノキシノブ，マツ，マツタケ，ユリ，ワカメ

過去問に挑戦！

次の表は，植物のなかまをいろいろな特徴をもとにまとめたものである。AからEに当てはまる植物の組み合わせの中で，誤っているものを一つ選べ。

- 花が咲き，種子でふえる
  - 胚珠が子房に包まれている……………A
  - 子房がなく，胚珠がむき出しである…B
- 花が咲かないで，胞子でふえる
  - 維管束がある……………………………C
  - 維管束がない
    - 陸上生活である…D
    - 水中生活である…E

① キキョウはAで，イチョウはBである。
② エンドウはAで，スギナはCである。
③ スギはBで，クロレラはDである。
④ イヌワラビはCで，アサクサノリはEである。
⑤ ゼニゴケはDで，アオミドロはEである。

（神奈川県・横浜市・川崎市　改題）

2 動物の世界

重要度A

ここが要点　ヒトのからだのしくみについて，血液の働きと循環，食物の消化と吸収，老廃物の排出，神経系のつくりと刺激に対する反応を覚えよう。また，動物の分類についても重要である。

1 血液の循環

(1) **血液の成分と働き**

① [1]…中央がくぼんだ円盤状。[2]を含み[3]を運搬する。
② [4]…アメーバ状で自由に形を変える。[5]作用で体内に侵入した細菌を捕食して殺す。
③ [6]…決まった形はない。働きは[7]。
④ [8]…液体成分で，栄養分，[9]・尿素などの老廃物，ホルモン，熱などを運搬する。

(2) **ヒトの心臓のつくり**

ヒトの心臓は[10]心房[11]心室。
・[12]…全身や肺の静脈から血液が戻り心室に送る。
・[13]…全身や肺の動脈へ血液を送り出す。壁の筋肉は心房より心室の方が[14]。

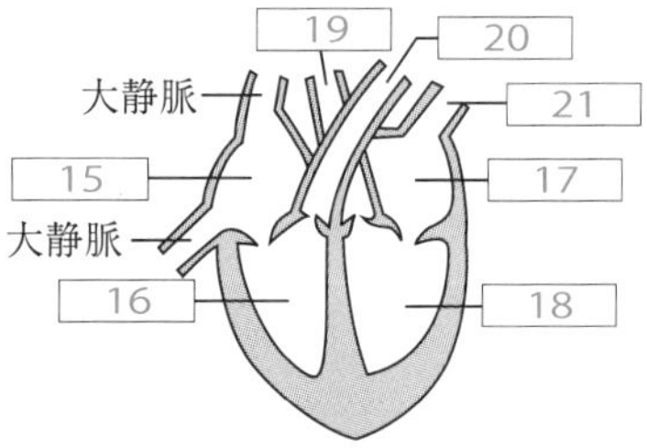

(3) **血液の循環**

① [22]…血液が心臓を出て肺をめぐり心臓へ戻る経路。
[23]→[24]→肺→[25]→[26]
② [27]…血液が心臓を出て全身をめぐり心臓へ戻る経路。
[28]→[29]→全身の毛細血管→[30]→[31]
③ 酸素を最も多く含む血管は[32]。

2 消化と吸収

(1) **消化管**

[1]…歯で食物をかみ砕き，だ液と食物を混ぜ合わせる。
↓
食道
↓
[2]…強酸性の胃液と食物を混ぜ合わせ，[3]を消化。
↓
[4]…すい液，腸液と食物を混ぜ合わせて消化し，[5]から栄養分を吸収。
↓
[6]…[7]を吸収する。

(2) **酵素の性質**

① 種類によって，特定の[8]にしか働かない（[8]特異性）。
② [9]℃前後で最もよく働く。
③ 温度が[10]℃を超えると，本体であるタンパク質の立体構造が変化するため酵素作用を失い（失活），常温に戻してもその働きが再びあらわれることはない。
④ 反応の前後で酵素自身は変化[11]。

(3) **栄養分の吸収**

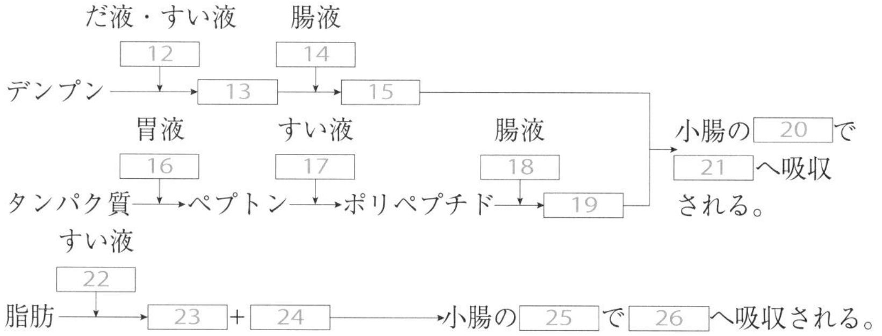

3 呼吸と排出

(1) **呼吸器のつくりと働き**

① ヒトの呼吸器官のつくり

ヒトの呼吸器官は [1] で，その中にある [2] の毛細血管により，[3] と [4] のガス交換を行っている。

② 呼吸運動のしくみ

肺には筋肉が [5] ため，肋骨と横隔膜の働きで，[6] が広がると肺も広がり，狭くなると肺も縮む。

③ 呼吸の働き

呼吸により，[7] や脂肪は二酸化炭素と水に分解される。

(2) **肝臓と腎臓**

① 肝臓の働き

・タンパク質の分解によって生じた [8] を [9] に作りかえる。

・[10] を生成し，小腸で脂肪の消化を助ける。

・ブドウ糖を [11] に作りかえて貯蔵し，必要に応じてブドウ糖にかえて血液中に送り出す。

・体内に入った有害物質を無毒化する [12] 作用をもつ。

② 腎臓の働き

血液中から水や尿素などの老廃物をこしとって [13] を生成する。

4 中枢神経系と末梢神経系

(1) **ヒトの神経系のつくり**

① [1] …脳，脊髄など神経細胞がたくさん集まったところ。刺激に対する命令を出す。

② [2] …中枢神経から細かく枝分かれした神経。

・[3] ：感覚器官が受けた刺激を [4] に伝える。

・[5] ：脳や脊髄からの命令を [6] に伝える。

(2) **脳と脊髄の主な働き**

・脳…① [7] ：運動・感覚などの中枢，記憶・言語などの高度な精神活動の中枢。本能行動の中枢。

② [8] ：自律神経系の中枢。体温調節などの中枢。

③ [9] ：眼球の運動，こう彩調節の中枢。姿勢保持の中枢。

④ [10] ：からだの平衡を保つ中枢。随意運動の調節。

⑤ [11] ：呼吸運動，血液循環の調節の中枢。

・[12] …反射の中枢。感覚器官と脳との刺激や命令の連絡路。

(3) **刺激に対する反応のしくみ**

① 意識的な反応…刺激に対する命令を[13]が出す。

〔刺激〕→感覚器官→[14]→[15]→[16]→[17]→[18]→筋肉→〔反応〕

② 無意識的な反応([19])…刺激に対する命令を主に[20]が出す。

〔刺激〕→感覚器官→[21]→[22]→[23]→筋肉→〔反応〕

例 ひざの下をたたくと，足が跳ね上がる…[24]反射

(4) **自律神経系**

末梢神経系のひとつで，[25]の視床下部の支配のもと，意思とは[26]に[27]の働きを調節する。[28]と[29]の2種類があり，多くの器官にはその両方が分布し，互いにほぼ正反対の働きを行う[30]作用がある。

① 交感神経…[31]が分泌され，緊張したりしているときに働く。
瞳孔を[32]，心臓の拍動を[33]，呼吸運動を[34]，消化作用を[35]，皮膚の血管を[36]させる。

② 副交感神経…[37]が分泌され，安静時に働く。
瞳孔を[38]，心臓の拍動を[39]，呼吸運動を[40]，消化作用を[41]させる。

5 動物の分類

(1) **セキツイ動物…[1]がある動物**

<table>
<tr><th colspan="2"></th><th>生活場所</th><th>産み方</th><th>心臓</th><th>呼吸器官</th><th>皮膚</th><th>体温</th></tr>
<tr><td colspan="2">哺乳類</td><td rowspan="4">2</td><td>4</td><td rowspan="3">6</td><td rowspan="4">9</td><td>11</td><td rowspan="2">14</td></tr>
<tr><td colspan="2">鳥類</td><td rowspan="5">5</td><td>羽毛</td></tr>
<tr><td colspan="2">は虫類</td><td>12</td><td rowspan="4">15</td></tr>
<tr><td rowspan="2">両生類</td><td>親</td><td rowspan="2">7</td><td rowspan="2">粘膜</td></tr>
<tr><td>子</td><td rowspan="2">3</td><td rowspan="2">10</td></tr>
<tr><td colspan="2">魚類</td><td>8</td><td>13</td></tr>
</table>

※空欄に当てはまる動物をあとの語群から選ぶこと。

哺乳類…[16]，[17]，[18]，[19]，[20]，[21]
鳥　類…[22]，[23]，[24]，[25]
は虫類…[26]，[27]，[28]，[29]，[30]
両生類…[31]，[32]，[33]
魚　類…[34]，[35]，[36]，[37]，[38]

〈語群〉

イモリ，イルカ，ウマ，エイ，カエル，カメ，カモノハシ，カラス，クジラ，コウモリ，サメ，サル，サンショウウオ，スズメ，トカゲ，ナマズ，フクロウ，フナ，ヘビ，ペンギン，メダカ，ヤモリ，ワニ

(2) **無セキツイ動物…[39]がない動物**

① 節足動物…[40]がある
・[41]…トンボ，コガネムシ，バッタ
・[42]…エビ，カニ
・[43]…クモ，サソリ

② [44]動物…イカ，タコ，貝

③ [45]動物…アメーバ，ゾウリムシ〔[46]生物〕

過去問に挑戦！

1 次のヒトの血液に関する記述のうち，誤っているものはどれか。
1．血液は，無形成分の血しょうと有形成分の赤血球，白血球，血小板からなる。
2．赤血球には，ヘモグロビンという物質があり，血液が赤いのはこの物質のためである。
3．白血球は，体内に侵入した細菌を無害化する働きを持っている。
4．血しょうは，体内の組織に酸素や栄養分を運搬する働きを持っている。
5．血小板は，出血の際に血液の凝固に関与している。

（岡山県）

2 ヒトの食物の消化のしくみに関する記述のうち，誤っているものはどれか。
1．だ液はアミラーゼという消化酵素を含み，デンプンをグルコース（ブドウ糖）に分解する。
2．胃液はペプシンという消化酵素を含み，タンパク質を分解する。
3．小腸の内壁には，多数のひだがあり，そのひだには無数の小さな突起がついている。この突起を柔毛といい，小腸の内壁はひだと柔毛によって表面積を大きくしている。
4．胆汁は消化酵素を含まないが，脂肪を乳化して，脂肪の消化を助ける。
5．すい液はリパーゼという消化酵素を含み，脂肪を脂肪酸とモノグリセリドに分解する。

（滋賀県）

3 右の図は，人の神経系を模式的に示したものである。熱いものをさわると，思わず手を引っこめる。この反応が起こるとき，刺激が神経を伝わる道筋を図のa～eの記号を使って表すとどうなるか。次から１つ選べ。
① a→e→d
② a→b→c→d
③ a→e→c→b→e→d
④ d→c→b→a
⑤ a→d

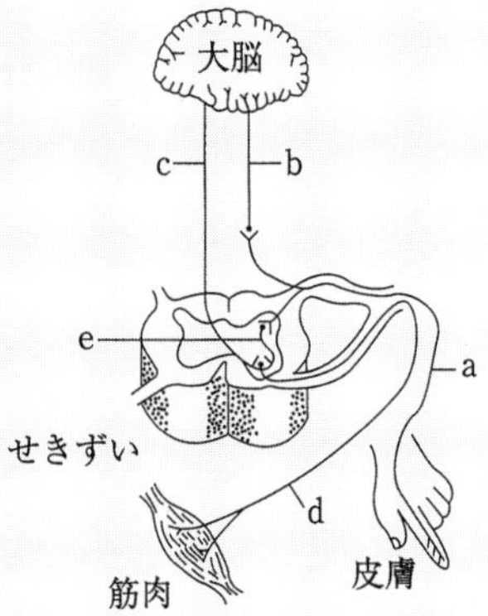

（埼玉県・さいたま市　改題）

4 次のア～オのうち，３項目が当てはまる動物を選べ。
ア．体温は周囲の温度変化に合わせて変わる。
イ．陸上にかたい殻で覆われた卵を産む。
ウ．体表は乾燥に弱い。
エ．心臓は，二つの心房と一つの心室からできている。
オ．親が餌を与えたり，敵から守ったりして子を育てる。
① メダカ　② チンパンジー　③ ツバメ
④ トカゲ　⑤ トノサマガエル

（長野県　改題）

3 生物のつながり

重要度B

ここが要点　生物を構成する単位である細胞の構造と働き，生態系における食物連鎖と物質循環について覚えておこう。遺伝はメンデルの法則を理解し，ABO式血液型の遺伝の解き方をマスターしておこう。

1 細胞と生物

(1) **細胞の構成元素**

[1]，[2]，[3]，[4]の4つで細胞全体の95％を占める。

(2) **細胞のつくり**

① [5]…生命活動の中心で，遺伝子の本体である[6]を含む染色体などからなる。

② [7]…実際の生命活動をおこなう部分。

・[8]…クロロフィルを含み，[9]の場である。[10]細胞だけに存在する。

・[11]…呼吸によって[12]を生成し，生命活動をおこなうエネルギーを発生する。

〈植物細胞〉

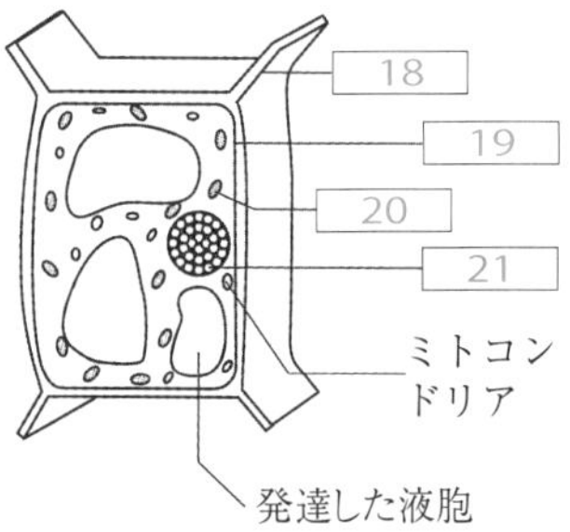

③ [13]…細胞質を包む膜で[14]を示す。

④ [15]…[16]細胞にみられる細胞膜の外側を包む膜で[17]を示す。

(3) **細胞の浸透現象**

① 細胞内より薄い溶液を低張液といい，細胞を低張液に浸すと，細胞内へ水が浸透して，細胞が[22]する。動物細胞では細胞が破裂することもあり，赤血球が破裂する現象を[23]という。

② 細胞内より濃い溶液を高張液といい，細胞を高張液に浸すと，細胞内の水が細胞外へ浸透し，細胞が[24]する。植物細胞では[25]がおこる。

(4) **細胞分裂**

生物は[26]をくりかえし，成長する。

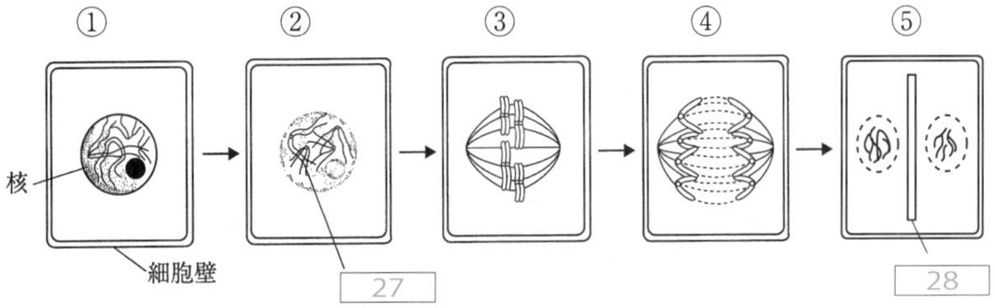

① [29]…染色体が複製される。

② [30]…糸状の染色体が凝縮して，太く短い染色体になる。

③ [31]…染色体が赤道面に並ぶ。

④ [32]…染色体が分かれて両極に移動する。

⑤ [33]…〈植物細胞〉中央にしきりができ，細胞が2分される。
〈動物細胞〉細胞表面からくびれが生じ細胞が2分される。

2 遺伝と遺伝子

(1) **遺伝用語**

① [1]…エンドウの種子の形が丸形・しわ形のように互いに対をなす形や性質。

② [2]…親から子へと形質を伝え，それを発現するもとになるもの。

③ [3]…AA，aaのように同じ遺伝子の組合せをもつ個体。

④ [4]…Aaのように異なる遺伝子の組合せをもつ個体。

⑤ 顕性（優性）形質と潜性（劣性）形質…雑種について，現れる形質が[5]，隠れて現れない形質が[6]である。

⑥ 顕性遺伝子と潜性遺伝子…[7]はAのように大文字で表し，AA，Aaのように1個でもAがあると[8]形質となる。[9]はaのように小文字で表し，aaのように対になったとき[10]形質となる。

⑦ [11]…同一個体の配偶子間での受精

(2) **メンデルが発見した遺伝についての性質**

① 一遺伝子雑種…1対の対立形質について遺伝を考えるときの雑種

〈エンドウの種子の形（丸形・しわ形）〉

遺伝子型

P　AA × aa

配偶子　A ｜ a

F_1　[12]

配偶子　A：a = 1：1

（自家受精）

F_2　[13]：[14]：[15]

= [16]：[17]：[18]

表現型

P　丸形×しわ形

F_1　[19]

（自家受精）

F_2　[20]：[21]

= [22]：[23]

F_1にはPの顕性形質のみ現れる。また，配偶子ができるときに1対の対立遺伝子は分離して別々の配偶子にはいる。これを[24]の法則という。

② 二遺伝子雑種…2対の対立形質について遺伝を考えるときの雑種

〈エンドウの種子の形（丸形・しわ形）と子葉の色（黄色・緑色）〉

遺伝子型

P　AABB × aabb

配偶子　AB ｜ ab

F_1　[25]

配偶子　[26]：[27]：[28]：[29]

= [30]：[31]：[32]：[33]

（自家受精）

※2組の対立形質の遺伝子は互いに独立して各配偶子に配分される。

F_2

	AB	Ab	aB	ab
AB	[34]	[35]	[36]	[37]
Ab	[38]	[39]	[40]	[41]
aB	[42]	[43]	[44]	[45]
ab	[46]	[47]	[48]	[49]

表現型

P　丸形・黄色　×　しわ形・緑色

F_1　[50]

（自家受精）

F_2　[51]：[52]：[53]：[54]

＝[55]：[56]：[57]：[58]

(3)　**不完全顕性…対立遺伝子の関係が不完全なためにおこる現象**

〈マルバアサガオの花の色〉

遺伝子型

P　RR×rr

配偶子　R｜r

F_1　[59]

配偶子　R：r＝1：1

（自家受精）

F_2　[60]：[61]：[62]

＝[63]：[64]：[65]

表現型

P　赤色×白色

F_1　[66]

（自家受精）

F_2　[67]：[68]：[69]

＝[70]：[71]：[72]

(4)　**ABO式血液型**

①　ABO式血液型の遺伝子は[73]，[74]，[75]の3つ。AとBはOに対して[76]である。

②　ABO式血液型の遺伝子型

表現型	A型	B型	AB型	O型
遺伝子型	[77]	[78]	[79]	[80]

(5)　**遺伝子**

①　遺伝子の本体は[81]（デオキシリボ核酸）である。

②　DNA分子の基本構造は，[82]，[83]，[84]が結合したヌクレオチドである。

③　DNA分子は[85]構造をしている。

④　[86]…ヒトがもつ全遺伝情報のセットのことで，2003年にすべての解読が完了した。

⑤　[87]…遺伝子が全く同じ細胞や個体のこと。1996年，体細胞クローン羊「ドリー」が世界初の成功例である。

3　生物どうしのつながり

(1)　**生物界のなりたち**

①　[1]…光合成によって無機物から有機物をつくり出すことのできる[2]植物や植物プランクトン。

②　[3]…生産者のつくり出した有機物を直接食べる[4]動物または間接的に食べる[5]動物。

③　[6]…生物の死がいや排出物に含まれる有機物を無機物に分解する[7]や[8]。

④　[9]…生産者を出発点とする「食う・食われる」の関係。これにより，生物どうしの量的関係は生産者を底辺とする[10]形になる。

⑤　[11]…外界から取り込んだ特定の物質が，[9]を重ねる順により高濃度で生体内に蓄積される現象。

4 物質の循環

(1) **炭素の循環**

炭素は，大気中の[1]やすべての有機物に含まれている。

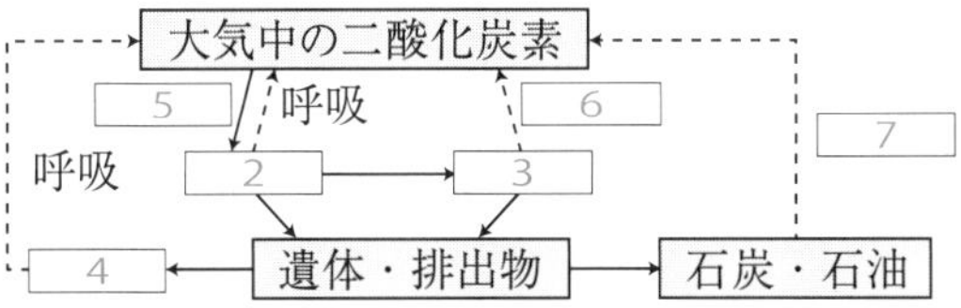

(2) **窒素の循環**

窒素は，[8]や土壌中の窒素化合物などに含まれている。

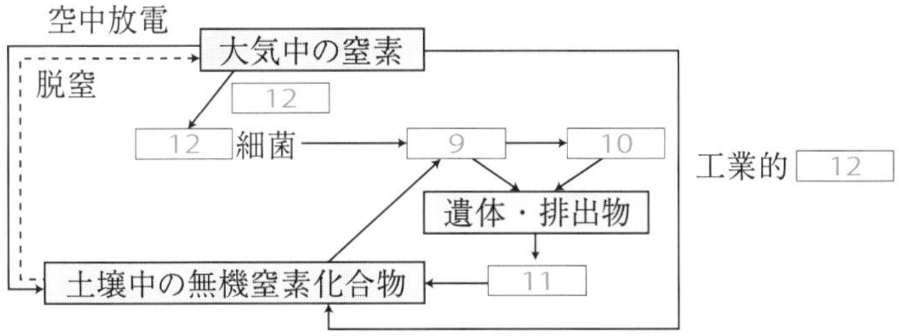

(3) **窒素同化作用**

① [13]…植物が土壌中や水中に存在する無機窒素化合物と，光合成や呼吸の過程で生じた有機物を材料にしてアミノ酸などの有機窒素化合物を合成すること。

② [14]…大気中の窒素を体内にとり入れ，アンモニア(無機窒素化合物)を合成すること。[15]など特定の細菌やシアノバクテリア(ラン藻の一種)がおこなう。

5 植物の分布

(1) **バイオームの水平分布**

※ 例の空欄については，当てはまる植物をあとの語群から選ぶこと。

植物や動物の分布は，生育地の[1]と[2]によって決まり，それをバイオームという。日本では[3]の影響を大きく受ける。

① [4]樹林…九州地方から関東地方の平地に分布する[5]広葉樹が優占する森林。

例 [6]，[7]，[8]，[9]

② [10]樹林…東北地方から北海道南部の平地に分布する[11]広葉樹が優占する森林。

例 [12]，[13]，[14]

③ [15]樹林…北海道東部・北部の平地に分布する針葉樹が優占する森林。

例 [16]，[17]

〈語群〉

エゾマツ，カエデ，カシ，クスノキ，シイ，タブノキ，トドマツ，ブナ ミズナラ

(2) バイオームの垂直分布

海抜高度が100m高くなるごとに気温は約[18]℃低くなるので，海抜高度によって植物の分布が変化する。

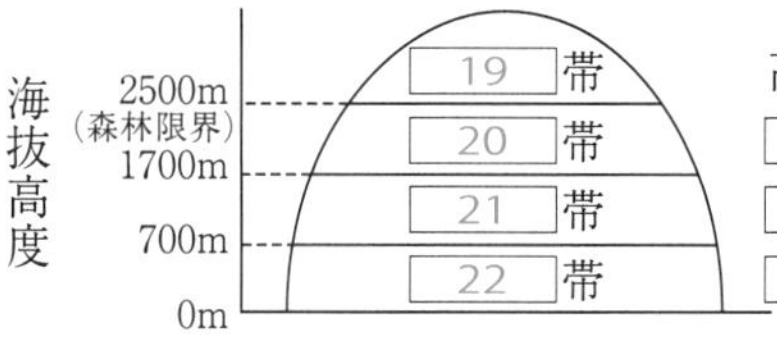

高山草原：[23]，コマクサ，コケモモ
[24]樹林：シラビソ，コメツガ
[25]樹林：ブナ，ミズナラ
[26]樹林：シイ，カシ

過去問に挑戦！

1 AB型とAB型の両親からB型の子どもが生まれる確率は次のうちどれか。

① $\frac{1}{2}$　② $\frac{1}{4}$　③ $\frac{1}{16}$　④ $\frac{3}{4}$　⑤ $\frac{1}{8}$

（静岡県　改題）

2 次の自然界の物質（炭素，窒素）の流れに関する記述のうち，誤っているものはどれか。

① 大気中の二酸化炭素は，植物の光合成や細菌の化学合成によって有機物に合成される。
② 大気中の二酸化炭素は，石油などの燃焼や動物の呼吸だけでなく，植物の呼吸によっても放出される。
③ すべての植物は，大気中の窒素を固定することができるが，動物はできない。
④ 動物は無機窒素化合物から有機窒素化合物を合成することができないので，他の動物や植物から摂取しなければならない。
⑤ 動植物の遺体や排出物は細菌・菌類により分解され，硝酸塩やアンモニウム塩になって循環する。

（岡山県　改題）

5 地学

●解答解説P273～P275

1 大地の変化

重要度A

ここが要点　マグマと火山の形，マグマが冷えて固まった岩石である火成岩の種類と鉱物，地震では地震波，震度，マグニチュードは覚えておくこと。さらに地層の新旧関係，堆積岩，化石についても押さえておこう。

1 火山

(1) **火山とマグマ**

① 〔1〕…地下の深いところで岩石が溶けてできる高温で液状の物質である〔2〕が地表に噴出してできた山。

② 火山噴出物

・〔3〕…火山からマグマが液体状に流れ出るものや冷えて固まったもの。

・〔4〕…マグマに含まれていたガスが気体として噴出されたもの。大部分は〔5〕で，有毒な〔6〕，〔7〕も含まれている。

・火山岩塊，火山れき，〔8〕…火山砕屑物。

③ 〔9〕…溶岩の破片と高温の火山ガスが混じり合って火山の斜面を高速で流れ下る現象。

(2) **溶岩の性質と火山の形**

火山の形と噴火のようすはマグマの粘性によって異なる。二酸化ケイ素 SiO_2 の含有量が高いほど粘性が〔10〕。

粘性の程度	噴火の様子	火山の形	火山の特徴	火山の例
粘性の〔11〕溶岩	〔12〕	〔13〕	溶岩が薄く広がって流れるため傾斜のゆるい火山になる。	マウナロア，〔14〕
中程度の溶岩	比較的激しい	〔15〕	溶岩が流れにくいため，傾斜の急な〔16〕の火山になる。	〔17〕，桜島，浅間山
粘性の〔18〕溶岩	激しく〔19〕	〔20〕	溶岩が盛り上がって〔21〕の火山になる。	〔22〕

2 火成岩

(1) **火成岩とその種類**

火成岩は〔1〕が冷え固まった岩石で，〔2〕と〔3〕に分けられる。

① 火山岩…マグマが地表または地表近くで〔4〕冷やされてできる岩石。

例 〔5〕，〔6〕，〔7〕

② 深成岩…マグマが地下の深いところで，〔8〕冷えてできる岩石。

例 〔9〕，〔10〕，〔11〕

(2) **火成岩のつくり**

① 火山岩…〔12〕組織

ガラス質または微細な鉱物の結晶（〔13〕）の中に比較的大きな鉱物の結晶（〔14〕）が散らばっている。

② 深成岩…[15]組織
粒径が大きくほぼそろった結晶が組み合わさっている。

(3) 火成岩をつくる鉱物

① 無色鉱物…[16]，[17]
これらを多く含む流紋岩や[18]は白っぽい色をしている。

② 有色鉱物…[19]，[20]，[21]，[22]
これらを多く含む[23]や斑れい岩は黒っぽい色をしている。

3 地震

(1) 地震の揺れ

① 震源と震央
・[1]…地下で地震が発生した場所。
・[2]…[3]の真上に位置する地表面の地点。

② 地震波…地震の発生と同時に[4]と[5]の2種類の地震波が発生する。
・P波…縦波。伝わる速度が[6]波。
[7]・[8]・[9]中を伝わる。
・S波…横波。伝わる速度が[10]波。
[11]中のみ伝わる。

③ 地震の揺れ方
・[12]…地震のはじめに起こる小さな揺れ。P波が到着すると[13]が始まる。
・[14]…初期微動に続いて起こる大きな揺れ。S波が到着すると[15]が始まる。

④ [16]…初期微動が続く時間で，[17]が到着してから[18]が到着するまでの時間に等しいので，震源からの距離に[19]する。

$$\text{初期微動継続時間} = \frac{\text{震源からの距離}}{[20]\text{の速度}} - \frac{\text{震源からの距離}}{[21]\text{の速度}}$$

(2) 地震の表し方

① [22]…ある観測点での地震による[23]の大きさの程度。0〜7の10段階に分けられる。

② [24]…地震が放出する[25]の大きさを表す尺度。マグニチュードが1大きくなると地震の放出するエネルギーは約[26]倍大きくなる。

(3) 地震の原因

地震は地球の内部構造と密接な関係があり，[27]が移動することによって起こる。

① 地球の内部は，外側より[28]，[29]，[30]に分けられ，地殻とマントルの境を[31]という。

② 日本列島付近での地震の主な原因

1) 日本列島付近には日本海溝があり，[32]プレートが[33]プレートの下に沈み込んでいる。そのため，[33]プレートが[32]プレートに引きずられてたわみ，限界を超えるとはね上がって破壊が起こり，地震や[34]が発生する。

2) 大陸プレート内部の[35]の活動により，震源の浅い地震が発生する。

4 地層

(1) **地層とその特徴**

① [1]…水によって運ばれた土砂(れき，砂，泥)が，湖や海の底で層状に堆積したもの。

② [2]…地層が逆転していなければ，一般に上位の地層ほど[3]。

③ 地層の新旧関係

1) 貫入している火成岩は周囲の地層より[4]。

2) 火成岩が変成を与えているときは，変成を受けた岩石より火成岩の方が[5]。

3) ある地層が異なる地層の破片を含んでいれば，破片を含む地層の方が[6]。

4) 断層があれば，ある層よりその上のない層の方が[7]。

〈地層の新旧の決定(順序)〉

① [8]
② [9]
③ [10]
④ [11]
⑤ [12]
⑥ [13]

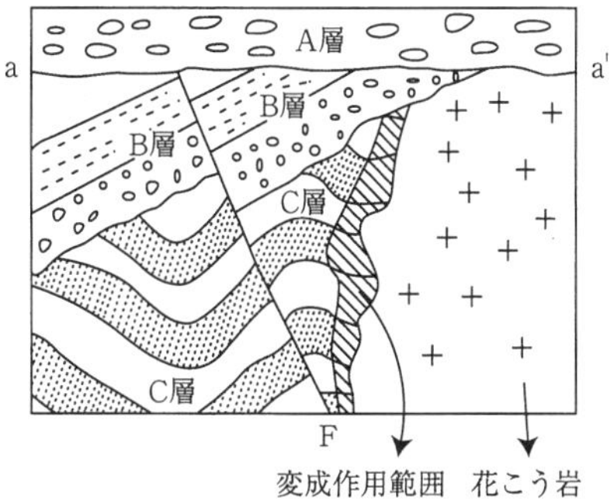

(2) **堆積岩**

海底や湖底に堆積した堆積物が長い年月をかけておし固められてできた岩石。

① [14]…れきが固まった岩石

② [15]…砂が固まった岩石。

③ [16]…泥が固まった岩石。

④ [17]…石灰質の殻をもつ生物の死がいそのものが堆積したり，海水中に溶けている[18]が沈殿して固まった岩石。

⑤ [19]…ケイ酸質の殻をもつ生物の死がいそのものが堆積したり，海水中に溶けている[20]が沈殿して固まった岩石。

⑥ [21]…火山灰や軽石が堆積して固まった岩石。

(3) **化石**

① [22]…地層が堆積した時代を決定する手がかりとなる化石。

例 古生代の示準化石：[23]，[24]，など
中生代の示準化石：[25]，[26]，など
新生代の示準化石：[27]，[28]，など

② [29]…地層が堆積した当時の自然環境を知る手がかりとなる化石。

例 [30]：浅い砂浜の海
[31]：暖かく浅い海
[32]：湖や河口

過去問に挑戦！

1 火山の噴火に関する事象の記述として適切なものは，次の１～５のうちのどれか。
１．火山灰とは，火山の噴火によって発生する粒の細かい噴出物のことで，規模の大きい噴火では成層圏まで達して広範囲に飛散し様々な影響を及ぼすことがある。
２．マグマとは，火山の噴火によって火口から噴出し高温で液体状態になって流れている岩石のことで，昭和新山のマグマは非常に流動性が高く流れやすい。
３．水蒸気噴火（マグマ水蒸気爆発）とは，溶岩に含まれる水蒸気が地表に噴出し急激に圧力が高くなるために起こる現象のことで，三原山（伊豆大島）で顕著に見られるものである。
４．火砕流とは，火山の噴火によってできた火山砕屑物が激しい降雨の際に山腹を流れ下る現象のことである。
５．火山ガスとは，火山が噴火するときに火口や噴気口から噴出される二酸化硫黄と硫化水素のことで，特有のにおいだが人体にはまったく無害である。

（東京都）

2 次の図は，地震計による，ある地震の揺れの記録を表している。これについて，誤っているものを一つ選べ。

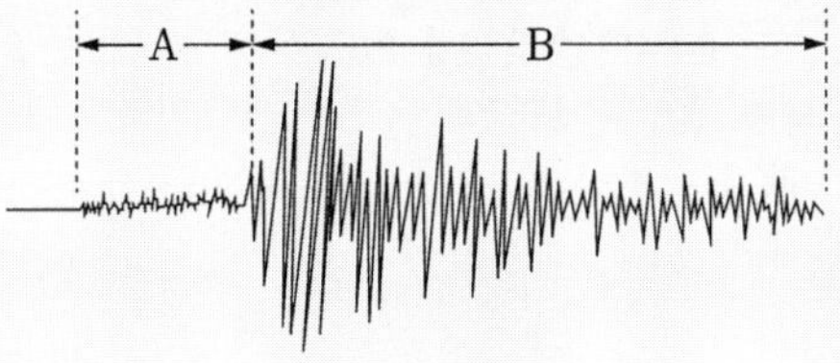

① はじめの小さな揺れAは，P波によるもので，初期微動という。
② あとの大きな揺れBは，S波によるもので，主要動という。
③ 小さな揺れAの継続時間が長いほど，震源からの距離が遠い。
④ 小さな揺れAの継続時間が短いほど，マグニチュードが大きい。
⑤ 大きな揺れBの揺れの幅が大きいほど，震度が大きい。

（秋田県）

2 大気の変化

重要度A

ここが要点　大気中に含まれる水蒸気について，湿度，露点の求め方は必ず覚えておくこと。また，低気圧と高気圧の風の吹き方，前線の通過による天気の変化，日本の四季の天気についても押さえておく必要がある。

1 大気中の水蒸気の変化

(1) **大気中の水蒸気**

① [1]…空気1m³中に含むことができる水蒸気の最大量で，気温が高いほど飽和水蒸気量は[2]。

② [3]…空気中の水蒸気が凝結しはじめるときの温度で，空気中の水蒸気量が多いほど露点は[4]なる。

③ [5]…空気の湿りぐあい。

$$\text{湿度〔\%〕} = \frac{\text{空気1m}^3\text{中の[6]〔g/m}^3\text{〕}}{\text{その気温での[7]〔g/m}^3\text{〕}} \times 100$$

(2) **雲のでき方**

① [8]を含んだ空気塊が上昇すると，上空では気圧が[9]するので，空気塊は[10]して温度が下がる。

② 温度が[11]以下になると，空気中の水蒸気の一部が，ちりなどを核として小さな水滴や氷の結晶となり，雲ができる。

(3) **フェーン現象**

湿った空気塊が山を越えて吹き降りたとき，[12]温で[13]した空気塊になる現象。日本では，春先に[14]側の高温多湿な空気が，[15]側に吹き降りるときにみられることがある。

2 大気とその動き

(1) **大気圏**

地上からおよそ500kmまでを[1]といい，下から[2]，[3]，[4]，[5]の各圏に細分されている。

① [6]…地上から10数km。気温は100mごとに0.6℃[7]する。雲の発生や降水などの気象現象が生じる。

② [8]…地上10数km～50kmの高さ。高さ20kmまでは気温は一定で，その上空では気温は高さとともに[9]する。高さ20～30kmには[10]線を吸収する[11]がある。

③ [12]…地上約50～80kmの高さ。気温は高さとともに[13]する。高緯度地方では[14]がみられることがある。

④ [15]…地上約80～500kmの高さ。気温は高さとともに[16]する。[17]圏とも呼ばれ，極地方で見られる[18]は下層部に出現する。

(2) **等圧線と風**

① [19]…気圧が等しい地点を結んだ線。

② 気圧配置…高気圧や低気圧の分布の様子。

・[20]：中心にいくほど気圧が高くなるところ。

・[21]：中心にいくほど気圧が低くなるところ。

③ 等圧線と風

・風は気圧の[22]ところから[23]ところへ向かって吹く。

・風向きは等圧線に対して[24]ではなく，北半球では[25]にそれる。等圧線の間隔が[26]ところほど強い風が吹く。

(3) 高気圧・低気圧と風

① 高気圧と風

・北半球の場合，地表付近では高気圧の中心から風が[27]に吹き出す。

・高気圧の中心付近では[28]気流が生じ，天気が良い。

② 低気圧と風

・北半球の場合，地表付近では低気圧の中心に風が[29]に吹き込む。

・低気圧の中心付近では[30]気流が生じ，雲ができやすく天気が悪い。

3 気団と前線

(1) 気団とその性質

① [1]…気温や湿度がほぼ等しい大気の大きな塊。

② 日本に影響を与える気団

気団名	発生地域	気団の性質	時期	日本への影響
[2]	シベリア大陸	[3]・乾燥	主に[4]	[5]の季節風
[6]	日本の南方海上	[7]・湿潤	主に[8]	南東の季節風
[9]	オホーツク海	寒冷・[10]	[11]	[12]前線

(2) 前線とその特徴

① [13]…性質の異なる2つの気団がぶつかるときにできる境界面。

② [14]…前線面が地面や海面と交わってつくる線のこと。

③ 前線の種類

前線名	記号	特　徴
[15]	[16]	[17]が[18]の上にはい上がり，[19]を押して進む。傾斜のゆるい前線面に沿って緩やかな上昇気流が生じ，[20]雲が発生する。
[21]	[22]	[23]が[24]の下にもぐり込み，[25]を激しく押し上げて進む。傾斜のきつい前線面に沿って激しい上昇気流が生じ，[26]雲が発生する。
[27]	[28]	寒気と暖気の勢力がほぼ等しいときにできる。ほぼ[29]方向にのび，ほとんど動かない。
[30]	[31]	[32]前線が[33]前線に追いつき，暖気を上に押し上げる。地表面は寒気で覆われる。

(3) 前線の通過と天気

	接近中の天気	通過中の天気	通過後の天気
温暖前線	[20]雲が次第に低く厚くなる。	しとしと[34]い雨が広い範囲で[35]時間降る。	雨がやみ，気温が[36]がり，[37]寄りの風が吹く。
寒冷前線	西の空に[26]雲が現れ，急速に近づく。	突風が吹き，[38]い雨が狭い範囲で[39]時間降る。	気温が急に[40]がり，天気は回復する。風は南寄りから[41]寄りに変わる。

※ 天気記号

○ 快晴　　⦶ [42]　　◎ [43]

● [44]　　⊗ [45]　　◒ 雷雨

4 日本の天気

(1) **冬の天気**

中国大陸に［1］が発達し，日本の北東海上に［2］が発達するため，［3］の気圧配置となる。等圧線がほぼ［4］に走るため，［5］の季節風が吹く。日本海側では［6］，太平洋側では［7］となることが多い。

真冬日とは，1日の最高気温が［8］℃以下の日のこと。

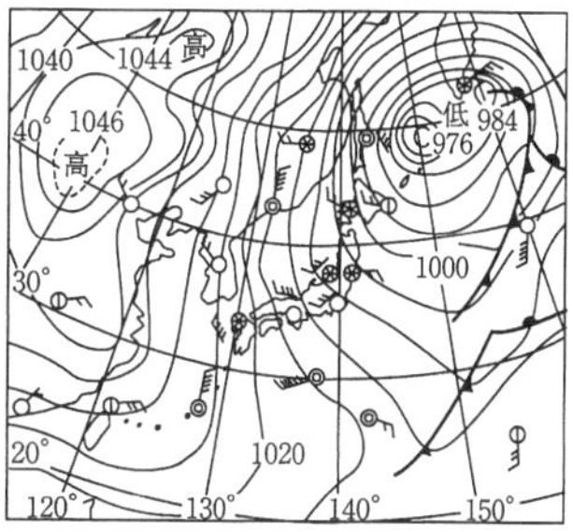

(2) **夏の天気**

日本の東南海上に［9］，中国大陸に［10］があるので，［11］の気圧配置となる。高温・多湿の［12］気団におおわれるので蒸し暑い晴天が続き，［13］の季節風が吹く。［14］雲が発達し雷や夕立ちが発生しやすい。

真夏日とは，1日の最高気温が［15］℃以上の日のこと。

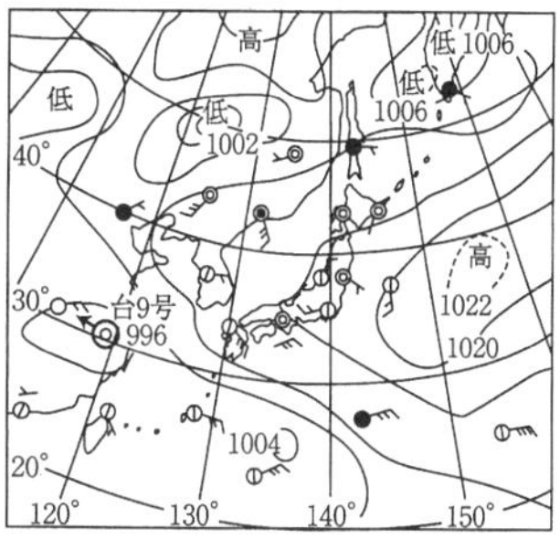

(3) **春と秋の天気**

［16］高気圧と［17］低気圧が日本付近を交互に［18］から［19］へ通過し，天気は3～5日ごとに［20］的に変化する。高気圧通過時は晴れ，低気圧通過時はくもりや雨になる。

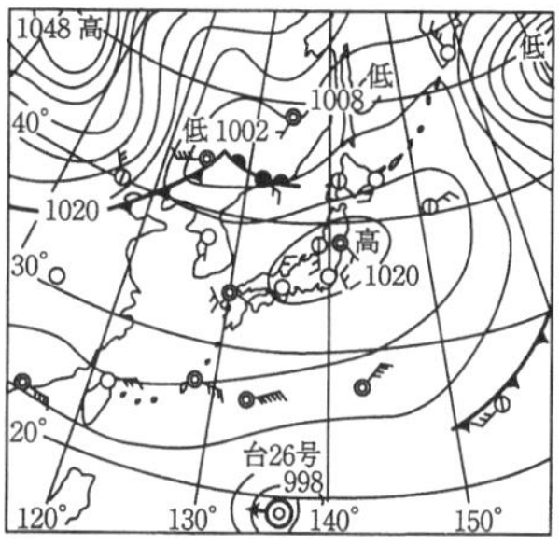

(4) **梅雨期の天気**

日本の南で［21］気団，北で［22］気団が発達し，両者の間に［23］前線ができる。この前線を［24］前線という。停滞前線上を［25］が次々と東進するので，くもりや雨の日が続く。

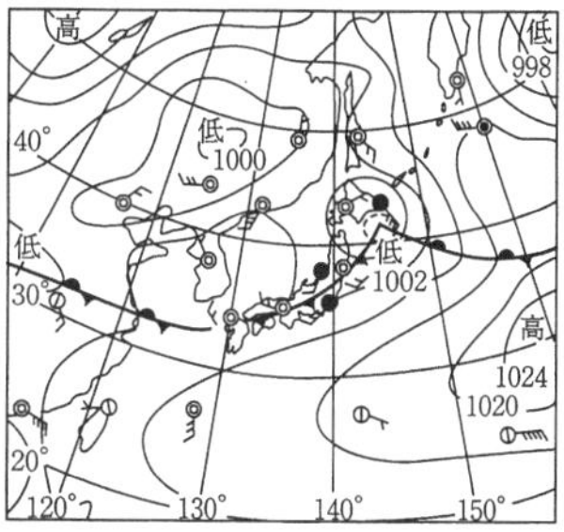

5 台風と天気

(1) **台風とその構造**

① 台風…熱帯地方の海上で発生する［1］低気圧が北太平洋西部で発達して中心付近の最大風速が約［2］m/秒以上になったもの。

② 台風の構造

・等圧線がほぼ［3］状で，［4］を伴わない。

・中心に近づくと強い［5］気流が生じ，広範囲にわたって積乱雲が発達し，大雨が降り風も強い。

・巨大な空気の渦巻きになっており，地表付近では［6］回りに強い風が吹き込む。

(2) **台風の進路**

通常，東風が吹く低緯度では[7]へ流されながら北上し，上空で強い西風（[8]）が吹く中・高緯度では速い速度で[9]へ進む。

① 冬から初夏にかけては大陸の高気圧に押されるので北上できず，中国大陸へ向かうことが多い。

② 夏から秋にかけては[10]高気圧の西のへりに沿って進むので，日本列島に近づくことが多い。

(3) **台風の種類**

大きさと強さを組み合わせて，例えば「大型で強い台風」のように呼ぶ。

① 大きさの階級分け…強風域（風速15m/秒以上）の半径により[11]，[12]

② 強さの階級分け…最大風速により[13]，[14]，[15]

(4) **台風の発生数**

30年間（1993～2022年）の平均で年約25個発生し，そのうち平均[16]個が日本に上陸する。

過去問に挑戦！

1 ある学校の教室で気温と湿度の測定をしたところ，室内の気温は30℃，湿度は82.0％であった。表1を用いて，このときの露点は何℃であるか，最も近い温度を次の①～⑤から一つ選べ。

表1　気温と飽和水蒸気量との関係

気温［℃］	飽和水蒸気量［g/m³］	気温［℃］	飽和水蒸気量［g/m³］	気温［℃］	飽和水蒸気量［g/m³］
12	10.70	19	16.30	26	24.40
13	11.40	20	17.30	27	25.80
14	12.10	21	18.30	28	27.20
15	12.80	22	19.40	29	28.80
16	13.60	23	20.60	30	30.40
17	14.50	24	21.80	31	32.10
18	15.40	25	23.10	32	33.80

① 25℃　② 26℃　③ 27℃　④ 28℃　⑤ 29℃

（岐阜県）

2 次の図は，日本付近を発達しながら通過した低気圧のある時期の天気図の等圧線を描いたものである。ABの寒冷前線に関する特徴について述べた1～5の文から，正しいものを一つ選び，番号で答えなさい。

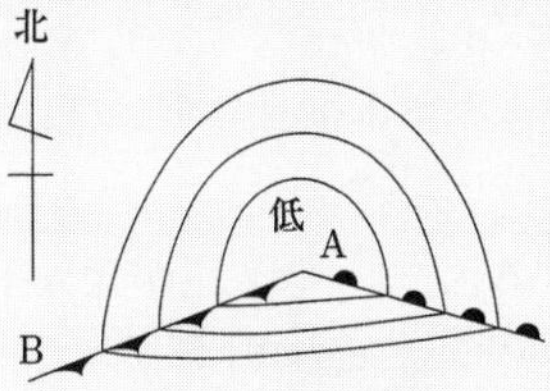

1．前線が通過するときに，強いにわか雨や雷などを伴う。
2．前線の通過後に気圧が下降し，気温が急に上がる。
3．前線の通過のかなり前から雲がかかり，おだやかに雨を降らせる。
4．前線の通過後に，風向が大きく変化し，長雨が続く。
5．前線の通過後には気温が上がり，突風が吹いてまもなく天気は回復する。

（神奈川県・横浜市・川崎市）

3 太陽系と宇宙

重要度 **A**

ここが要点　星座に関する問題や地球の自転・公転に関連した天体の動きや星の見え方，太陽の南中高度の計算，惑星の特徴に関する問題などが出題されることが非常に多い。基礎知識を確実に覚えておく必要がある。

1 地球・月・太陽

(1) **地球**

地球の赤道半径は[1]kmで，[2]半径より[3]半径の方が長いので，わずかに[4]の球である。

(2) **月**

① 月の半径は約[5]kmで，地球の半径の約[6]である。月は地球から約[7]km離れている。

② 月の満ち欠け

月は[8]しながら，地球のまわりを[9]しているので満ち欠けをする。

月の満ち欠けは太陽と月と地球の位置関係によって決まる。図において，月がAの位置にあるときは[10]，Bの位置にあるときは[11]，Cの位置にあるときは[12]，Dの位置にあるときは[13]である。

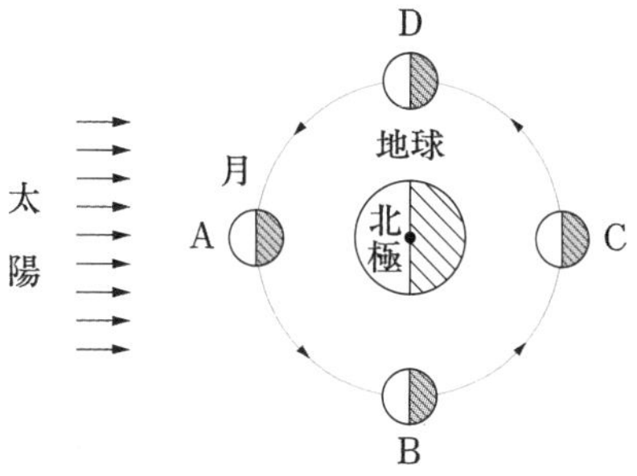

(3) **太陽**

太陽の半径は約[14]kmで，地球の半径の約[15]倍である。太陽までの距離は約[16]kmで，月と地球の距離の約[17]倍である。

(4) **日食と月食**

① [18]…太陽が月にかくされる現象。太陽・[19]・[20]の順に一直線上に並ぶ[21]のときに起こる。

② [22]…月が地球の影に入り，かくされる現象。太陽・[23]・[24]の順に一直線上に並ぶ[25]のときに起こる。

2 太陽の動き

(1) **太陽の日周運動**

① 太陽の日周運動…地球が[1]から[2]へ自転していることによって生じる見かけの動きで，太陽は[3]から[4]へ動き，1日に約1回転する。

② [5]…太陽が観測地の真南の空にきたとき（南中）の高さ。太陽の高度が1日のうち，一番高い。

③ 南中時刻と経度…[6]の地方ほど早く南中し，経度が[7]°異なると1時間違う。

(2) **太陽の日周運動の変化**

① 季節による太陽の南中高度の変化

地軸が公転軌道面の垂線に対し約[8]°傾いた状態で公転しているため，季節によって太陽の南中高度が変化する。

・[9]・[10]＝90°－緯度

・[11]＝90°－緯度＋23.4°

・[12] = 90° − 緯度 − 23.4°

② 日の出と日の入りの位置の変化

・[13]・[14]…真東から出て，真西に沈む。

・[15]…真東・真西より北側の点で出没する。

・[16]…真東・真西より南側の点で出没する。

(3) **太陽の年周運動と季節**

① 太陽の年周運動

地球が太陽の周りを回っていることによって生じる見かけの動きで，地球から見ると太陽は一年かかって[17]上を一周している。

② [18]…天球上における太陽の年周運動の経路。[19]とは23.4°の角度で交わっている。

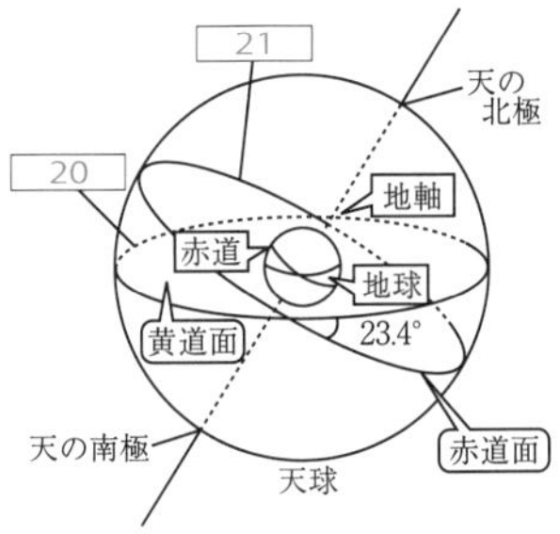

3 星の動き

(1) **星の日周運動**

地球の自転によって，1時間に[1]°ずつ[2]から[3]へ動いて見える。

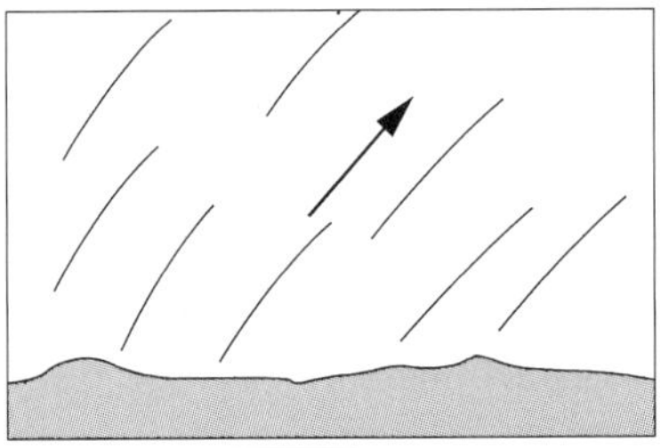

[4]の空
南寄りで斜め上向きに昇る。

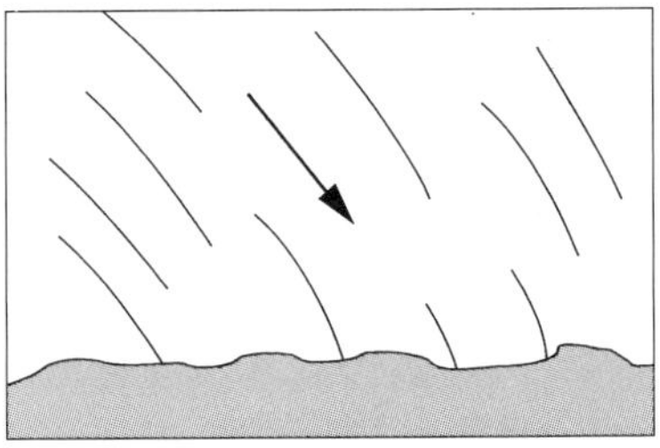

[5]の空
北寄りに斜め下向きに沈む。

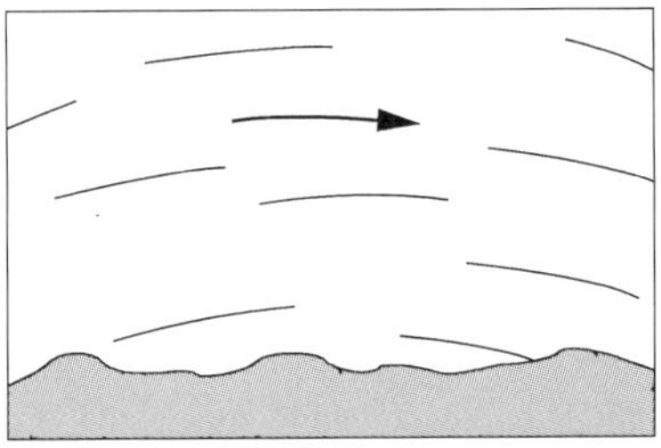

[6]の空
大きな弧で[7]から[8]へ動く。

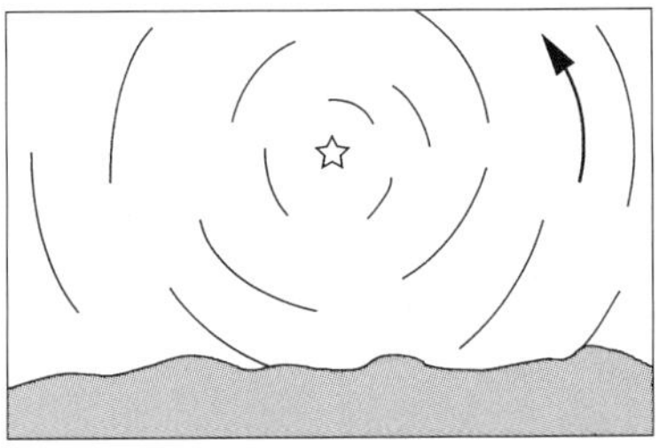

[9]の空
北極星を中心に[10]に回転する。

(2) **星の年周運動**

① 星の1年の動き

・地球が太陽を中心に公転しているため，星は1ヵ月に[11]°ずつ[12]から[13]へ動くように見える。

・同じ星が同じ位置に見える時刻は，1日に約[14]分ずつ，1ヵ月に[15]時間ずつ早くなる。

② 四季に見える星座

・星座は1日に約[16]°ずつ[17]から[18]へ移動し，1年で約1回転する。

・真夜中に見える星座は季節により異なる。地球から見て，太陽と[19]

方向にある星座はよく見え，太陽と[20]方向にある星座は見ることができない。

季節	代表的な星座
[21]	しし座，おとめ座
[22]	[23]座，いて座
[24]	うお座，ペガスス座
[25]	[26]座，ふたご座，おおいぬ座

・[27]の大三角…こと座のベガ，はくちょう座の[28]，
　　　　　　　　わし座のアルタイル
・[29]の大三角…オリオン座の[30]，おおいぬ座の[31]，
　　　　　　　　こいぬ座のプロキオン

4 太陽系と宇宙

(1) **太陽系**

太陽とその周りを回る[1]や小惑星，[2]，すい星などの天体の集まり。

(2) **惑星**

太陽の周りを[3]している[4]個の天体で，自らは光を出さず，太陽の光を反射して光る。太陽を中心として楕円運動をしている。

① 地球型惑星と木星型惑星

・[5]型惑星…半径・質量は小さく，平均密度は大きい。
　属する惑星は，[6]，[7]，[8]，[9]。
・[10]型惑星…半径・質量は大きく，平均密度は小さい。
　属する惑星は，[11]，[12]，[13]，[14]。

② 内惑星と外惑星

・[15]…地球より内側を公転している惑星。
　太陽に近い方から，[16]，[17]。
・[18]…地球より外側を公転している惑星。
　太陽に近い方から，[19]，[20]，[21]，[22]，[23]。

③ 惑星の特徴

・[24]…太陽に最も近い。大気は極めて薄い。表面にクレーターがある。表面温度は，昼間は高温，夜間は低温。
・[25]…大きさ，質量，密度などが地球によく似ている。[26]を主成分とする大気が存在する。反射能が大きいので，最も明るく，[27]の明星，[28]の明星とよばれる。公転と[29]向きに自転する。
・[30]…赤茶色の地表で，巨大火山・大峡谷があり，極に白い[31]がある。うすい大気が存在し，昼夜と季節の変化がある。
・[32]…惑星中で最大の大きさ。密度は小さく，地球の1/4。水素とヘリウムを主成分とする大気が存在する。表面にはしま模様のほか，[33]がみられる。
・[34]…木星の次に大きいが，密度は最小。大気が存在する。表面温度は約－190℃と超低温。氷の粒でできた[35]をもつ。
・[36]…軌道面に対して，横倒しの状態で自転。大気が存在する。
・[37]…メタンの雲があり，青みがかって見える。
・[38]…火星と木星の間にあって公転している小さな天体。

(3) **金星の見え方**

金星は内惑星であるため，満ち欠けし，明け方と夕方のみ見える。

① [39]の明星…日の出前，[40]の空に見える。

② [41]の明星…日没後，[42]の空に見える。

(4) **ケプラーの法則**

・[43]法則…すべての惑星は太陽を焦点の1つとする[44]軌道を描く。

・[45]法則…惑星と太陽を結ぶ直線が一定時間に描く扇形の面積は一定である。

・[46]法則…惑星と太陽の平均距離の[47]と惑星の公転周期の[48]との比はすべての惑星で一定である。

過去問に挑戦！

1 次の図は，青森県内で観察した，ある日の18時の北の空の様子を示した模式図である。恒星Pは北極星である。30日後に恒星Aがアの位置にくるのは何時か，求めなさい。

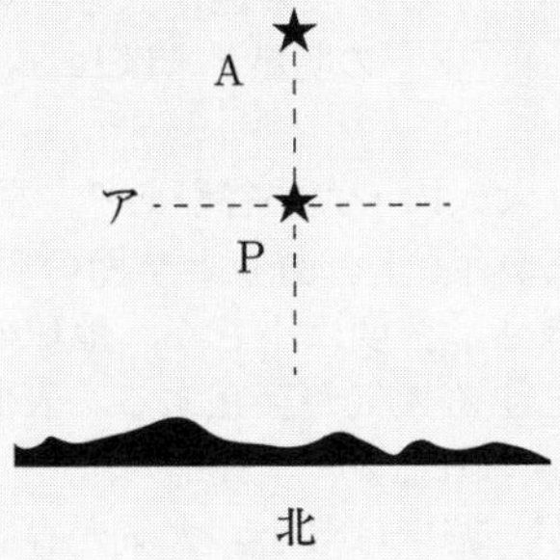

（青森県）

2 地球が地軸を公転面に垂直の方向から23.4度傾けたまま公転しているとして，北緯35度，東経134度の地点における冬至の日の太陽の南中高度はどれか。

① 58.4度　② 31.6度　③ 43.2度　④ 55.0度　⑤ 66.6度

（長野県）

6 コンピュータ・情報社会

●解答解説P276

1 コンピュータ

重要度A

ここが要点　コンピュータに関する問題は近年増加傾向にあるが，基本的知識を問う出題が多い。コンピュータの基本操作については，知識の確認をかねて実際に操作し，熟知しておくとよい。

1 コンピュータの基礎

(1)　情報の単位

ビット…コンピュータが扱う情報量の最小単位。1ビットでは0か1かの2種類の情報を表す。

バイト…[1]ビットをひとまとまりとしたもの。B(バイト)から約1,000倍ごとに順に[2]，[3]，[4]，[5]と表記される。日本語文字コードは英数文字は[6]バイト，かな・漢字は[7]バイト，あるいはそれ以上のバイト数で表されている。

(2)　2進法

0と1の2種類の数字を用いて数を表す方法である。

①　2進法から10進法への変換

2進法の位は，下の位から[8]の位，[9]の位，[10]の位，…となっているので，2進法を10進法に変換するには次のように行う。例えば，2進法で1011と表される数を10進法にするには，

1011(2) = 1 × [11] + 0 × [10] + 1 × [9] + 1 × [8] = [12]

②　10進法から2進法への変換

10進法で表された数を順に2で割っていき，[13]を順に書いていく。例えば，10進法で18と表される数を2進法にするには，下のように計算し，答は[14]となる。

2) 18　[13]
2) 9 … [15]
2) 4 … [16]
2) 2 … [17]
2) 1 … [18]
　　0 … [19]
（↑）

(3) コンピュータの基本構造

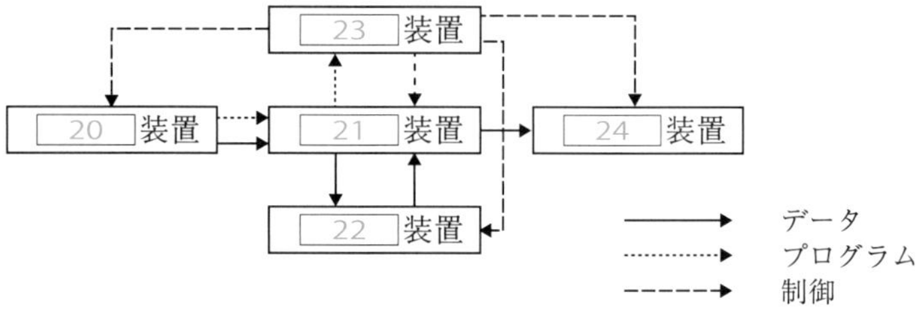

[20]装置…外部からプログラムやデータを取り込む装置。キーボード，[25]，[26]，デジタルカメラなどがある。

[21]装置…[20]装置からデータやプログラムなどを受け取り，記憶する装置。主記憶装置として半導体メモリが，補助記憶装置としてハードディスク，[27]，SDカードなどがある。

[22]装置…[21]装置からデータを受け取り，処理を行う装置で，[28]が担う。

[23]装置…コンピュータ全体の動きをコントロールする装置で，[28]が担う。

[24]装置…[21]装置からデータを受け取り，その情報を外部に示す装置。ディスプレイ，[29]，スピーカーなどがある。

2 コンピュータ用語

[1]…操作の内容やファイルの種類が一目でわかるように，画面上に小さな[2]で表示したもの。

[3]…ワープロ，表計算などコンピュータで実際に処理をするためのソフトウェア。

[4]…コンピュータにOSや周辺機器のドライバなどを使用できるように組み込む作業。

[5]…データの消却と書き込みを電気的に行う記憶装置のこと。

[6]…1度だけ書き込めるCD。

[7]…読み出し専用CD。

[8]…何度でも書き込むことができるCD。

[9]…中央処理（演算制御）装置のこと。

[10]…コンピュータの操作に，図形などの視覚情報を利用するユーザインタフェース。

JPEG …[11]を圧縮する国際規格。

[12]…電子楽器同士，あるいはそれらとコンピュータを接続するための共通規格。

MPEG…[13]と音声を圧縮する国際規格。

[14]…コンピュータの利用を援助するパソコンの最も基本的なソフトウェア。[15]ともいう。

[16]…電子文書表示用のファイル形式。

[17]…データを一時的に保存するための半導体メモリ。

[18]…読み出し専用の半導体メモリ。

[19]…キーボードやマウス，モデム，プリンタなどの周辺機器接続の共通化を図った規格。

過去問に挑戦！

1 1ギガバイト（1GB）は，1メガバイト（1MB）のおよそ何倍か。
① 10倍　② 100倍　③ 1,000倍　④ 1,000,000倍

（兵庫県　改題）

2 次の(1)～(4)は，コンピュータ，インターネットに関する略語の説明である。それぞれア～エから適するものを選ぶとき，その組合せとして正しいものを選べ。

(1) コンピュータを活用した教育
ア．GUI　イ．USB　ウ．CAI　エ．PDF

(2) インターネット上の情報の場所を特定するもので，「http：//」で始まる記号列
ア．ISP　イ．BBS　ウ．PDA　エ．URL

(3) インターネットのWebサーバーで表示されるホームページ作成のための記述言語
ア．IMAP　イ．FTTH　ウ．CGI　エ．HTML

(4) データの読み出しと書き込みが可能な記憶装置
ア．RAM　イ．OS　ウ．CPU　エ．ROM

① (1)ーア，(2)ーウ，(3)ーア，(4)ーエ
② (1)ーイ，(2)ーエ，(3)ーイ，(4)ーウ
③ (1)ーウ，(2)ーイ，(3)ーエ，(4)ーイ
④ (1)ーウ，(2)ーエ，(3)ーエ，(4)ーア
⑤ (1)ーエ，(2)ーア，(3)ーウ，(4)ーエ

（愛知県　改題）

2 ネットワークと情報社会

重要度 **A**

ここが要点　インターネットを利用する場合に必要となる知識や技術についての出題が多いため，用語の意味を中心にまとめておく必要がある。インターネット上でのマナーや著作権についても理解しておこう。

1 インターネット

(1)　[1]

企業内・学校内など比較的限られたエリア内でのコンピュータ・ネットワーク。

(2)　ブロードバンド

動画像や音楽など大容量のデジタルデータを双方向で円滑に送受信できる高速回線のこと。光ファイバーを利用する方法を[2]といい，他のブロードバンドに比べて圧倒的な通信速度を誇る。

(3)　ドメイン名

URL（ホームページのアドレス）では，「http：//」を除いた部分，電子メールアドレスでは「@」以下の部分がドメイン名にあたる。

ドメイン名

例　http：//**www.○○○○○.co.jp/**

co…[3]　　[4]…大学・学校法人　　go…[5]

(4)　電子メールの注意点

・[6]文字や機種依存文字は使わない。

・[7]形式の電子メールを送る際には，相手が[7]形式の電子メールに対応しているかどうか確認する。

(5)　[8]

正常なシステムの動作を妨害する目的で作成されたプログラムの一種。また，[8]のうち，他のコンピュータに感染するなどの機能をもったものを[9]という。以前は，感染しているパソコンから[10]などを経由して感染することが多かったが，最近では，ネットワークを経由した感染が主流になっている。

(6)　[11]

ネットワークを経由して，他のコンピュータに許可なく侵入すること。この被害を防止するため，[11]禁止法が施行されている。

(7)　[12]

通信サービスやデータベースなどを利用する際，その権利のある利用者であることを識別するための文字列。通常は[13]と組み合わせて入力することで，コンピュータシステムに正当な利用者であることを示す。

〈注意点〉

・生年月日，名前など，自分に関するものは避ける。

・大文字と小文字，数字などを混ぜる。

・定期的に変更する。

・不用意に他人に教えない。

・他人の目にふれないよう管理する。

2 インターネット用語・略語

[1]…ローカルのコンピュータから，ネットワーク上にファイルを転送し，他のユーザにそれを公開すること。

[2]…インターネットによる情報検索や情報提供の技術を，企業内・組織内のLANに応用したもの。

[3]…インターネット上で，目的とする情報を探し出すためのデータベース的な役割を果たすサイト。

[4]…ネットワーク上でサービスを提供するコンピュータ。

[5]…使ってみて気に入ればユーザ登録料を支払う方式のソフトウェア。

[6]…インターネットのWebサーバやパソコン通信などのホストコンピュータなどから，データを取り出す作業。[1]と反対の意味。

[7]…ネットワークを通じて外部からのコンピュータへの不正侵入を防ぐシステム。

[8]…特定のWebサイトへのアクセスを禁止するソフトウェア。

[9]…データベース上の情報を検索・閲覧するためのソフト。

[10]…コンピュータ同士のデータ通信の際の規約。

[11]…インターネット接続サービスを提供する通信事業者。

[12]…インターネットのWebサーバで表示されるホームページを記述するためのマークアップ言語。

[13]…インターネットにおける情報の所在を表すアドレス。

[14]…インターネット上に散らばった情報に，自由にアクセスすることを可能にしたシステム。

3 情報社会の用語・略語

[1]…インターネットの急速な普及に伴って生じる，情報技術を利用できる者とできない者との間の社会的・経済的格差のこと。

[2]…「いつでも，どこでも，何でも，誰でも」がネットワークに接続でき，情報の自在なやりとりができること。

[3]…コンピュータを活用した個別学習による教育システム。

[4]…情報技術があらゆる領域に浸透して，人々の生活をよりよい方向に変化させること。

過去問に挑戦！

1 次のアドレスは，日本の首相官邸のホームページとして実際に使われているものである。(　　)に入るものとして正しいものを選べ。

http://www.kantei.(　　).jp/

① co　② go　③ ac　④ pref　⑤ or

（千葉県・千葉市　改題）

2 次の文のうち，正しいものはどれか。

① 電子メールは，秘匿性が高く個人情報などを知らせるのに適している。

② コンピュータウイルスは，電子メールにより媒介しホームページを閲覧しただけでは感染しない。

③ LANなどの他のコンピュータに接続する際のユーザID・パスワードは，一人で使用するよりも複数で共有する方が望ましい。

④ パーソナルコンピュータに記憶されていたファイルは，ハードディスクを初期化すれば読み取ることはできなくなる。

⑤ ホームページなどの文章・画像は広く一般に公開されたものであるが，原則としてこれらを作者等の承諾なしに自由に頒布することはできない。

（埼玉県　改題）

Open Sesame 解答解説

人文科学

1 国語

1 漢字

1 漢字の読み

1．あつれき　2．きゃしゃ
3．しっぺい　4．しゃれ
5．ちょうふく（じゅうふく）
6．はたん　7．ぼうぜん
8．むほん　9．ゆいしょ
10．わいろ　11．あずき
12．かや　13．じゃり
14．しろうと　15．なごり

2 漢字の書き取り

1．乾燥　2．駆除
3．決裂　4．献身
5．撮影　6．実施
7．邪魔　8．証拠
9．真偽　10．接待
11．相互　12．掃除
13．派遣　14．発揮
15．余裕　16．徐
17．除　18．撤
19．徹　20．弊
21．幣　22．防
23．妨　24．収
25．納　26．治
27．修　28．聞
29．聴　30．効
31．利　32．断
33．絶　34．裁
35．立　36．建
37．取　38．採
39．執　40．撮
41．捕　42．精算
43．清算　44．成算
45．対象　46．対称
47．対照　48．追及
49．追求　50．追究
51．補償　52．保障
53．保証

3 反対語

1．特殊　2．感情
3．怠惰　4．過失
5．人工　6．模倣

4 四字熟語

1．異口　2．深長
3．道断　4．環視
5．小・大　6．絶体
7．千・一　8．単刀
9．テンイムホウ　10．和・同
11．粉・砕　12．ボウジャクブジン

過去問に挑戦！

1　3，5，6，8
2　5

解説➡ **1**　正しくは，3．発願（ほつがん），5．久遠（くおん），6．成就（じょうじゅ），8．夭逝（ようせい）と読む。
2　正しくは，ア．意味深長，イ．異口同音，ウ．率先，オ．保証と書く。

2 ことば

1 ことわざ・慣用句・故事成語

1．鳥　2．医者
3．蛙　4．猿
5．豆腐　6．蜂
7．猫　8．水
9．魂　10．水
11．涙　12．葉
13．虫　14．青
15．木　16．馬
17．石

2 敬語

1．ご訪問なさい（ご訪問になり）
2．いらっしゃいます　3．申した
4．おいで

3 文法

1．動詞　2．形容詞
3．形容動詞　4．代名詞
5．副詞　6．接続詞
7．助動詞　8．③
9．③　10．②

4 国語常識

1．弱冠
2．じりつ
3．不惑
4．知命
5．60
6．還暦
7．こき
8．77
9．さんじゅ
10．米寿
11．90
12．白寿
13．拝啓
14．敬具
15．頓首
16．草々（または不一）
17．前略

● 過去問に挑戦！ ●

1 ① B　② B　③ B　④ A
⑤ A
2 エ
3 ① どちらさまでしょうか
② 校長でございますか
③ 外出しております
④ どのようなご用件でしょうか
⑤ 申し伝えておきます

解説➲ **2**
・あとは野となれ山となれ…自分にとって大事な事が終わった以上は，後の事はどうなっても構わない。
・立つ鳥跡を濁さず…その場を去る者は後始末をきちんとすべきであるという戒め。
・君子危うきに近寄らず…君子は言動をつつしみ，自分から進んで危険に近づくようなことはしない。
・虎穴に入らずんば虎子を得ず…大変な危険を冒さなければ，功名を得ることはできないという意味。
・瓜の蔓に茄子はならぬ…血筋は争えず，平凡な親から非凡な子は生まれないという意味。
・鳶が鷹を生む…平凡な親がすぐれた子を生むたとえ。
・忠言耳に逆らう…忠言は素直に聞き入れられにくい。
・良薬口に苦し…忠言や諫言は聞いて快いものではないが，身になることのたとえ。
・蒔かぬ種は生えぬ…原因のない所に結果は生まれない。
・果報は寝て待て…幸運は自然にやって来るのを気長に待つべきだ。

3 読解・鑑賞

1 現代文

1．a
2．e
3．d
4．a
5．b
6．c
7．断絶

2 古文

1．あきれたものだ
2．そのまま，すぐに
3．しみじみとして趣がある
4．早朝
5．風情がある
6．不安で気がかりな
7．我慢して
8．大騒ぎをしている
9．退出しましょう
10．参上して
11．まったく
12．興ざめだ
13．連体
14．已然
15．ありける
16．まされ
17．尊敬
18．謙譲
19．弥生
20．文月
21．9月
22．十二支
23．子

3 漢文・漢詩

1．返り点
2．レ
3．一・二点
4．錦を衣《き》て故郷に帰る。
5．悪の小なるを以って之を為すこと勿かれ。
6．将に君を送らんとす。
7．天帝我をして百獣に長たらしむ。
8．連体形
9．未然形
10．近体詩
11．絶句
12．五言絶句
13．七言絶句

4 俳句・和歌

1．松尾芭蕉
2．五月雨
3．雛
4．名月
5．秋
6．与謝蕪村
7．春
8．夏
9．野分
10．小林一茶
11．親のない雀
12．蛙
13．夏
14．秋
15．正岡子規
16．雪残る
17．秋
18．柿
19．秋
20．冬
21．秋
22．春
23．石走る
24．あかねさす
25．額田王
26．月傾きぬ
27．あしびきの
28．柿本人麻呂
29．田子の浦
30．小野小町
31．風の音
32．秋の夕暮れ
33．寂蓮
34．西行
35．藤原定家
36．万葉集
37．古今和歌集
38．新古今和歌集
39．三夕の歌
40．正岡子規
41．くれなゐの
42．与謝野晶子
43．うつくしき
44．石川啄木
45．斎藤茂吉
46．みちのくの

過去問に挑戦！

1　(イ)
2　小野小町
3　②

解説➲ **1**　(ア)「山吹」は春の季語。松尾芭蕉の作。
(イ)「風鈴」は夏の季語だが，「秋の」とあることから季題は秋である。しまい忘れた風鈴のかすかな音に，深まりゆく秋の気配を感じている。飯田蛇笏の作。
(ウ)「蛙」は春の季語。小林一茶の作。
(エ)「啄木鳥」は秋の季語だが，「落葉」は冬の季語である。水原秋桜子の作。
3　①　正岡子規　③　北原白秋
④　斎藤茂吉　⑤　石川啄木

4 文学史

1 日本文学

1．古今和歌集
2．千載和歌集
3．新古今和歌集
4．三代集
5．ますらをぶり
6．たをやめぶり
7．竹取物語
8．紀貫之
9．伊勢物語
10．蜻蛉日記
11．清少納言
12．をかし
13．源氏物語
14．54
15．もののあはれ
16．歴史物語
17．更級日記
18．今昔物語集
19．大鏡
20．方丈記
21．平家物語
22．平曲
23．宇治拾遺物語
24．徒然草
25．世阿弥
26．松尾芭蕉
27．奥の細道
28．与謝蕪村
29．小林一茶
30．賀茂真淵
31．古事記伝
32．源氏物語玉の小櫛
33．井原西鶴
34．雨月物語
35．南総里見八犬伝
36．十返舎一九
37．近松門左衛門
38．小説神髄
39．二葉亭四迷
40．尾崎紅葉
41．幸田露伴
42．高野聖
43．樋口一葉
44．武蔵野
45．島崎藤村
46．田山花袋
47．余裕（高踏）
48．夏目漱石
49．谷崎潤一郎
50．細雪
51．武者小路実篤
52．志賀直哉
53．有島武郎
54．芥川龍之介
55．菊池寛
56．小林多喜二
57．川端康成
58．井伏鱒二
59．太宰治
60．三島由紀夫
61．遠藤周作
62．大江健三郎
63．飼育
64．石原慎太郎
65．村上龍
66．北原白秋
67．高村光太郎
68．萩原朔太郎
69．斎藤茂吉
70．正岡子規

2 文学作品の冒頭

1．土佐日記
2．枕草子
3．源氏物語
4．平家物語
5．方丈記
6．更級日記
7．奥の細道
8．草枕
9．夜明け前
10．暗夜行路
11．羅生門
12．鼻
13．蜘蛛の糸
14．斜陽
15．人間失格
16．たけくらべ
17．伊豆の踊子

3 外国文学

1．シェークスピア
2．ディケンズ
3．ゲーテ
4．魔の山
5．ユーゴー
6．スタンダール
7．女の一生
8．異邦人
9．ロシア
10．猟人日記
11．トルストイ

過去問に挑戦！

1　ウ・オ・エ・イ・ア
2　①　ウ・ア　②　エ・オ
3　川端康成

解説➲ **1**　ア．1212年　イ．1060年頃　ウ．760年頃
エ．935年　オ．905年

2 倫理

1 西洋の倫理

1 古代ギリシア思想

1．ソクラテス
2．プラトン
3．ポリス

2 西洋の近代思想

1．ピコ＝デラ＝ミランドラ
2．トマス＝モア
3．ク＝セ＝ジュ
4．パスカル
5．ルター
6．カルヴァン
7．ホッブズ
8．リヴァイアサン
9．ロック
10．ルソー
11．エミール
12．ベーコン
13．帰納
14．デカルト
15．演繹
16．カント
17．弁証
18．ベンサム
19．J. S. ミル

3 現代社会の思想

1．マルクス
2．資本論
3．キルケゴール
4．ニーチェ
5．サルトル
6．パース
7．ジェームズ
8．デューイ
9．民主主義

2 東洋の倫理

1 中国の思想

1．孔子
2．性善
3．性悪
4．老子
5．荘子
6．理気
7．王陽明

2 日本の思想

1．伊藤仁斎
2．荻生徂徠
3．賀茂真淵
4．本居宣長
5．福沢諭吉
6．中江兆民
7．内村鑑三
8．和辻哲郎
9．西田幾多郎

過去問に挑戦！

1 ①，③

2 (1) ベーコン　(2) ソクラテス
(3) パスカル　(4) デカルト
(5) モンテーニュ

3 (1) ア　(2) イ
(3) オ　(4) ウ
(5) エ

4 ④

解説➡ **1** ②『省察』はデカルトの著書。
④ ルソーではなく，ベンサムの著書及び考え方。
⑤『国家』はプラトンの著書。

4 ④ ソクラテスは，互いの問答を通して相手に無知を自覚させた。これを問答法という。

3 英語

1 語彙

1 英単語 I

1．nephew　2．nurse
3．knee　4．thermometer
5．desert　6．tragedy
7．proverb［saying］　8．widow

2 英単語 II

1．豆腐　2．歳暮
3．年賀状　4．俳句
5．箸（はし）　6．風呂敷
7．書道　8．水墨画

3 語形変化

1．decision　2．long
3．memorize　4．teeth
5．emphasize［emphasise］　6．poor
7．proposal［proposition］　8．mice

4 反意語

1．decrease　2．failure
3．light　4．positive
5．foolish［stupid］　6．unhealthy
7．difficult　8．right

5 覚えておきたい重要略語

1．企業の合併・買収　2．世界貿易機関
3．世界保健機関　4．情報通信技術
5．国際労働機関　6．JIS
7．UN　8．GDP

6 覚えておきたい掲示・指示用語

1．オ　2．エ
3．カ　4．コ
5．ク　6．イ
7．キ　8．ケ
9．ア　10．ウ

過去問に挑戦！

(1) ③　(2) ④

2 文法

1 熟語 I

1．of　2．in
3．for［with］　4．by
5．off　6．on
7．before　8．to
9．along　10．from

2 熟語 II

1．イ　2．ウ
3．ウ　4．ア
5．イ　6．エ
7．ウ　8．ウ
9．エ　10．イ

3 構文 I

1．take　2．put
3．find　4．give
5．catch　6．look
7．make　8．do
9．turn　10．get［keep］

4 構文 II

1．rule　2．No
3．matter　4．how
5．stolen　6．no
7．but　8．worth
9．that　10．taking［having］
11．or　12．But
13．for　14．much［still］
15．less　16．no
17．more　18．than
19．of　20．until
21．that　22．twice
23．that　24．cry
25．On　26．rather
27．than　28．same
29．as　30．should
31．have　32．done
33．might　34．as
35．well　36．take
37．for　38．granted
39．may　40．as
41．well　42．with
43．view　44．to
45．health　46．may
47．have　48．been
49．not　50．so

51. much　　*52*. as

● 過去問に挑戦！ ●

1 (1) what (2) less
(3) fails (4) deep
2 (1) takes (2) Needless (3) case

解説➡ **1** (1) He is not what he used to be several years ago.
(2) The price of vegetables has increased by no less than 20% in a month.
(3) She never fails to send a Christmas card to her father every year.
(4) I hear in the Sendai District the snow is two meters deep.
2 (1) take care of～＝～を引き受ける
(2) needless to say＝言うまでもなく
(3) in case of～＝～の場合には

3 ことわざ

1 ことわざ

1. mind　　*2*. spilt
3. spoil　　*4*. need
5. tastes　　*6*. believing
7. served　　*8*. drowning
9. bird　　*10*. invention
11. while　　*12*. nods
13. Look　　*14*. together
15. do

● 過去問に挑戦！ ●

(1) 十人十色　　(2) 習うより慣れよ
(3) ちりも積もれば山となる　　(4) 急がば回れ

4 会話

1 会話文に特有な表現

1. pass　　*2*. wrong
3. try　　*4*. business
5. leave　　*6*. mind
7. Not　　*8*. hear
9. hold　　*10*. wrong
11. stranger　　*12*. favor
13. not

2 対話文Ⅰ

1. ウ　　*2*. エ
3. イ　　*4*. ア
5. ウ

3 対話文Ⅱ

1. キ　　*2*. オ
3. イ　　*4*. ウ

● 過去問に挑戦！ ●

(1) イ　(2) ウ　(3) ア　(4) キ　(5) エ

解説➡(1) 今年の夏の旅行は楽しかったですか？　すべての時が楽しかったですよ。
(2) この電話を使ってよろしいでしょうか？　もちろん，どうぞ。
(3) 明日は雨が降りますか？　降らないといいのですが。
(4) パーティに招待して下さってどうもありがとう。どういたしまして。
(5) 紅茶を一杯いかがですか？　はい，お願いします。

5 英文読解

1 文章整序

1. イ

〈全訳〉

A. 鍵っ子として育つことの効用について誰もがよくわかっていない。

C. しかし，1日に数時間一人で留守番をすることによって，自信がつき，成長が進む子どももいるようだ。

B. これは，その子に親が仕事を何か与えている場合には特にそうである。

D. たとえば，学校が終わった後で夕飯の買物や家の掃除などの家事をする子は，そういう仕事から個人の尊厳という感覚を身につけることもよくあるのだ。

2 内容把握Ⅰ

1. 茶道　　*2*. あやとり
3. 梅ぼし

〈全訳〉

(1) それは，来客の際の茶の入れ方や飲み方の伝統的な作法である。茶道では，日常飲む煎茶とは違う特殊な粉末の茶を主に使用する。茶碗に粉末の茶を入れ，湯を注いで茶せんでかき混ぜ，泡立てて飲む。

(2) あやとりは女の子の伝統的な遊びである。輪にした糸を両手首や指先にかけて橋，琴，川などのさまざまな形を作り出す。1人で両手の指で操作しながら作り出すやり方と，2人で受け渡しながら互いにやりとりをし，形を変えていくやり方とがある。

(3)　梅の実を塩漬けにした上で日光にさらしたものである。酸っぱみが強く味覚を刺激して唾液を多く分泌させるため，食糧事情の悪かった時期は，便利な保存食品として人気があった。今でもおむすびや弁当には欠かせない日本人の基本食品である。

3　内容把握Ⅱ

1．to mind　　*2*．of
3．choose　　*4*．②

〈全訳〉

フランス料理について考える時，ガーリックとバターで焼いたかたつむりといった伝統的な料理がまず最初に頭に浮かぶかもしれない。つまり，豊かな風味が生まれるように調理されたエキゾチックな食材である。他方では，健康によい新しい料理を何か思い浮かべるかもしれない。例えば，鱈とグレープフルーツなどめずらしい組み合わせの料理である。確かに，フランスのレストランやその他の世界中のフランス料理店は観光客のために，古くからのものも新しいものも合わせて，そのようなグルメ料理を提供している。しかし，実際にフランス人は一体いつも何を好んで食べているのだろうか。

15歳以上の1000人のフランス人を対象とした最近の調査で，食べ物リストの中からランク付けするよう依頼した。驚くべきことに，第1位はフライド・ポテトを添えたビーフステーキだった。複雑なソースを使っていないし，動脈を詰まらせる脂肪を含んでいるにもかかわらず71％の人がこれをトップに掲げてきたのである。第2位はラムチョップ（子羊のステーキ）で，これはいかにもフランス人が好みそうなごちそうであった。第3位も再び驚くことに，クスクス，これは小麦と肉と野菜で作られた料理である。この品目がフランスに入ってきたのはわりと最近のことで，北アフリカからの移民がもたらしたものである。

〈解説〉

(1)　*1*．come to mind「頭に思い浮かぶ」
　　2．survey of～「～の調査」

(3)　①　ラムチョップは2番目に気に入っているものである。
　　③　伝統的なフランス料理よりも健康的な料理を半数以上の者が選んだとは述べられていない。
　　④　日本料理は1～3位の中に挙げられていない。

●　過去問に挑戦！　●

(1)　Thank you (for inviting me to this party).
(2)　（お礼の言葉のお返しである“Don't mention it”を）お礼なんか言わなくていいとホストが言っている，と思ったから。

4 音楽

1 音楽一般

1 楽典

1. 𝅗𝅥
2. ♪
3. ♩
4. 𝅘𝅥𝅯
5. 𝄼
6. 𝄽
7. シャープ
8. 上
9. ♭
10. 下
11. ♮
12. *mp*
13. とても強く
14. ゆっくり歩くような速さで
15. 中ぐらいの速さで
16. 速く
17. リタルダンド
18. フェルマータ
19. もとの速さで
20. タイ
21. スラー

2 西洋音楽の楽曲の種類

1. メヌエット
2. ワルツ
3. ボレロ
4. マズルカ
5. ポロネーズ
6. フランス
7. ポルカ
8. 交響曲（シンフォニー）
9. 協奏曲（コンチェルト）
10. 交響詩
11. 前奏曲（プレリュード）
12. 練習曲（エチュード）
13. 無言歌
14. 狂詩曲（ラプソディ）
15. トッカータ
16. オペラ（歌劇）
17. オラトリオ
18. カンタータ
19. レクイエム
20. セレナード（小夜曲）

3 楽器の種類と演奏形態

1. フルート
2. ホルン
3. チェロ
4. ティンパニ
5. 弦楽四重奏
6. 混声四部合唱

2 民族音楽

1 日本の郷土の伝統音楽

1. ソーラン節
2. 南部牛追歌
3. 斎太郎節
4. こきりこ節
5. 貝殻節
6. 阿波踊り
7. こんぴら船々
8. かりぼし切り歌
9. 五木の子守歌
10. 安里屋ユンタ

2 アジア

1. 伽倻琴（カヤグム）
2. 京劇（ジンジュ）
3. 二胡（アルフー）
4. 馬頭琴（モリンホール）
5. インドネシア
6. ケチャ
7. シタール
8. タブラー・バーヤ
9. ウード
10. イラン

3 ヨーロッパ

1. ヨーデル
2. ギター
3. バグパイプ
4. アルプホルン
5. バラライカ
6. ジプシー・バンド
7. フランス
8. イタリア

4 南北アメリカ

1. サンバ
2. タンゴ
3. バンドネオン
4. ブルース
5. ニューオーリンズ
6. ケーナ
7. ボンゴ
8. コンガ

3 西洋音楽史

1 古代・中世・ルネサンス（紀元前～1600年頃）

1. ハープ
2. キタラ
3. 教会音楽
4. 聖歌
5. 器楽曲

2 バロック（1600～1750年頃）

1. 四季
2. J. S. バッハ
3. ヘンデル

3 古典派（1750～1820年）

1. 驚愕
2. モーツァルト
3. 田園

4 ロマン派（1820～1900年）

1. ウェーバー
2. ロッシーニ
3. 未完成
4. メンデルスゾーン
5. ショパン
6. シューマン
7. リスト
8. ワーグナー
9. ヴェルディ
10. スメタナ
11. 我が祖国
12. ボロディン
13. ブラームス
14. サン＝サーンス
15. ビゼー
16. ムソルグスキー
17. 悲愴
18. ドヴォルザーク
19. 新世界より
20. グリーグ
21. マーラー
22. 巨人
23. リムスキー＝コルサコフ

5 近代・現代（1900年〜）

1．ドビュッシー　2．印象
3．ラヴェル　4．ストラヴィンスキー
5．ガーシュイン　6．ハチャトゥリャン
7．カバレフスキー　8．ケージ

過去問に挑戦！

E→A→C→D→B
解説➡作曲家の生没年は，それぞれ次の通り。
A．1756〜1791
B．1903〜1978
C．1797〜1828
D．1833〜1897
E．1678〜1741

4 日本音楽史

1 平安時代（9世紀〜12世紀）

1．国風歌舞　2．外来楽器
3．今様　4．声明

2 鎌倉・室町・安土桃山時代（13世紀〜16世紀）

1．平曲（平家琵琶）　2．能楽

3 江戸時代（17世紀〜19世紀）

1．義太夫節　2．長唄
3．箏曲　4．尺八音楽

4 明治時代〜現代（19世紀〜）

1．岡野貞一　2．滝廉太郎
3．本居長世　4．中田章
5．山田耕筰　6．中山晋平
7．成田為三　8．春の海
9．下総皖一　10．海沼実
11．平井康三郎　12．中田喜直
13．團伊玖磨　14．武満徹

過去問に挑戦！

⑤
解説➡『花の街』を作曲したのは，團伊玖磨である。

5 保健体育

1 保健

1 病気とその予防

1．悪性新生物（がん）　2．脳血管疾患（脳卒中）
3．生活習慣病
4．腸管出血性大腸菌（O-157）
5．サルモネラ菌　6．腸炎ビブリオ
7．ヒト免疫不全ウイルス　8．性行為

2 喫煙・薬物乱用と健康

1．ニコチン　2．タール
3．一酸化炭素　4．主流煙
5．副流煙　6．受動喫煙
7．麻痺（抑制，鈍く）　8．興奮

3 応急手当

1．AED（自動体外式除細動器）
2．救急隊　3．胸骨圧迫
4．5　5．人工呼吸
6．直接圧迫止血　7．間接圧迫止血
8．止血帯　9．水ぶくれ
10．30　11．高
12．前　13．ひざ
14．熱けいれん　15．熱疲労
16．熱射病　17．脳貧血
18．過換気（過呼吸）症候群

2 スポーツ

1 スポーツの用語とルール

1．15（または7）　2．11
3．11　4．11
5．7　6．5
7．6　8．間接フリーキック
9．ペナルティーキック　10．パーソナルファウル
11．テクニカルファウル　12．バイオレーション
13．ダブルコンタクト（ドリブル）
14．フォアヒット（オーバータイムス）
15．ペネトレーションフォールト
（パッシングザセンターライン）
16．2
17．テークオーバーゾーン
18．跳躍　19．投てき
20．個人メドレー　21．メドレーリレー

2 オリンピック

1．ピエール・ド・クーベルタン
2．国際オリンピック委員会（IOC）
3．1896
4．アテネ（ギリシア）
5．アムステルダム（オランダ）
6．東京
7．シャモニー（フランス）
8．リレハンメル（ノルウェー）
9．長野　10．北京（中国）

3 スポーツの競技会

1．国民体育大会（国体）
2．インターハイ（高校総体）
3．パラリンピック　4．アジア競技大会
5．ユニバーシアード　6．グランドスラム大会
7．メジャートーナメント　8．スーパーボウル
9．4　10．日本

● 過去問に挑戦！ ●

1　①
2　②，④

解説➡ **1**　①　バスケットボールの反則。
2　①　東京に次いでアジア2番目の開催。
③　ストックホルム大会ではなくアムステルダム大会。三段跳びの織田幹雄である。
⑤　パリではなくアテネ。

6 美術

1 日本美術史

1 平安時代

1．源氏物語絵巻　2．鳥獣戯画
3．鳥羽僧正覚猷

2 鎌倉時代

1．平治物語絵巻　2．藤原隆信
3．似絵

3 室町時代

1．秋冬山水図　2．雪舟

4 桃山・江戸時代

1．唐獅子図屏風　2．狩野永徳
3．風神雷神図屏風　4．俵屋宗達
5．紅白梅図屏風　6．尾形光琳
7．見返り美人図　8．菱川師宣
9．喜多川歌麿　10．東洲斎写楽
11．富嶽三十六景「神奈川沖浪裏」
12．葛飾北斎
13．東海道五十三次「庄野」
14．歌川（安藤）広重

5 明治時代以降

1．菱田春草　2．横山大観
3．東山魁夷　4．浅井忠
5．読書　6．黒田清輝
7．青木繁　8．岸田劉生
9．安井曾太郎　10．梅原龍三郎
11．老猿　12．高村光雲
13．女　14．荻原守衛（碌山）
15．手　16．高村光太郎
17．棟方志功

過去問に挑戦！

1　②
2　(1)

解説➡ **1**　①　江戸時代後期
③　鎌倉時代
④　江戸時代前期
2　①　俵屋宗達の「風神雷神図屏風」である。
②　尾形光琳の「紅白梅図屏風」の一部である。
③　葛飾北斎の「富嶽三十六景」の「神奈川沖浪裏」である。

2 西洋美術史

1 古代の美術

1．パルテノン神殿　2．ミロのヴィーナス
3．コロッセウム

2 中世ヨーロッパの建築

1．ビザンツ　2．ロマネスク
3．ゴシック

3 ルネサンス

1．春（プリマヴェーラ）　2．ボッティチェリ
3．最後の晩餐
4．レオナルド＝ダ＝ヴィンチ
5．最後の審判　6．ミケランジェロ
7．ダヴィデ像　8．ラファエロ

4 バロック

1．夜警　2．レンブラント
3．ベラスケス

5 ロココ

1．ワトー　2．ゴヤ

6 古典主義（新古典派）

1．ダヴィド　2．アングル

7 ロマン主義

1．民衆を率いる自由の女神
2．ドラクロワ　3．ジェリコー
4．ターナー

8 自然主義

1．落穂拾い　2．ミレー
3．コロー

9 印象派

1．マネ　2．睡蓮
3．印象－日の出　4．モネ
5．ムーラン・ド・ラ・ギャレット
6．ルノワール　7．ドガ

10 新印象派

1．グランド・ジャット島の日曜日の午後
2．スーラ

11 後期印象派

1．大水浴　2．セザンヌ
3．ひまわり　4．アルルの跳ね橋

5．ゴッホ　6．ゴーギャン

12 フォーヴィスム（野獣派）

1．マティス

13 キュビスム（立体派）

1．アヴィニョンの娘たち　2．ピカソ

14 エコール・ド・パリ（パリ派）

1．シャガール

15 表現主義

1．叫び　2．ムンク

16 シュールレアリスム（超現実主義）

1．記憶の固執（柔らかい時計）
2．ダリ

17 近代以降の彫刻

1．ロダン　2．ブールデル
3．マイヨール

過去問に挑戦！

①
解説➡ルノワールについての記述である。

3 美術理論

1 版画の種類

1．凸版　2．凹版
3．孔版　4．平版

2 彫刻刀の種類

1．丸刀　2．三角刀
3．平刀
4．切り出し刀（切り出し）

3 色彩

1．無彩色　2．有彩色
3．色相　4．明度
5．彩度　6．純色
7．補色
8．赤紫（マゼンタ，赤）　9．黄（イエロー）
10．緑みの青（シアン，青）　（8～10は順不同）
11．黄みの赤　12．紫みの青
13．緑　（11～13は順不同）
14．加算混合（加法混色）
15．減算混合（減法混色）

4 レタリング

1．明朝　2．ゴシック
3．ローマン　4．サンセリフ

5 焼物の制作過程

1．成形　2．素焼き
3．750　4．850
5．施釉　6．本焼き
7．1200　8．1300

過去問に挑戦！

1 ②
2 ①
解説➡ **2** ② 色は「有彩色」と「無彩色」に大きく分けられる。「中間色」は，暖色と寒色のあいだの色のことである。
③ 色相環で互いに向かい合う色同士のことは「補色」という。
④ 「純色」とは，彩度の最も高い色のことである。
⑤ 色料の三原色は赤紫（赤）・黄・緑みの青（青）であるが，色光の三原色は黄みの赤・紫みの青・緑である。

社会科学

1 世界史

1 古代・中世

＜年表＞

1．メソポタミア　2．インダス
3．アレクサンドロス　4．ミラノ
5．フランク　6．ムハンマド
7．トゥール・ポワティエ　8．カール
9．神聖ローマ　10．カノッサ
11．十字軍
12．大憲章（マグナ＝カルタ）
13．オスマン　14．百年
15．バラ

1 4大文明

1．メソポタミア　2．ユーフラテス
3．太陰　4．六十
5．ハンムラビ　6．楔形
7．ナイル　8．太陽
9．十　10．神聖
11．インダス
12．モヘンジョ＝ダロ（モエンジョ＝ダーロ），ハラッパー
13．黄河　14．甲骨

2 ギリシア・ヘレニズム

1．ポリス　2．ペルシア
3．民主　4．タレス
5．水　6．アトム
7．ヘラクレイトス　8．尺度
9．ソクラテス　10．プラトン
11．アリストテレス　12．アリストファネス
13．ヘロドトス　14．アレクサンドロス
15．ヘレニズム　16．オリエント
17．エジプト

3 ローマ文明

1．ポエニ　2．オクタウィアヌス
3．五賢帝　4．トラヤヌス
5．アントニヌス　6．ディオクレティアヌス
7．コンスタンティヌス　8．ミラノ
9．ニケーア　10．テオドシウス
11．ビザンツ　12．ローマ
13．カエサル　14．タキトゥス
15．プルタルコス　16．プトレマイオス
17．セネカ

4 中世ヨーロッパの成立

1．ケルト　2．西ローマ
3．クローヴィス　4．カール＝マルテル
5．カール　6．イタリア
7．フランス　8．神聖ローマ

5 十字軍の遠征と西ヨーロッパ諸国の形成

1．ウルバヌス　2．イェルサレム
3．クレルモン　4．インノケンティウス
5．コンスタンティノープル　6．百年
7．エドワード　8．ジャンヌ＝ダルク
9．バラ　10．ランカスター

6 イスラーム世界の形成と発展

1．メッカ　2．ムハンマド
3．アッラー　4．コーラン
5．メディナ　6．ヒジュラ
7．ウマイヤ　8．トゥール・ポワティエ
9．アッバース　10．アラビア
11．イブン＝バットゥータ

2 近世

＜年表＞

1．コロンブス　2．ヴァスコ＝ダ＝ガマ
3．マルティン＝ルター
4．マゼラン（マガリャンイス）
5．カルヴァン　6．エリザベス1世
7．レパント（沖）　8．アルマダ
9．東インド　10．三十年
11．ルイ14世　12．ウェストファリア

1 ルネサンス

1．イタリア　2．ダンテ
3．エラスムス　4．ユートピア
5．シェークスピア　6．ボッティチェリ
7．レオナルド＝ダ＝ヴィンチ
8．ミケランジェロ

2 大航海時代

1．香辛料　2．マルコ＝ポーロ
3．バルトロメウ＝ディアス
4．ヴァスコ＝ダ＝ガマ　5．コロンブス
6．マゼラン（マガリャンイス）

3 宗教改革

1．プロテスタント
2．マルティン＝ルター
3．贖宥状(免罪符)
4．九十五カ条の論題
5．アウクスブルク
6．カルヴァン
7．予定
8．イエズス会
9．フランシスコ＝ザビエル

4 絶対王政

1．フェリペ
2．レパント(沖)
3．太陽
4．エリザベス
5．アルマダ
6．東インド会社
7．ルイ
8．ヴェルサイユ
9．コルベール

3 近代

<年表>

1．イギリス(ピューリタン)
2．名誉
3．オーストリア
4．アメリカ
5．フランス
6．ナポレオン
7．ウィーン
8．アヘン
9．ムガル
10．南北
11．奴隷解放
12．ドイツ
13．ファショダ

1 イギリス市民革命

1．イギリス(ピューリタン)
2．権利の請願
3．チャールズ1世
4．クロムウェル
5．名誉
6．ジェームズ2世
7．権利の章典

2 アメリカ独立革命

1．アメリカ独立
2．代表
3．課税
4．アメリカ独立
5．トマス＝ジェファソン
6．パリ
7．合衆国
8．フィラデルフィア
9．三権分立
10．ワシントン

3 フランス革命とナポレオン

1．フランス
2．バスティーユ牢獄
3．フランス人権
4．ラ＝ファイエット
5．ルイ16世
6．ナポレオン
7．ロベスピエール
8．ワーテルローの戦い

4 産業革命

1．イギリス
2．マニュファクチュア
3．囲い込み
4．ジョン＝ケイ
5．多軸(ジェニー)
6．アークライト
7．ミュール
8．蒸気
9．ワット
10．スティーヴンソン

5 ウィーン体制

1．ウィーン
2．ナポレオン
3．メッテルニヒ
4．タレーラン
5．正統
6．七月
7．二月
8．三月

6 ヨーロッパの再編

1．ヴィクトリア
2．保守
3．自由
4．イタリア
5．ドイツ
6．ビスマルク

7 アメリカ南北戦争と合衆国の発展

1．モンロー
2．孤立
3．南北
4．保護
5．自由
6．リンカン
7．奴隷解放

8 帝国主義と世界分割

1．帝国
2．カルカッタ
3．3C
4．縦断
5．横断
6．ファショダ
7．バグダード
8．3B

● 過去問に挑戦！ ●

①

解説➡ ① 1785年　② 1861年
③ 1840年　④ 1815年
⑤ 1871年

4 現代

<年表>

1．ロシア
2．ヴェルサイユ
3．三・一
4．ファシスト
5．ソヴィエト
6．ナチ党
7．ヤルタ
8．国際連合
9．朝鮮
10．バンドン
11．キューバ
12．ベトナム
13．石油危機(オイル＝ショック)
14．アフガニスタン
15．イラン＝イラク
16．マルタ
17．湾岸
18．香港
19．マカオ
20．イラク

1 第一次世界大戦

1．同盟
2．協商
3．イタリア
4．ロシア

5．スラヴ
6．火薬庫
7．オーストリア
8．サライェヴォ

2 ロシア革命とヴェルサイユ体制

1．二（三）
2．十（十一）
3．レーニン
4．ソヴィエト
5．パリ
6．ウィルソン
7．十四カ条
8．ヴェルサイユ
9．ジュネーヴ
10．アメリカ
11．イタリア
12．全会一致
13．武力（軍事的）
14．経済
15．ワシントン
16．海軍軍備制限
17．九カ国
18．四カ国
19．ロカルノ
20．不戦
21．ロンドン

3 世界恐慌

1．ウォール
2．フランクリン＝ローズヴェルト
3．TVA
4．ニューディール
5．ブロック
6．スターリン
7．五カ年
8．ナチ党
9．ヒトラー
10．ムッソリーニ
11．ファシスト
12．エチオピア

4 第二次世界大戦

1．日本
2．全体
3．独ソ不可侵
4．ポーランド
5．ミッドウェー
6．スターリングラード
7．ミュンヘン
8．大西洋
9．ヤルタ
10．スターリン
11．ポツダム

5 東西冷戦体制

1．トルーマン＝ドクトリン
2．NATO
3．コメコン（COMECON）
4．ワルシャワ条約
5．朝鮮
6．38
7．国連
8．中国義勇
9．キューバ
10．ケネディ
11．ジョンソン
12．ニクソン

6 冷戦の終結と戦後の第三世界の動向

1．ゴルバチョフ
2．ペレストロイカ
3．ベルリンの壁
4．ブッシュ
5．マルタ
6．ドイツ
7．ソ連邦
8．ガンディー
9．スカルノ
10．ナセル
11．カストロ

5 中国史

1 中国統一王朝の変遷

1．秦
2．始皇帝
3．坑儒
4．万里の長城
5．前漢
6．郡国
7．均輸
8．武
9．王莽
10．後漢
11．光武帝
12．隋
13．科挙
14．煬帝
15．高句麗
16．唐
17．貞観
18．北宋
19．太宗
20．元
21．フビライ（クビライ）
22．モンゴル
23．明
24．朱元璋
25．魚鱗図冊
26．鄭和
27．清
28．ヌルハチ
29．満漢
30．文字

2 中国の諸反乱（古代～清代初期）

1．陳勝
2．呉楚七国
3．赤眉
4．黄巾
5．安史
6．黄巣
7．朱全忠
8．金
9．紅巾
10．朱元璋
11．永楽帝
12．李自成
13．康熙帝
14．白蓮教徒

3 清末期～現代年表

1．アヘン
2．太平天国
3．北京
4．戊戌
5．義和団
6．孫文
7．辛亥
8．中華民国
9．パリ
10．五・四
11．柳条湖
12．蔣介石
13．毛沢東
14．中華人民
15．大躍進
16．プロレタリア文化大（文化大）
17．ニクソン
18．天安門
19．香港
20．マカオ
21．WTO

4 清末期～現代の戦争・反乱・改革運動

1．アヘン
2．南京
3．洪秀全
4．アロー
5．北京
6．洋務
7．変法
8．義和団
9．北京
10．三民
11．孫文
12．プロレタリア文化大（文化大）
13．毛沢東
14．天安門

過去問に挑戦！

1 ②
2 ②

解説➡ **2** ② 大運河を建設したのは，隋の煬帝である。

2 日本史

1 原始・古代

1 原始社会の発展

1．打製　　2．岩宿
3．磨製　　4．竪穴
5．三内丸山　　6．水稲
7．高床　　8．吉野ヶ里

2 中国の史書にみる小国の分立

1．楽浪　　2．奴（国）
3．光武帝　　4．志賀島
5．倭人　　6．邪馬台
7．卑弥呼

3 古墳時代

1．ヤマト（大和）　　2．大王
3．朝鮮　　4．渡来
5．仏教

4 飛鳥時代

1．物部　　2．蘇我
3．冠位十二階（の制）　　4．十七条の憲法
5．小野妹子　　6．遣隋
7．法隆寺　　8．鞍作鳥

5 律令国家の進展

1．蘇我　　2．中大兄
3．中臣鎌足　　4．新羅
5．天智　　6．飛鳥浄御原
7．天武　　8．刑部
9．藤原不比等　　10．刑
11．行政　　12．6
13．口分田　　14．租
15．雑徭　　16．薬師寺
17．興福寺　　18．高松塚
19．唐

6 奈良時代

1．元明　　2．長安
3．条坊　　4．和同開珎
5．聖武　　6．東大
7．国分寺　　8．開墾
9．公地公民　　10．日本書紀
11．正倉院　　12．校倉
13．興福寺　　14．鑑真

7 平安時代

1．桓武　　2．坂上田村麻呂
3．蝦夷　　4．菅原道真
5．醍醐　　6．班田
7．藤原　　8．摂政
9．関白　　10．藤原道長
11．室生寺　　12．源氏物語
13．清少納言　　14．平等院
15．定朝　　16．中尊寺
17．臼杵

過去問に挑戦！

親魏倭王
解説➡ 「魏志」倭人伝にある記述で，卑弥呼は239年に魏の皇帝に使いを送って男女の生口（奴隷）10人や織物を献じ，「親魏倭王」の称号と金印紫綬，銅鏡100面などを与えられたとある。

2 中世

1 武士のおこりと平氏政権

1．武士　　2．清和源氏
3．（武士の）棟梁　　4．後三条
5．荘園整理令　　6．白河
7．平治　　8．平清盛
9．太政大臣　　10．日宋

2 鎌倉幕府の成立

1．壇の浦　　2．源頼朝
3．御家人　　4．御恩
5．奉公　　（4，5は順不同）
6．封建制度　　7．侍所
8．政所　　9．問注所
10．北条　　11．執権
12．得宗　　13．後鳥羽
14．隠岐　　15．六波羅探題
16．北条泰時　　17．大犯三カ条
18．京都大番役　　19．謀叛人
20．荘園　　21．年貢

3 元寇と鎌倉文化

1．フビライ（クビライ）＝ハン
2．文永の役　　3．弘安の役
4．北条時宗　　5．恩賞
6．得宗　　7．借上
8．徳政令　　9．法然
10．知恩院　　11．浄土真宗
12．悪人正機　　13．一遍
14．立正安国論　　15．栄西

16．曹洞宗　17．永平寺
18．藤原定家　19．吉田兼好
20．方丈記　21．平家物語
22．金剛力士　23．蒙古

4 室町幕府の成立

1．後醍醐　2．足利尊氏
3．建武式目　4．南北朝
5．征夷大将軍

5 室町幕府の確立と日明貿易

1．足利義満　2．管領
3．侍所　4．鎌倉府
5．関東管領　6．御料所
7．段銭　8．守護
9．荘園　10．守護大名
11．守護領国　12．守護代
13．明徳　14．応永
15．明　16．倭寇
17．朝鮮　18．勘合
19．朝貢　20．博多
21．堺　22．銅銭（明銭）
23．銅

6 土一揆と応仁の乱

1．自治　2．惣掟
3．寄合　4．馬借
5．徳政　6．土倉
7．嘉吉　8．足利義政
9．下剋上　10．京都
11．国人　12．守護大名
13．一揆　14．一向
15．富樫　16．100
17．山城の国一揆

7 室町文化

1．御伽草子　2．神皇正統記
3．足利義満　4．禅宗
5．慈照寺銀閣　6．書院
7．雪舟　8．水墨画
9．世阿弥　10．能楽

8 中世の社会経済の発展

1．二毛　2．牛馬
3．草木灰　4．貨幣経済
5．銭　6．借上
7．三斎　8．三毛
9．明　10．永楽通宝
11．撰銭　12．六斎
13．見世棚　14．座

9 戦国時代

1．下剋上　2．守護代
3．北条　4．上杉
5．武田　6．家臣統制
7．喧嘩両成敗　8．今川仮名目録
9．塵芥集　10．堺
11．博多　12．日明貿易
13．京都　14．祇園

3 近世

1 鉄砲の伝来とキリスト教の伝来

1．ポルトガル　2．種子島
3．堺　4．イエズス
5．フランシスコ＝ザビエル　6．セミナリオ
7．生糸　8．銀
9．貿易　10．洗礼

2 織田信長の政治

1．桶狭間　2．今川義元
3．比叡山（延暦寺）　4．足利義昭
5．室町幕府　6．長篠
7．足軽鉄砲隊　8．安土
9．キリスト教　10．楽市・楽座

3 豊臣秀吉の政治

1．本能寺　2．明智光秀
3．大坂城　4．天下統一
5．太閤検地　6．石高
7．検地帳　8．一地一作人
9．荘園　10．刀狩
11．天正大判　12．バテレン追放令
13．南蛮貿易　14．文禄の役
15．慶長の役　16．朝鮮侵略
17．陶工

4 桃山文化

1．姫路　2．狩野永徳
3．阿国歌舞伎　4．千利休

5 江戸幕府の成立

1．徳川家康　2．石田三成
3．征夷大将軍　4．親藩
5．外様　6．豊臣秀頼

6 幕藩体制の確立

1．老中　2．町奉行
3．寺社奉行　（2，3は順不同）
4．大老　5．若年寄

6．大目付
7．400
8．武家諸法度
9．徳川秀忠
10．徳川家光
11．参勤交代
12．妻子
13．禁中並公家諸法度
14．田畑永代売買の禁止令
15．分地制限令
16．五人組

7 江戸時代初期の外交

1．朱印状
2．日本
3．禁教令
4．島原・天草一揆
5．絵踏
6．ポルトガル
7．オランダ
8．出島
9．鎖国
10．中国
11．対馬
12．薩摩
13．謝恩
14．慶賀
15．中国
16．蝦夷地
17．松前
18．東照宮
19．俵屋宗達

8 元禄時代

1．湯島聖堂
2．朱子
3．貨幣改鋳
4．生類憐みの令
5．徳川家宣
6．正徳
7．海舶互市新例（長崎新令）
8．西洋紀聞

9 元禄文化と都市の繁栄

1．井原西鶴
2．近松門左衛門
3．浄瑠璃
4．松尾芭蕉
5．菱川師宣
6．尾形光琳
7．江戸
8．100
9．大坂
10．年貢米
11．天下の台所

10 幕政三大改革

1．徳川吉宗
2．公事方御定書
3．目安箱
4．相対済し令
5．上げ米
6．参勤交代
7．足高の制
8．享保
9．百姓一揆
10．株仲間
11．長崎貿易
12．天明
13．松平定信
14．囲米
15．飢饉
16．棄捐令
17．旧里帰農令
18．出稼ぎ
19．寛政異学の禁
20．朱子
21．水野忠邦
22．大塩
23．人返しの法
24．上知令
25．直轄地

11 列強の接近

1．ラクスマン
2．レザノフ
3．近藤重蔵
4．間宮林蔵
5．長崎
6．異国船打払令（無二念打払令）
7．モリソン号
8．漂流民
9．高野長英
10．蛮社の獄

12 国学と蘭学

1．賀茂真淵
2．本居宣長
3．群書類従
4．杉田玄白
5．解体新書
6．オランダ語
7．伊能忠敬
8．ハルマ和解
9．平賀源内
10．花畠教場
11．弘道館
12．日新館
13．適塾
14．咸宜園
15．鳴滝塾
16．石田梅岩
17．自然真営道
18．夢の代
19．大蔵永常
20．中江藤樹
21．戊戌夢物語
22．渡辺崋山

13 化政文化

1．十返舎一九
2．南総里見八犬伝
3．小林一茶
4．喜多川歌麿
5．葛飾北斎
6．東海道五十三次
7．東洲斎写楽

14 開国

1．浦賀
2．下田
3．井伊直弼
4．ハリス
5．兵庫
6．領事裁判
7．関税自主
8．桜田門外

15 江戸幕府の滅亡

1．生麦事件
2．長州藩外国船砲撃事件
3．薩英戦争
4．四国艦隊下関砲撃事件
5．坂本龍馬
6．徳川慶喜
7．王政復古の大号令
8．東海道
9．中山道
（8，9は順不同）
10．五街道
11．宿駅（宿場）
12．本陣
13．旅籠屋
14．河村瑞賢
15．江戸
16．下関
17．大坂
18．北前船
19．南海路
20．菱垣廻船

● 過去問に挑戦！ ●

イ・オ

解説➡鈴屋ーウ　松下村塾ーカ　適塾ーア
咸宜園ーキ　鳴滝塾ーエ

4 近代・現代

1 明治維新①

1．鳥羽・伏見　2．江戸城
3．箱館　4．明治天皇
5．五箇条の御誓文　6．五榜
7．版籍奉還　8．廃藩置県
9．県令　10．身分解放令
11．地租改正　12．地価
13．官営模範　14．郵便
15．徴兵令　16．学制
17．国民皆学　18．新橋
19．鉄道

2 明治維新②

1．地租改正　2．血税
3．廃刀　4．秩禄
5．江藤新平　6．西郷隆盛

3 明治初期の外交

1．不平等条約　2．大久保利通
3．樺太・千島交換条約　4．樺太
5．千島　6．日朝修好条規
7．江華島事件　8．開国
9．清　10．沖縄

4 自由民権運動

1．板垣退助
2．民撰議院設立の建白書
3．有司専制　4．国会開設
5．大阪　6．国会期成同盟
7．新聞紙条例　8．集会条例
9．開拓使官有物払下げ　10．伊藤博文
11．自由　12．立憲改進
13．大隈重信

5 憲法の制定

1．伊藤博文　2．枢密院
3．内閣制度　4．大日本帝国憲法
5．立憲　6．欽定
7．衆議院　8．貴族院
9．15

6 条約改正

1．井上馨　2．外国人
3．青木周蔵　4．陸奥宗光
5．小村寿太郎

7 日清戦争

1．甲午農民戦争（東学の乱）　2．下関条約
3．遼東半島　4．ロシア
5．総督府

8 日露戦争

1．義和団戦争（事件）　2．満州
3．対露強硬　4．幸徳秋水
5．内村鑑三　6．与謝野晶子
7．イギリス　8．セオドア＝ローズヴェルト
9．朝鮮　10．樺太
11．南満州　12．遼東半島
13．重税　14．賠償金
15．韓国　16．総督府

9 第一次世界大戦

1．サライェヴォ　2．日英同盟
3．連合国　4．大隈重信
5．山東省　6．袁世凱
7．反日感情（反日機運）　8．アジア
9．工業　10．農業
11．成金

10 シベリア出兵と米騒動

1．ロシア革命　2．シベリア出兵
3．富山　4．朝鮮
5．関東大震災　6．取付け
7．ウォール　8．世界恐慌

11 大正デモクラシー

1．米騒動　2．寺内正毅
3．政党内閣　4．立憲政友会
5．外務　6．加藤高明
7．25　8．普通選挙法
9．ソ連　10．共産主義者
11．吉野作造　12．民本主義
13．天皇　14．美濃部達吉
15．天皇機関説　16．国家
17．全国水平社　18．平塚らいてう
19．青鞜社　20．日本銀行
21．銀　22．金
23．八幡製鉄所　24．南満州鉄道
25．鉄道　26．労働組合期成会
27．片山潜　28．治安警察法
29．大逆事件　30．幸徳秋水
31．渡良瀬川　32．足尾銅山
33．田中正造

12 ファシズム体制の形成

1．奉天　2．柳条湖事件
3．満州　4．国際連盟
5．五・一五事件　6．犬養毅
7．政党　8．二・二六事件

9．高橋是清
10．盧溝橋事件
11．国家総動員法

13 第二次世界大戦

1．ポーランド
2．イタリア
3．大東亜共栄圏
4．日ソ中立
5．真珠湾
6．ミッドウェー
7．ヤルタ
8．ドイツ
9．ポツダム
10．原爆
11．ソ連
12．配給
13．学徒
14．疎開

14 戦後の日本

1．連合国軍最高司令官総司令部
2．三菱
3．財閥
4．独占禁止法
5．農地改革
6．労働組合法
7．労働三法
8．治安維持法
9．言論
10．20
11．日本国憲法
12．国民主権
13．基本的人権
14．平和
15．象徴
16．朝鮮戦争
17．警察予備隊
18．自衛隊
19．吉田茂
20．サンフランシスコ
21．日米安全保障条約
22．鳩山一郎
23．日ソ共同宣言
24．国際連合
25．佐藤栄作
26．日韓基本条約
27．沖縄
28．田中角栄
29．日中共同声明
30．福田赳夫
31．日中平和友好条約
32．特需
33．高度経済成長
34．(第一次)石油危機(オイルショック)

15 明治～昭和時代の文化

1．文明開化
2．福沢諭吉
3．ざんぎり
4．国権
5．狩野芳崖
6．黒田清輝
7．職業婦人
8．総合雑誌
9．ラジオ
10．岸田劉生
11．プロレタリア
12．東海道新幹線
13．東京オリンピック
14．大阪日本万国博覧会

● 過去問に挑戦！ ●

①

解説➡① 1956年10月　② 1951年9月
③ 1956年12月　④ 1972年5月
⑤ 1978年10月

3 地理

1 人類と地球

1 地球

1. 4万
2. 3
3. 7
4. 赤道
5. 90
6. イギリス(ロンドン)
7. 子午線(経線)
8. 180
9. 北アメリカ(北米)
10. 南アメリカ(南米)
11. アフリカ
12. ユーラシア
13. オーストラリア
14. 南極
15. 15
16. 早
17. 遅
18. 兵庫
19. 135
20. 9
21. 早
22. 135
23. 15
24. 9
25. 7
26. 4
27. 15
28. 6
29. 10
30. メルカトル
31. 等角
32. 経線
33. 航海
34. 正距方位
35. 大圏
36. 距離
37. 方位

(36, 37は順不同)

38. 航空
39. 38万
40. ロシア
41. カナダ
42. アメリカ
43. バチカン市国
44. モナコ

2 世界の地形

1. ウラル
2. アルプス
3. ナイル
4. ヒマラヤ
5. アルプス＝ヒマラヤ
6. ロッキー
7. 環太平洋
8. アパラチア
9. アマゾン
10. アンデス
11. 扇状地
12. 扇央
13. 扇端
14. 三角州(デルタ)
15. リアス(式)海岸
16. 三陸
17. 志摩
18. フィヨルド
19. U字谷
20. 大陸棚
21. 海溝
22. カール
23. カルデラ
24. カルスト
25. ドリーネ

3 世界の気候

1. 熱帯雨林
2. サバナ
3. サバナ
4. 砂漠
5. ステップ
6. ステップ
7. 地中海性(温暖夏季少雨)
8. 偏西
9. 温暖湿潤
10. 季節
11. 西岸海洋性
12. 偏西
13. 大き
14. タイガ
15. ツンドラ
16. 氷雪
17. 小さ
18. 大き
19. レグール(レグール土)
20. テラローシャ

4 日本のすがた

1. 3,000
2. 38
3. 北方領土
4. 国後
5. 択捉
6. 竹島
7. 尖閣諸島
8. 与那国
9. 沖ノ鳥
10. 南鳥
11. 12
12. 排他的経済水域(EEZ)
13. 200
14. 3
15. フォッサマグナ(大地溝帯)
16. 中央構造線(メディアンライン)
17. リマン
18. 対馬
19. 日本
20. 千島
21. 那覇
22. 釧路
23. 高松
24. 金沢
25. 松本
26. 名古屋

5 地形図の読み方

1. 5
2. 距離
3. 狭い(密な)
4. 高
5. 低
6. 計曲
7. 田
8. 畑
9. 果樹園
10. 茶畑
11. 広葉樹林
12. 針葉樹林
13. 竹林
14. 荒地
15. 市役所と特別区の区役所
16. 町村役場と政令指定都市の区役所
17. 裁判所
18. 税務署
19. 警察署
20. 消防署
21. 郵便局
22. 保健所
23. 病院
24. 交番
25. 灯台
26. 発電所等
27. 風車
28. 小・中学校
29. 高等学校
30. 図書館
31. 博物館
32. 老人ホーム
33. 神社
34. 寺院
35. 城跡
36. 史跡・名勝・天然記念物
37. 三角点
38. 水準点

6 世界と日本の人口

1．80　2．アジア
3．アフリカ　4．ピラミッド
5．富士山　6．つぼ
7．1.25（1.2）　8．スラム
9．ドーナツ化　10．スプロール

過去問に挑戦！

1 ①
2 ⑤

解説➡ **1** ②　地球は西から東へ自転しているので，東京とニューヨークでは東京の方が日付が早く変わる。
③　5時間遅らせる。
④　広大な国土を持つ国では，標準時は1つと限らない。
⑤　ヨーロッパ諸国をはじめ，アメリカ大陸，中央アジアなど多くの国で実施されている。

2 ①　フォッサマグナにより東北日本と西南日本に二分され，西南日本はさらに中央構造線（メディアンライン）によって内帯と外帯に分けられる。
②　環太平洋造山帯とアルプス・ヒマラヤ造山帯（アルプス・ヒマラヤ山系）は，別の山系である。
③　日本に侵食平野はない。また，河川や海洋の堆積作用により形成された平野は堆積平野とよばれる。
④　ケッペンの気候区分によると，日本は北海道・東北北部が冷帯D（冷帯湿潤気候Df），それ以外の地域は温暖湿潤気候Cfaに分類される。日本には寒帯に属する地域はない。

2 世界の国々と産業

1 世界の国々の特色

(1)　ヨーロッパ
1．ロンドン　2．北海
3．ベルリン　4．ルール
5．パリ　6．原子力
7．ローマ　8．ベルン
9．ドイツ　10．ブリュッセル
11．アムステルダム　12．ポルダー
13．ユーロポート　14．ストックホルム
15．モスクワ

(2)　アメリカ大陸
1．オタワ　2．フランス
3．ケベック　4．ワシントンD.C.
5．メキシコシティ　6．銀
7．キューバ　8．コロンビア
9．ベネズエラ　10．ブラジリア
11．ポルトガル　12．リマ
13．アンチョビー　14．銅
15．ブエノスアイレス　16．パンパ

(3)　アフリカ大陸・オセアニア
1．カイロ　2．ナイル
3．エチオピア　4．ガーナ
5．コートジボワール　6．ケニア
7．ナイジェリア　8．プレトリア
9．アパルトヘイト　10．レアメタル
11．キャンベラ　12．アボリジニ
13．ウェリントン　14．マオリ

(4)　アジア
1．北京　2．漢民族
3．経済特区　4．ジャカルタ
5．緑　6．マニラ
7．キリスト（カトリック）
8．バナナ　9．ハノイ
10．ドイモイ　11．バンコク
12．米　13．クアラルンプール
14．ブミプトラ　15．デリー
16．ヒンドゥー　17．綿花
18．スリランカ　19．タミル
20．リヤド　21．メッカ
22．バクダッド

2 世界の農業

1．混合　2．地中海式
3．園芸　4．プランテーション
5．モノカルチャー　6．オアシス
7．焼畑　8．中国
9．インド　10．アメリカ合衆国
11．コーヒー　12．カカオ

3 世界の鉱産資源とエネルギー

1．原油　2．石炭
3．天然ガス　4．オーストラリア
5．中国　6．チリ
7．メキシコ　8．アメリカ合衆国
9．フランス　10．中国
11．カナダ　12．日本

3 日本の地域と産業

1 日本の各地域の特色

(1)　九州，中国・四国地方
1．秋吉　2．北九州
3．筑紫　4．有明
5．阿蘇　6．シラス
7．屋久　8．奄美大島

9．石見　10．中国
11．境　12．原爆
13．厳島　14．瀬戸内
15．讃岐　16．四国
17．九州　18．高知
19．宮崎　20．琉球

(2)　近畿，中部地方

1．白川郷　2．北陸
3．濃尾　4．若狭
5．姫路　6．阪神
7．百舌鳥・古市　8．紀伊
9．信濃　10．越後
11．飛騨　12．木曽
13．赤石　14．富士山
15．東海　16．焼津
17．中京　18．志摩

(3)　関東，東北，北海道地方

1．天塩　2．石狩
3．夕張　4．白神
5．八郎　6．出羽
7．奥羽　8．京浜
9．関東　10．ローム（層）
11．北見　12．知床
13．択捉　14．国後
15．釧路　16．石狩
17．日高　18．八戸
19．北上　20．平泉
21．三陸　22．阿武隈
23．日光　24．関東内陸
25．銚子　26．利根
27．京葉　28．小笠原諸島

2　日本の農業

1．北海道　2．北海道
3．宮崎県　4．群馬県
5．茨城県　6．長野県
7．北海道　8．茨城県
9．鹿児島県　10．和歌山県
11．青森県　12．山梨県
13．山梨県　14．山形県
15．静岡県　16．促成
17．園芸　18．近郊
19．高冷地　20．大豆
21．小麦

3　日本の漁業

1．沖合　2．遠洋
3．沿岸　4．養殖
5．栽培

4　日本の工業

1．京葉　2．京浜
3．東海　4．中京
5．阪神　6．瀬戸内
7．太平洋ベルト

5　世界における日本の貿易

1．中国　2．アメリカ合衆国
3．繊維　4．機械
5．自動車　6．石油
7．オーストラリア　8．オーストラリア
9．サウジアラビア　10．カナダ
11．オーストラリア　12．アメリカ合衆国
13．アメリカ合衆国　14．中国
15．アメリカ合衆国　16．中国

4 政治

1 民主政治の基本原理と制度

1 民主政治の基本原理

1．間接　2．審議
3．多数決　4．法の支配
5．イギリス　6．法治主義
7．ドイツ

2 近代政治原理の成立

1．社会契約　2．ホッブズ
3．闘争　4．絶対王政
5．ロック　6．抵抗
7．独立革命　8．ルソー
9．一般意思　10．直接

3 主要国の政治制度

1．大統領　2．議院内閣
3．4　4．3
5．間接　6．国王
7．大統領　8．国会議員
9．国民　10．ない
11．解散　12．拒否権
13．下院　14．民主党
15．労働党

過去問に挑戦！

1　オ
2　⑤
解説➲ **1**　ア．ルソーは人民主権を説いた。
イ．ロックについての記述。ジェームズ・ミルはJ.S.ミルの父で，功利主義者。
ウ．『リヴァイアサン』はホッブズの著書。モンテスキューは『法の精神』を著した。
エ．ホッブズは，国家に絶対的主権を与えた。人民主権論を主張したのはルソー。

2 日本国憲法

1 日本国憲法の三大基本原理と前文

1．国民主権　2．基本的人権
3．平和　4．諸国民との協和
5．恵沢　6．惨禍
7．厳粛な信託　8．権威
9．権力　10．福利

2 天皇

1．象徴　2．助言と承認
3．任命　4．公布

3 基本的人権の保障（総論）

1．基本的人権　2．永久
3．将来　4．公共の福祉
5．不断の努力　6．濫用
7．公共の福祉　8．幸福追求

4 基本的人権の保障（人権の区分）

1．受益権（請求権）　2．身体（人身）の自由
3．教育を受ける

5 自由権①

1．信教　2．表現
3．検閲

6 自由権②

1．職業選択　2．公共の福祉
3．不当

7 平等権

1．信条　2．門地

8 社会権

1．教育を受ける権利　2．団体交渉権
3．健康　4．文化的
5．能力　6．賃金

9 参政権，受益（請求）権

1．国民審査　2．国家賠償
3．裁判

10 新しい人権，国民の義務

1．幸福追求　2．普通教育
3．納税

11 日本の政治機構

1．国会　2．内閣
3．裁判所　4．指名
5．解散　6．違憲立法審査

12 国会①

1．最高機関　2．唯一
3．立法　4．法律案
5．承認　6．内閣総理大臣
7．弾劾　8．発議
9．465　10．4
11．248　12．6

13．ある　14．ない
15．1　16．150
17．4分の1　18．30
19．特別国会（特別会）　20．30
21．緊急集会　22．内閣
23．3分の1　24．3分の2
25．公聴会　26．60
27．3分の2　28．（予算）先議
29．両院協議会　30．30
31．10

13 国会②

1．国政調査権　2．規則
3．40　4．30
5．不逮捕特権　6．現行犯
7．免責特権

14 内閣①

1．行政権　2．連帯
3．国会議員　4．天皇
5．内閣総理大臣　6．過半数
7．14　8．17
9．閣議　10．執行
11．国務　12．締結
13．作成　14．指名
15．任命

15 内閣②

1．国務大臣　2．国会
3．指揮監督　4．同意
5．10　6．内閣総理大臣

16 裁判所①

1．下級裁判所　2．特別裁判所
3．法律　4．故障
5．弾劾裁判　6．国民審査
7．終審　8．14
9．15　10．小法廷
11．規則制定　12．控訴（第二）
13．簡易裁判所　14．控訴
15．上告　16．公開
17．全員一致

17 裁判所②

1．内閣　2．天皇
3．下級裁判所　4．憲法の番人
5．有権者

18 地方自治①

1．住民自治　2．団体自治
3．都道府県　4．特別区（東京23区）
5．4　6．一
7．4　8．直接
9．自治　10．法定受託
11．条例　12．不信任決議
13．解散　14．拒否

19 地方自治②

1．50分の1　2．首長
3．50分の1　4．3分の1
5．選挙管理委員会　6．住民投票
7．3分の1　8．選挙管理委員会
9．住民投票　10．3分の1
11．首長　12．地方交付税交付金
13．国庫支出金　14．地方債

20 憲法改正

1．硬性憲法　2．総議員
3．3分の2　4．過半数
5．天皇

過去問に挑戦！

1　2
2　1
3　1
4　2

解説➡ **1**　1．受益（請求）権
3．4．参政権
5．自由権

2　1．国会は通常国会，臨時国会，特別国会の3種類である。衆議院の解散中には内閣の求めにより例外的に参議院の緊急集会が召集されることがある。また，通常国会は毎年1月に召集される。

3　2．罷免する権限をもつ。
3．閣議は全会一致を原則とする。
4．国政調査権は各議院の権限である。
5．参議院で内閣不信任案（内閣問責決議案）が可決されたとしても，内閣は総辞職したり衆議院を解散させたりする必要はない。

4　100条委員会とは，地方公共団体の議会が，地方公共団体の事務に関して調査する委員会をいうが，地方自治法上，住民には100条委員会の設置請求は認められていない。

3 現代政治の特質

1 選挙制度

1．1
2．有
3．安定
4．死票
5．ゲリマンダー
6．2
7．不安定
8．465
9．289
10．176
11．4
12．あり
13．25
14．11
15．拘束
16．248
17．148
18．100
19．6
20．3
21．30
22．都道府県
23．1
24．非拘束

2 我が国の選挙制度の問題点

1．公職選挙
2．戸別訪問
3．連座
4．一票の格差

過去問に挑戦！

3

解説➲ 1．政党と圧力団体の説明が逆である。
2．ゲリマンダーの可能性が高いのは，小選挙区制である。

5 経済

1 現代経済の特徴と働き

1 市場経済のしくみ

1．減少　2．増加
3．下がり　4．増加
5．減少　6．上がり
7．均衡　8．需要曲線
9．供給曲線　10．低下（下落）
11．上昇　12．諸国民の富（国富論）

2 市場の形態

1．自動調節機能　2．寡占
3．管理　4．下方硬直性
5．カルテル　6．トラスト
7．コンツェルン　8．持株会社
9．独占禁止　10．公正取引

3 現代の企業

1．法人　2．所有（資本）
3．経営　（2，3は順不同）
4．コングロマリット　5．多国籍企業
6．ベンチャー

4 経済主体と経済循環

1．家計　2．租税

5 国民所得

1．国内総生産　2．国民所得
3．中間生産物

6 景気変動

1．好況　2．後退
3．不況　4．回復
5．ジュグラー　6．クズネッツ
7．コンドラチェフ　8．在庫
9．技術革新　10．インフレーション
11．デフレーション　12．スタグフレーション

7 管理通貨制度

1．金　2．不換紙幣
3．金本位制度　4．デノミネーション

8 日本銀行の役割

1．銀行の銀行

9 金融政策

1．売り　2．買い
3．上げ　4．下げ
5．ゼロ金利　6．量的緩和

10 財政のしくみ

1．再分配
2．フィスカル＝ポリシー
3．ビルトイン＝スタビライザー
4．財政投融資

11 租税制度

1．直接税　2．間接税
3．累進　4．逆進
5．社会保障負担額

12 予算

1．公債金

13 国債

1．建設　2．赤字（特例）
3．日本銀行　4．インフレーション
5．第一次石油危機（オイルショック）
6．バブル

過去問に挑戦！

1　イ
2　3
3　2

解説➡ **1**　市場価格は均衡価格ともいう。独占価格は独占市場において決定する価格，管理価格は寡占市場においてプライス・リーダーが決定した価格を他の企業が追随することで形成される価格のこと。

2　1．買いオペレーションを行う。
2．政府が行う。
4．政府が行う財政政策である。

3　不動産取得税，相続税，事業税，所得税，贈与税は直接税，消費税，関税，酒税は間接税である。

2 日本経済史と現代社会の課題

1 日本経済の発展

1．財閥解体　2．360
3．神武　4．岩戸
5．オリンピック　6．いざなぎ
7．第一次石油危機（オイルショック）
8．プラザ　9．バブル

2 日本経済の構造の特徴

1．空洞化

3 農業問題

1．1991　　2．ウルグアイ
3．米　　4．地産地消

4 消費者問題

1．ケネディ　　2．PL
3．消費者契約　　4．特定商取引
5．消費者基本　　6．クーリング・オフ
7．8　　8．20
9．キャッチ・セールス　　10．アポイントメント商法
11．ネガティブ・オプション

5 公害問題

1．新潟（第二）水俣病　　2．イタイイタイ病
3．四日市ぜんそく　　（1～3は順不同）
4．環境基本法
5．環境影響評価（環境アセスメント）法
6．PPP

過去問に挑戦！

1　①
2　問1　ア
　問2　オ

解説➡ **1**
① 1965～70年
② 1950～53年
③ 1962～64年
④ 1973～74年
⑤ 1986～91年

2 問1
② 農業就業人口は減少した。
④ 農家の経営規模は小さくなった。
⑤ 米の流通制度が自由化されたのは1990年代後半である。

問2　アはG7，イはAPEC，ウはサミット，エはUNCTADでいずれも本問では無関係。

3 労働問題と社会保障

1 労働関係諸法

1．団結権　　2．団体交渉権
3．団体行動権（争議権）　　（1～3は順不同）
4．基準　　5．組合
6．関係調整　　7．男女雇用機会均等
8．男女共同参画社会基本

2 今日の労働問題

1．ワークシェアリング
2．テレワーク（リモートワーク）
3．M字型　　4．非正規
5．ジェンダー
6．ポジティブ・アクション
（アファーマティブ・アクション）
7．ドメスティック・バイオレンス（DV）
8．セクシュアル・ハラスメント
9．リプロダクティブ・ライツ（ヘルス）

3 社会保障制度

1．ビスマルク　　2．アメとムチ
3．ベバリッジ
4．ゆりかごから墓場まで
5．社会福祉　　6．公的扶助

4 年金保険・介護保険

1．厚生年金　　2．公務員
3．65　　4．2分の1
5．2分の1　　6．市町村
7．40　　8．要介護
9．1
10．ノーマライゼーション
11．バリアフリー
12．ユニバーサルデザイン
13．インフォームド・コンセント
14．ターミナル・ケア
15．プライマリ・ケア

5 少子化の現状

1．合計特殊出生　　2．少子化社会対策
3．児童虐待防止

6 高齢化の現状

1．高齢　　2．高齢者虐待防止
3．日本　　4．スウェーデン

過去問に挑戦！

1　5
2　A－イ　　B－カ

解説➡ **1**　5　都道府県ではなく、国（厚生労働省）である。

2　介護保険は，市町村の介護認定審査会で要介護または要支援認定を受けた者（原則65歳以上）のみが利用できる。

6 国際関係

1 国際政治

1 国際連合①———組織

1. サンフランシスコ　2. ニューヨーク
3. 日ソ共同宣言　4. 総会
5. 過半数　6. 3分の2
7. 安全保障理事会　8. アメリカ
9. イギリス　10. フランス
11. ロシア　12. 中国
（8～12は順不同）
13. 2　14. 5
15. 9　16. 拒否権
17. 国際司法裁判所
18. アントニオ・グテーレス
19. 分担金　20. 英語
21. フランス語　22. ロシア語
（20～22は順不同）

2 国際連合②———国連専門機関

1. ILO　2. UNESCO
3. 世界保健機関　4. FAO
5. 国際通貨基金　6. IAEA
7. 国連児童基金　8. UNCTAD
9. 国際司法裁判所

3 国際連合③———国連平和維持活動（PKO）

1. PKF　2. 南スーダン
3. 国連

4 EU（欧州連合）

1. マーストリヒト　2. ブリュッセル
3. フランス　4. 西ドイツ
5. イタリア　（3～5は順不同）
6. イギリス　7. オーストリア
8. ハンガリー　9. クロアチア
10. ニース　11. リスボン
12. ユーロ

5 地域的統合

1. ASEAN　2. タイ
3. マレーシア　4. フィリピン
5. インドネシア　（2～5は順不同）
6. カンボジア　7. AFTA
8. アジア太平洋経済協力会議
9. USMCA　10. 南米南部共同市場

6 冷戦

1. チャーチル　2. マーシャル
3. NATO　4. 朝鮮
5. キューバ　6. ジョンソン
7. ブッシュ（父）　8. ゴルバチョフ
9. 1990
10. 安保（安全保障）協力機構

7 軍縮

1. パグウォッシュ　2. NPT
3. 包括的核実験禁止条約

8 人権に関する問題

1. 世界人権　2. 国際人権
3. 男女雇用機会均等　4. 18

● 過去問に挑戦！ ●

1　③
2　2
3　4

解説➲ **1**　国際人権規約は1966年に国連総会で採択された人権保障に関する条約。
2　イ．UNESCOについての記述。
エ．UNICEFについての記述。
オ．国際復興開発銀行（IBRD）についての記述。IMFは為替相場の安定や国際収支の均衡のために短期的融資を行う。

2 国際経済

1 戦後の国際経済体制

1. 360　2. 固定為替
3. IMF　4. IBRD
5. ニクソン　6. 減少

2 円高と円安

1. 上昇　2. 下落
3. 減少　4. 下落
5. 増加　6. 上昇

3 国際収支

1. 経常収支　2. 金融収支

4 国際貿易

1. WTO　2. ウルグアイ
3. 経済連携協定　4. 自由貿易協定

5 南北問題

1．モノカルチャー　*2*．国連貿易開発会議
3．資源ナショナリズム　*4*．南南問題
5．経済協力開発機構

6 ODA（政府開発援助）

1．政府開発援助　*2*．多国間
3．3　*4*．低

7 世界経済に関する首脳会議

1．フランス　*2*．アメリカ
3．イギリス　*4*．西ドイツ（ドイツ）
5．イタリア　*6*．日本
（*2*〜*6*は順不同）
7．ロシア　*8*．ワシントン
9．中国

過去問に挑戦！

1 2
2 (1) エ　(2) イ

解説➡ **1** 1．WTOはサービス業の分野も対象とする。
3．第二次世界大戦後の1947年に，国際貿易を促進することを目的として結ばれた協定である。
4．現在検討中である。
5．WTOの方が強化されている。
2 (1) ② 円高についての記述。
③ 輸入品の価格は上昇し，外国製品は売れなくなる。

7 環境

1 地球環境問題

1 地球環境問題の現状

1．二酸化炭素（CO_2）　2．温室効果
3．パリ　4．2020
5．2　6．フロン（フロンガス）
7．成層　8．紫外
9．モントリオール　10．硫黄酸化物（SOx）
11．窒素酸化物（NOx）　（10，11は順不同）
12．5.6　13．長距離越境大気汚染

2 環境保護のための国際的な取り組み

1．国連人間環境会議
2．地球サミット（国連環境開発会議）
3．持続可能な開発　4．環境開発サミット
5．世界遺産
6．ユネスコ（国連教育科学文化機関）
7．ラムサール　8．ワシントン
9．白神　10．小笠原
11．姫路　12．厳島
13．日光　14．琉球
15．石見　16．富岡
17．百舌鳥・古市　18．縄文

2 日本の環境問題

1 環境問題

1．BOD（生物化学的酸素要求量）
2．COD（化学的酸素要求量）
3．PPP（汚染者負担の原則）
4．環境ホルモン（内分泌かく乱物質）
5．ダイオキシン　6．プラスチック
7．PM2.5　8．肺

2 環境保護のための取り組み

1．環境基本　2．循環型社会
3．家電リサイクル　4．エアコン
5．洗濯機　6．容器包装リサイクル
7．自動車の所有者
8．環境アセスメント（環境影響評価）
9．リデュース　10．再使用
11．リサイクル　12．ISO
13．エコツーリズム　14．カーシェアリング
15．グリーン購入
16．グリーン・コンシューマー
17．ゼロ・エミッション
18．ナショナル・トラスト
19．バイオエタノール
20．パークアンドライド
21．ビオトープ

過去問に挑戦！

1　②，④
2　(1)　エ　(2)　ウ
　(3)　ア　(4)　イ

解説➲ **1**　①　南極上空の成層圏でオゾンホールが観測されている。
③　pH5.6以下の雨を酸性雨という。
⑤　化学的酸素要求量（COD）は，水質の汚染の程度を測る指標の1つである。

自然科学

1 数学

1 数と式

1 式の計算

1. 6
2. 3
3. 4
4. 1
5. $9x^4y^2$
6. 4
7. 2
8. 2
9. 6
10. 9
11. −7

2 式の展開と因数分解

1. 6
2. 1
3. 7
4. 2
5. 1
6. 3
7. 3
8. 2
9. 3
10. 3
11. 4
12. 24

3 平方根

1. 2
2. $\sqrt{5}$
3. $\frac{1}{2}$
4. 4

4 集合と要素の個数

1. 25
2. 20
3. 5
4. 40
5. B
6. $A \cap B$
7. 20
8. 5
9. 15

過去問に挑戦！

1　$(x+p-q)(x-p+q)$
2　10
3　5個

解説➡ **1**　$(\text{与式}) = x^2-(p-q)^2$
$= \{x+(p-q)\}\{x-(p-q)\}$
$= (x+p-q)(x-p+q)$

2　$x^2+y^2=(x+y)^2-2xy$
これに，$x+y=4$，$xy=3$を代入して，
$=4^2-2\cdot 3=10$

3　4で割ると2余る数は2を加えると4の倍数になり，5で割ると3余る数は2を加えると5の倍数になる。
　したがって，題意を満たす数は2を加えると4かつ5の倍数つまり20の倍数になる。
　20の倍数は，20，40，60，80，100，……
　よって，求める数は，18，38，58，78，98の5個。

2 方程式と不等式

1 1次方程式

1. 15
2. 5
3. −2
4. −15
5. x
6. $7-x$
7. 90
8. 6
9. 2

2 連立方程式

1. 3
2. 9
3. 12
4. 18
5. −11
6. 22
7. −2
8. 3
9. 4
10. 4
11. 7
12. 2
13. 2
14. 5
15. 50
16. 10
17. 8

3 2次方程式

1. 2
2. 3
3. $\frac{1}{2}$
4. $-\frac{2}{3}$
（3，4は順不同）
5. 5
6. −1
7. 33
8. $\frac{x}{100}$
9. $\frac{x^2}{10000}$
10. $-\frac{1}{5}$　（−0.2）
11. 10

4 不等式

1．4　　*2*．3
3．−3　　*4*．4
5．1　　*6*．2
7．$-\frac{1}{2}$　　*8*．2
9．k　　*10*．$2k-3$
11．2　　*12*．6

5 絶対値記号を含んだ方程式・不等式

1．≧　　*2*．≧
3．3　　*4*．$\frac{1}{2} \leqq x < 3$
5．＜　　*6*．＜
7．$-\frac{1}{3}$　　*8*．$-\frac{1}{3} < x < \frac{1}{2}$
9．$-\frac{1}{3} < x < 3$

● 過去問に挑戦！ ●

1　**118枚**
2　**2.5km**
3　**300g**
4　**25人，26人，27人，28人，29人**

解説➲ **1**　子どもの人数をx人とすると，

$$6x+10=7x-8$$
$$x=18$$

画用紙の枚数は，

$$6\times18+10=118〔枚〕$$

2　船の速さと川の速さをそれぞれx km/h，y km/hとすると，

$$\begin{cases} 8(x-y)=40 \\ 4(x+y)=40 \end{cases}$$

が成り立つ。これを解いて，

$$x=7.5,\ y=2.5$$

3　10％の食塩水をxgを加えるとすると，

$$200\times\frac{5}{100}+x\times\frac{10}{100}=(200+x)\times\frac{8}{100}$$

より，

$$1000+10x=1600+8x$$
$$x=300〔g〕$$

4　求める人数をx人とする。題意より

$0<x\leqq29$……①

また$x>0.8\times30$　∴$x>24$……②

①，②より　$24<x\leqq29$

xは整数より，

$x=25，26，27，28，29$

3 関数

1 1次関数

1．5　　*2*．1
3．−1　　*4*．−1
5．3　　*6*．2

2 2次関数

1．1　　*2*．2
（*1*，*2*は順不同）
3．$\frac{1}{2}$　　*4*．1
5．$\frac{1}{2}$　　*6*．2

3 2次関数とグラフ

1．2　　*2*．3
3．2　　*4*．$-y$
5．$-x^2-5x+3$　　*6*．$-y$
7．$-x$　　*8*．$-2x^2-x-1$

4 2次関数の最大・最小

1．3　　*2*．1
3．8　　*4*．0
5．8　　*6*．0
7．−1　　*8*．3

5 2次関数のグラフと直線の位置関係

1．6　　*2*．3
3．＝　　*4*．−6
5．$3k$　　*6*．3
7．9　　*8*．3
9．6　　*10*．0

● 過去問に挑戦！ ●

（2，0）

解説➲ $y=2x^2-4x+1=2(x-1)^2-1$より

頂点の座標は（1，−1）

$y=-2x^2+12x-17=-2(x-3)^2+1$より

頂点の座標は（3，1）

求める点Aは2つの頂点の中点になっているので，

Aの座標は（2，0）である。

4 図形

1 三角形と多角形

1．2　　*2*．1800
3．360　　*4*．8

2 円

1．DAE（DAB）　　*2*．50
3．BFA（AFB）　　*4*．FBE（CBE）
5．35　　*6*．85
7．45

3 相似と比

1．1	2．3
3．1	4．9
5．1	6．8
7．1	8．4
9．4	10．3

4 三平方の定理

1．4	2．3
3．7	4．$\sqrt{7}$

5 立体の表面積と体積

1．8	2．6
3．28	4．$2\sqrt{7}$
5．6	6．$24\sqrt{7}$

過去問に挑戦！

1 ②
2 ③
3 $\dfrac{3+\sqrt{3}}{2}$
4 $4\,\mathrm{cm}^2$
5 $475\,\mathrm{cm}^3$

解説➡ **1** $2\times\pi\times5\times\dfrac{144°}{360°}=4\pi$

2 点**D**から辺**AB**に平行な線をひき，辺**CF**，辺**BC**との交点をそれぞれ**P**，**Q**とする。
△**EPD**∽△**EFB**より，**PE**：**FE**＝**1**：**2**
△**AFC**∽△**DPC**より，**FP**：**PC**＝**1**：**2**
∴**FE**：**EC**＝**2**：**7**
$\triangle BCE=\dfrac{2}{3}\triangle CDB=\dfrac{4}{9}\triangle ABC=28$より，
$\triangle BEF=\dfrac{2}{7}\triangle BCE=8$

3 $\angle ADC=30°+15°=45°$
△**ADC**は**AD**＝**AC**の直角二等辺三角形
AC＝xとすると，$AB=\sqrt{3}+x$，$AC=x$
△**ABC**の直角三角形の辺の比から
$AB:AC=\sqrt{3}:1$
$\sqrt{3}+x:x=\sqrt{3}:1$
$\sqrt{3}x=\sqrt{3}+x$
$x=\dfrac{3+\sqrt{3}}{2}$

4 面積を移動させると一辺の長さが**2cm**の正方形と同じ

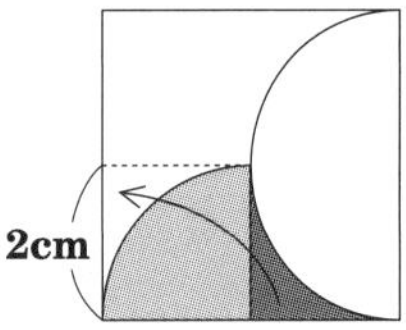

5 水を$x\mathrm{cm}^3$入れればよいとすると，
$200:(x+200)=10^3:15^3$
$x=475$〔cm^3〕

5 確率

1 順列

1．5	2．60
3．300	4．4
5．12	6．48
7．156	8．2!（2）
9．3!（6）	10．12

2 組合せ

1．56	2．3
3．3	4．2
5．18	

3 確率

1．$\dfrac{1}{3}$	2．$\dfrac{1}{27}$
3．28	4．15
5．$\dfrac{15}{28}$	6．16
7．1	8．$\dfrac{15}{16}$

過去問に挑戦！

1 **34**通り
2 $\dfrac{6}{13}$
3 $\dfrac{5}{12}$
4 $\dfrac{2}{5}$

解説➡ **1** ・**4**のカードが**0**枚のとき，${}_3P_3=6$〔通り〕
・**4**のカードが**1**枚のとき，
${}_3P_2\times3=18$〔通り〕
・**4**のカードが**2**枚のとき，
$3\times3=9$〔通り〕
・**4**のカードが**3**枚のとき　**1**〔通り〕
よって，$6+18+9+1=34$〔通り〕

2 $\dfrac{{}_6C_2+{}_7C_2}{{}_{13}C_2}=\dfrac{6}{13}$

3 （大，小）＝（**1**，**4**），（**2**，**2**），（**2**，**4**），（**2**，**6**）
（**3**，**4**），（**4**，**1**），（**4**，**2**），（**4**，**3**）
（**4**，**4**），（**4**，**5**），（**4**，**6**），（**5**，**4**）
（**6**，**2**），（**6**，**4**），（**6**，**6**）
の**15**通り。さいころの目の出方は
$6^2=36$〔通り〕
よって，求める確率は，
$\dfrac{15}{36}=\dfrac{5}{12}$

4 **5**人の並び方は全部で**5!**〔通り〕
Aと**B**を**1**組として（**A, B**），**C**，**D**，**E**の**4**人の並び方を考えると，**4!**〔通り〕
また，**A**と**B**の並び方は**2**通りあるので，求める確率は，
$\dfrac{4!\times2}{5!}=\dfrac{2}{5}$

6 データの分析

1 データの代表値

1．4　　2．2
3．3　　4．16
5．64　　6．4
7．8　　8．9
9．3　　10．4
11．3.5　　12．3

2 データの散らばりと箱ひげ図

1．0　　2．7
3．8　　4．4
5．4　　6．2
7．12　　8．6

3 分散と標準偏差

1．5　　2．12
3．8　　4．$2\sqrt{2}$

4 散布図と相関係数

1．右　　2．正
3．①　　4．近い
5．⑤

7 数列

1 自然数の列

1．10　　2．11
3．55

2 数列

1．4　　2．2
3．78　　4．1
5．4　　6．3
7．5　　8．255

過去問に挑戦！

1 (1) **28**個　(2) $\dfrac{n(n+1)}{2}$

2 (1) **20cm**　(2) $4n$〔cm〕
(3) 解説参照

3 ④

解説➡ **1** (1) **1**段増えるごとに最下段にある○の数も**1**つ増えている。よって**7**段積み上げたときの○の数の和は，
$7+6+5+4+3+2+1=28$〔個〕
(2) n段積み上げたときの○の数の和は，初項**1**，公差**1**の等差数列の初項から第n項までの和に等しい。

2 (1)，(2) 各段の周囲の長さを並べていくと，初項**4**，公差**4**の等差数列になる。
よって一般項a_nは，
$a_n=4+(n-1)\times 4$
$=4n$
(3) n段並べたときの図形を**2**つ組み合わせると下図のようになる。

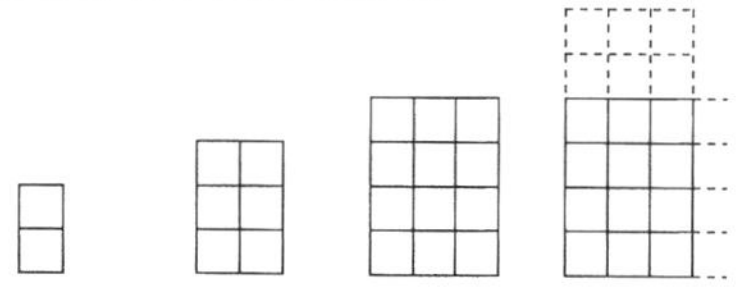

1段　　2段　　3段　…　n段

縦は$(n+1)$cm，横は$n$cmとなるので，n段並べたときの図形の面積は，
$\dfrac{n(n+1)}{2}$で表される。

3 白，黒とも**10**回ずつ並べる。
白の数は，
$1+5+9+\cdots+37$
$=\dfrac{1}{2}\times 10\times(1+37)$
(∵初項**1**，末項**37**，項数**10**)
$=190$〔個〕
黒の数は，
$3+7+11+\cdots+39$
$=\dfrac{1}{2}\times 10\times(3+39)$
(∵初項**3**，末項**39**，項数**10**)
$=210$〔個〕

2 物理

1 力の働き

1 力のつり合い

1．重力　2．抗力
3．垂直抗力　4．張力
5．弾性力　6．摩擦力
7．$\sqrt{2}$　8．1
9．141　10．$\sqrt{2}$
11．1　12．141
13．30　14．30
15．15　16．40

2 バネの伸びと滑車

1．80　2．20
3．40　4．40
5．10　6．$\frac{1}{4}$
7．0.35　8．0.20

3 圧力と浮力

1．反比例　2．小さい
3．0.12　4．3600
5．30000　6．重力
7．0.784　8．80.0
9．8.00　10．4.0

2 力と運動

1 直線運動

1．加速度　2．5
3．4　4．0.8
5．17　6．13
7．4　8．1.0
9．面積　10．10
11．5　12．20
13．$v = v_0 + at$　14．2
15．75

2 物体の落下運動

1．9.8　2．0
3．$v = v_0 - gt$　4．1.0
5．4.9　6．自由落下
7．44.1　8．3.0
9．等速直線　10．60

3 運動の3法則

1．慣性　2．運動
3．作用・反作用　4．3.0
5．8.0　6．24
7．2.0　8．10
9．5.0

過去問に挑戦！

1　②
2　③

解説➡ **1**　台車の速さは時間に比例する。
2　水平に投げた物体は，鉛直方向には初速度 **0**，加速度 $\boldsymbol{g}$ の自由落下運動をする。鉛直方向の落下距離は，$\boldsymbol{y} = \frac{1}{2}\boldsymbol{g}\boldsymbol{t}^2$ で表され，$\boldsymbol{y}$ は同じ値であるので，地面に到達する時間 $\boldsymbol{t}$ も同じである。

3 エネルギー

1 仕事と仕事率

1．仕事の原理　2．196
3．4.9

2 力学的エネルギー

1．980　2．運動
3．14　4．大き
5．小さ　6．位置
7．運動　8．C
9．振り子の長さ

3 熱

1．鉄　2．水
3．$70 - t$　4．$t - 18$
5．28

4 光と音

1 光

1．反射　2．屈折
3．回折　4．分散
5．散乱　6．ウ
7．焦点　8．平行
9．小さく　10．近く

2 音

1．振動数　2．340
3．高　4．低

● 過去問に挑戦！ ●

1 ⑤
2 ①

解説➡ **1** ア．水中から空気中へ進んでいるので，屈折角＞入射角
ウ．光が反射するときは，入射角＝反射角

2 ① 「大きさ」は，音の振幅による。

5 電磁気

1 電流と電圧

1．6　*2*．3
3．5

2 電気とエネルギー

1．2　*2*．50
3．100　*4*．2乗
5．1　*6*．2
7．2　*8*．1
9．1　*10*．2
11．1　*12*．0.5
13．B

3 電流と磁界

1．誘導電流　*2*．多く
3．速く　*4*．ⓐ
5．ⓐ

● 過去問に挑戦！ ●

1 **240 W**
2 (1) イ　(2) ①

解説➡ **1** 回路の合成抵抗$\boldsymbol{R}$は，

$$\frac{1}{R}=\frac{1}{30}+\frac{1}{10+20}=\frac{1}{15}$$

より，**15** Ωである。
求める電力は，

$$\frac{V^2}{R}=\frac{60^2}{15}=240\,〔\mathrm{W}〕$$

2 磁針のN極が左を指しているので，磁界の向きは左向きになる。

3 化学

1 物質の構成

1 物質の分類

1. 純物質
2. 混合物
3. 沸点
4. 水
5. 酸素
6. 鉄

(4～6は順不同)

7. 空気
8. 石油
9. 海水

(7～9は順不同)

10. ろ過
11. 固体
12. 蒸留
13. 分留
14. 抽出
15. 再結晶
16. 昇華
17. クロマトグラフィー
18. 炭素
19. 少ない
20. 共有
21. 低い
22. 水
23. やすい
24. アルコール
25. 酢酸

2 物質を構成するもの

1. 元素
2. 単体
3. 化合物
4. 同素体
5. S
6. ダイヤモンド
7. 黒鉛

(6, 7は順不同)

8. 酸素
9. オゾン

(8, 9は順不同)

10. P
11. 酸素
12. 炭素
13. 銅

(11～13は順不同)

14. 二酸化炭素
15. 塩化ナトリウム
16. 硫酸

(14～16は順不同)

17. 原子
18. 分子
19. イオン
20. 水素イオン
21. アンモニウムイオン

(20, 21は順不同)

22. 水酸化物イオン
23. 塩化物イオン

(22, 23は順不同)

24. 電解質
25. 陽
26. 陰
27. 塩化ナトリウム
28. 塩酸

(27, 28は順不同)

29. エタノール
30. グルコース(ブドウ糖)

(29, 30は順不同)

31. 同位体
32. 中性子

3 物質量

1. 原子量
2. 分子量
3. 式量
4. 14
5. 1
6. 17
7. 1
8. 32
9. 16
10. 98
11. 40
12. 12
13. 16
14. 100
15. 6.02×10^{23}
16. アボガドロ定数
17. 質量
18. 40
19. 18
20. モル質量
21. 18
22. 物質量
23. 660
24. 44
25. 15
26. 44
27. 22
28. 22.4
29. 0.1
30. アボガドロ
31. 気体
32. 18
33. 12
34. 1.5
35. 9.0
36. 12
37. 16
38. 44
39. 22.4
40. 11
41. 1.5×10^{23}
42. 1.12
43. 15

4 化学反応と化学反応式

1. 反応
2. 生成
3. 原子
4. C_2H_4
5. 2
6. 2
7. 6
8. 3
9. 4
10. 2
11. $2b$
12. $2c$
13. 2
14. 3
15. 3
16. 2
17. 2
18. 原子
19. 物質量
20. 質量
21. 体積
22. 22.4
23. 化合
24. 酸化
25. 燃焼
26. 還元
27. 分解
28. 2
29. 4
30. 2
31. 12
32. 1
33. 16
34. 0.1
35. 1
36. 16
37. 18
38. 3.6

過去問に挑戦！

イ

解説 沸点の違いを利用して沸点の低い物質のみを気体にして取り出す分離法を蒸留という。

2 物質の状態

1 物質の三態

1. 融解　2. 凝固
3. 気化　4. 凝縮
5. 昇華　6. 凝華
7. 融点　8. 凝固点
9. 蒸発　10. 沸騰
11. 沸点　12. 質量
13. 体積　14. 大きく
15. 密度

2 気体

1. ボイル　2. シャルル
3. ボイル・シャルル　4. 状態方程式
5. 分圧　6. ボイル
7. 3　8. 6×10^5
9. 1　10. シャルル
11. 273　12. 546
13. 1092　14. 4
15. 状態方程式　16. 2
17. 28　18. 14.0×10^5
19. 1.0×10^5　20. 分圧
21. 505　22. 80
23. 404　24. 20
25. 101

3 溶液

1. 質量パーセント濃度　2. モル濃度
3. 溶解度　4. 50
5. 150　6. 25
7. 25　8. 150
9. 100　10. 100
11. 溶質　12. 溶液
13. 100　14. 1.2
15. 120　16. 10
17. 物質量　18. 体積
19. 40　20. 1000
21. 3　22. 240
23. 70　24. 100
25. 140　26. 30
27. 55

● 過去問に挑戦！ ●

150 mL

解説➲　ボイル・シャルルの法則 $\dfrac{P_1V_1}{T_1} = \dfrac{P_2V_2}{T_2}$ より，

$$\frac{1.0\times10^5\times0.273}{273} = \frac{2.0\times10^5\times V_2}{300}$$

$$V_2 = \frac{300\times0.273}{2\times273}$$

$$\therefore V_2 = 0.15\,〔\mathrm{L}〕$$

3 物質の変化

1 酸とアルカリ

1. 酸　2. 水素
3. 水素　4. アルカリ
5. 水酸化物　6. 中性
7. 青　8. 赤
9. 黄　10. 緑
11. 青　12. 赤
13. 小　14. 大
15. 水　16. 塩

2 酸化還元反応

1. 酸化　2. 酸素
3. 酸化物　4. 還元
5. 還元　6. 酸化
7. 8　8. 4
9. 25

3 金属のイオン化傾向と電池

1. イオン化傾向　2. 電子
3. 陽　4. 大きい
5. Na　6. Mg
7. Fe　8. 水素
9. 電解質　10. 負
11. 正　12. 銅
13. 亜鉛　14. 銅
15. マグネシウム　16. 銅板
17. 亜鉛板　18. 銅板

4 電気分解

1. 酸化・還元　2. 還元
3. 酸化　4. 水素
5. 酸素　6. 2：1

● 過去問に挑戦！ ●

5.5g

解説➲　マグネシウム**3.3g**を完全に燃やしたときの物質の質量を***x*g**とすると，

$$1.5 : 2.5 = 3.3 : x$$

$$x = \frac{2.5\times3.3}{1.5} \qquad \therefore x = 5.5\,〔\mathrm{g}〕$$

4 物質の性質

1 気体の製法と性質

1. 酸素
2. 助燃性
3. 二酸化マンガン
4. 二酸化炭素
5. 石灰水
6. 酸
7. 希塩酸
8. 水素
9. 可燃性
10. アンモニア
11. アルカリ
12. 窒素
13. 塩素
14. 酸
15. 塩化水素
16. 酸
17. 硫化水素
18. 酸
19. 水上置換
20. 下方置換
21. 上方置換
22. O_2
23. H_2

(22，23は順不同)

24. HCl
25. Cl_2

(24，25は順不同)

26. NH_3

2 溶液の性質

1. H_2SO_4
2. HNO_3
3. HCl
4. 水素
5. NaOH
6. $Ca(OH)_2$
7. 石灰水
8. $Ba(OH)_2$

3 金属の性質

1. アルカリ金属
2. 1
3. 陽
4. アルカリ
5. アルカリ土類金属
6. 2
7. 遷移元素
8. Li
9. 黄
10. K
11. Ca
12. 紅
13. Ba
14. Cu

過去問に挑戦！

1　ウ

2　水に溶けやすい，空気より軽い

3　エ

解説➡ **1**　窒素は化学変化をおこしにくい気体である。常温では他の元素と化合しにくい。

2　水に溶けにくい気体は水上置換法で集める。水に溶けやすい気体は，空気より重いときは下方置換法で，空気より軽いときは上方置換法で集める。

3　アルカリ金属の化合物は水に溶けるものが多い。例えば塩化ナトリウムNaClは水によく溶ける。

4 生物

1 植物の世界

1 顕微鏡の操作

1．接眼	2．対物
3．反射鏡	4．しぼり
5．プレパラート	6．調節ねじ
7．上	8．×
9．狭	10．暗

2 水中の微小生物

1．ケイソウ	2．単
3．ミジンコ	4．多
5．ミカヅキモ	6．単
7．アメーバ	8．単
9．ミドリムシ	10．単
11．ゾウリムシ	12．単

3 花のつくりとその働き

1．被子	2．アブラナ
3．アサガオ	4．イネ
5．サクラ	6．タンポポ
7．ユリ	（2～7は順不同）
8．裸子	9．イチョウ
10．スギ	11．ソテツ
12．マツ	（9～12は順不同）
13．めしべ	14．おしべ
15．子房	16．胚珠
17．がく	18．果実
19．種子	20．雄花
21．雌花	22．胚珠
23．種子	24．果実

4 葉と茎の働き

1．葉緑体	2．二酸化炭素
3．水	（2，3は順不同）
4．酸素	5．マグネシウム
6．CO_2	7．O_2
8．光の強さ	9．CO_2濃度
	（8，9は順不同）
10．黄	11．緑
12．青	13．蒸散
14．気孔	15．道管
16．水	17．師管

5 植物の分類

1．子房	2．2
3．網状	4．輪状
5．合弁花類	6．離弁花類
7．アサガオ	8．アブラナ
9．エンドウ	10．サクラ
11．タンポポ	（7～11は順不同）
12．1	13．平行
14．散在	15．ひげ
16．イネ	17．タケ
18．チューリップ	19．ユリ
	（16～19は順不同）
20．胚珠	21．ある
22．イチョウ	23．スギ
24．ソテツ	25．マツ
	（22～25は順不同）
26．ある	27．ある
28．イヌワラビ	29．スギナ
30．ゼンマイ	31．ノキシノブ
	（28～31は順不同）
32．ない	33．ある
34．スギゴケ	35．ゼニゴケ
	（34，35は順不同）
36．ない	37．水中
38．アオミドロ	39．ケイソウ
40．ワカメ	（38～40は順不同）
41．アオカビ	42．シイタケ
43．マツタケ	（41～43は順不同）
44．大腸菌	45．乳酸菌
	（44，45は順不同）

過去問に挑戦！

③

解説➡Aは被子植物，Bは裸子植物，Cはシダ植物，Dはコケ植物，Eは藻類である。

③　クロレラは藻類である。

2 動物の世界

1 血液の循環

1．赤血球	2．ヘモグロビン
3．酸素	4．白血球
5．食	6．血小板
7．血液凝固	8．血しょう
9．二酸化炭素	10．2
11．2	12．心房
13．心室	14．厚い
15．右心房	16．右心室
17．左心房	18．左心室
19．大動脈	20．肺動脈

21. 肺静脈
22. 肺循環
23. 右心室
24. 肺動脈
25. 肺静脈
26. 左心房
27. 体循環
28. 左心室
29. 大動脈
30. 大静脈
31. 右心房
32. 肺静脈

2 消化と吸収

1. 口
2. 胃
3. タンパク質
4. 小腸
5. 柔毛(柔突起)
6. 大腸
7. 水分
8. 基質
9. 35
10. 60～70
11. しない
12. アミラーゼ
13. マルトース(麦芽糖)
14. マルターゼ
15. グルコース(ブドウ糖)
16. ペプシン
17. トリプシン
18. ペプチダーゼ
19. アミノ酸
20. 柔毛(柔突起)
21. 毛細血管
22. リパーゼ
23. 脂肪酸
24. モノグリセリド
(23, 24は順不同)
25. 柔毛(柔突起)
26. リンパ管

3 呼吸と排出

1. 肺
2. 肺胞
3. 酸素
4. 二酸化炭素
(3, 4は順不同)
5. ない
6. 胸腔
7. グルコース
8. アンモニア
9. 尿素
10. 胆汁
11. グリコーゲン
12. 解毒
13. 尿

4 中枢神経系と末梢神経系

1. 中枢神経
2. 末梢神経
3. 感覚神経
4. 中枢神経
5. 運動神経
6. 筋肉
7. 大脳
8. 間脳
9. 中脳
10. 小脳
11. 延髄
12. 脊髄
13. 大脳
14. 感覚神経
15. 脊髄
16. 大脳
17. 脊髄
18. 運動神経
19. 反射
20. 脊髄
21. 感覚神経
22. 脊髄
23. 運動神経
24. しつがい腱
25. 間脳
26. 無関係
27. 内臓
28. 交感神経
29. 副交感神経
(28, 29は順不同)
30. 拮抗
31. ノルアドレナリン
32. 拡大
33. 促進
34. 促進
35. 抑制
36. 収縮
37. アセチルコリン
38. 縮小
39. 抑制
40. 抑制
41. 促進

5 動物の分類

1. 背骨
2. 陸上
3. 水中
4. 胎生
5. 卵生
6. 2心房2心室
7. 2心房1心室
8. 1心房1心室
9. 肺
10. えら
11. 体毛
12. うろこ・こうら
13. うろこ
14. 恒温
15. 変温
16. イルカ
17. ウマ
18. カモノハシ
19. クジラ
20. コウモリ
21. サル
(16～21は順不同)
22. カラス
23. スズメ
24. フクロウ
25. ペンギン
(22～25は順不同)
26. カメ
27. トカゲ
28. ヘビ
29. ヤモリ
30. ワニ
(26～30は順不同)
31. イモリ
32. カエル
33. サンショウウオ
(31～33は順不同)
34. エイ
35. サメ
36. ナマズ
37. フナ
38. メダカ
(34～38は順不同)
39. 背骨
40. 外骨格
41. 昆虫類
42. 甲殻類
43. クモ類
44. 軟体
45. 原生
46. 単細胞

過去問に挑戦！

1 4
2 1
3 ①
4 ⑤

解説 **1** 4. 酸素の運搬を行うのは，赤血球である。
2 1. アミラーゼは，デンプンをマルトース(麦芽糖)に分解する。
3 無意識的な反応の反射であるので，〔皮膚→感覚神経→脊髄→運動神経→筋肉〕の経路で刺激が伝わり，反応がおこる。
4 トノサマガエル(両生類)は，ア，ウ，エの3項目が当てはまる。

3 生物のつながり

1 細胞と生物

1．酸素　2．炭素
3．水素　4．窒素
（1～4は順不同）
5．核　6．DNA
7．細胞質　8．葉緑体
9．光合成　10．植物
11．ミトコンドリア　12．ATP
13．細胞膜　14．半透性
15．細胞壁　16．植物
17．全透性　18．細胞壁
19．細胞膜　20．葉緑体
21．核　22．膨張
23．溶血　24．収縮
25．原形質分離　26．体細胞分裂
27．染色体　28．細胞板
29．間期　30．前期
31．中期　32．後期
33．終期

2 遺伝と遺伝子

1．対立形質　2．遺伝子
3．純系　4．雑種
5．顕性形質　6．潜性形質
7．顕性遺伝子　8．顕性
9．潜性遺伝子　10．潜性
11．自家受精　12．Aa
13．AA　14．Aa
15．aa　16．1
17．2　18．1
19．丸形　20．丸形
21．しわ形　22．3
23．1　24．分離
25．AaBb　26．AB
27．Ab　28．aB
29．ab　30．1
31．1　32．1
33．1　34．AABB
35．AABb　36．AaBB
37．AaBb　38．AABb
39．AAbb　40．AaBb
41．Aabb　42．AaBB
43．AaBb　44．aaBB
45．aaBb　46．AaBb
47．Aabb　48．aaBb
49．aabb　50．丸形・黄色
51．丸形・黄色　52．丸形・緑色
53．しわ形・黄色　54．しわ形・緑色
55．9　56．3
57．3　58．1
59．Rr　60．RR
61．Rr　62．rr
63．1　64．2
65．1　66．桃色
67．赤色　68．桃色
69．白色　70．1
71．2　72．1
73．A　74．B
75．O　（73～75は順不同）
76．顕性　77．AA，AO
78．BB，BO　79．AB
80．OO　81．DNA
82．塩基
83．糖（デオキシリボース）　84．リン酸
（82～84は順不同）
85．二重らせん　86．ヒトゲノム
87．クローン

3 生物どうしのつながり

1．生産者　2．緑色
3．消費者　4．草食
5．肉食　6．分解者
7．菌類　8．細菌類
（7，8は順不同）
9．食物連鎖　10．ピラミッド
11．生物濃縮

4 物質の循環

1．二酸化炭素　2．生産者
3．消費者　4．分解者
5．光合成　6．呼吸
7．燃焼　8．タンパク質
9．生産者　10．消費者
11．分解者　12．窒素固定
13．窒素同化　14．窒素固定
15．根粒菌

5 植物の分布

1．年平均気温　2．年間降水量
（1，2は順不同）
3．気温　4．照葉
5．常緑　6．カシ
7．クスノキ　8．シイ
9．タブノキ　（6～9は順不同）
10．夏緑　11．落葉
12．カエデ　13．ブナ
14．ミズナラ　（12～14は順不同）
15．針葉　16．エゾマツ
17．トドマツ　（16，17は順不同）

18. 0.6
19. 高山
20. 亜高山
21. 山地
22. 丘陵
23. ハイマツ
24. 針葉
25. 夏緑
26. 照葉

過去問に挑戦！

1 ②
2 ③

解説➡ **1** 親 AB型×AB型
AB | AB

子

	A	B
A	AA	AB
B	AB	BB

2 窒素固定をおこなうのは，根粒菌などの窒素固定細菌とシアノバクテリアである。

5 地学

1 大地の変化

1 火山

1．火山
2．マグマ
3．溶岩
4．火山ガス
5．水蒸気
6．二酸化硫黄
7．硫化水素
（6，7は順不同）
8．火山灰
9．火砕流
10．大きい
11．小さい
12．穏やか
13．盾状火山
14．キラウエア
15．成層火山
16．円錐形
17．富士山
18．大きい
19．爆発的
20．溶岩円頂丘（溶岩ドーム）
21．ドーム型
22．昭和新山

2 火成岩

1．マグマ
2．火山岩
3．深成岩
（2，3は順不同）
4．急に
5．流紋岩
6．安山岩
7．玄武岩
（5～7は順不同）
8．ゆっくりと
9．花こう岩
10．せん緑岩
11．斑れい岩
（9～11は順不同）
12．斑状
13．石基
14．斑晶
15．等粒状
16．石英
17．斜長石
（16，17は順不同）
18．花こう岩
19．黒雲母
20．角閃石
21．輝石
22．かんらん石
（19～22は順不同）
23．玄武岩

3 地震

1．震源
2．震央
3．震源
4．P波
5．S波
（4，5は順不同）
6．速い
7．固体
8．液体
9．気体
（7～9は順不同）
10．遅い
11．固体
12．初期微動
13．初期微動
14．主要動
15．主要動
16．初期微動継続時間
17．P波
18．S波
19．比例
20．S波
21．P波
22．震度
23．揺れ
24．マグニチュード
25．エネルギー
26．32
27．プレート
28．地殻
29．マントル
30．核
31．モホロビチッチ不連続面
32．海洋
33．大陸
34．津波
35．活断層

4 地層

1．地層
2．地層累重の法則
3．新しい
4．新しい
5．新しい
6．新しい
7．新しい
8．C層の堆積
9．花こう岩の貫入
10．B層の堆積
11．断層Fの形成
12．不整合面a－a′の形成
13．A層の堆積
14．れき岩
15．砂岩
16．泥岩
17．石灰岩
18．炭酸カルシウム
19．チャート
20．二酸化ケイ素
21．凝灰岩
22．示準化石
23・24．サンヨウチュウ，フズリナ，ハチノスサンゴなど
25・26．アンモナイト，恐竜，シソチョウなど
27・28．ナウマンゾウ，ビカリア，マンモスなど
29．示相化石
30．アサリ
31．サンゴ
32．シジミ

過去問に挑戦！

1　1
2　④

解説➡ **1**　2．昭和新山のマグマは流動性が低く流れにくい。
3．水蒸気噴火は，地下水がマグマの熱によって急に熱せられて起こる現象である。御嶽山で顕著に見られる。
4．火砕流とは，高温の火山ガスと火山灰，軽石などが混じり合って山腹を高速で流れ下る現象で降雨とは関係がない。
5．火山ガスの大部分は水蒸気であるが，二酸化硫黄や硫化水素を含むため，人体に有害である。

2　初期微動継続時間は，観測地から震源までの距離に比例する。初期微動継続時間が短いほど，観測地から震源までの距離が短い。

2 大気の変化

1 大気中の水蒸気の変化

1. 飽和水蒸気量
2. 大きい
3. 露点
4. 高く
5. 湿度
6. 水蒸気量
7. 飽和水蒸気量
8. 水蒸気
9. 低下
10. 膨張
11. 露点
12. 高
13. 乾燥
14. 太平洋
15. 日本海

2 大気とその動き

1. 大気圏
2. 対流圏
3. 成層圏
4. 中間圏
5. 熱圏
6. 対流圏
7. 下降
8. 成層圏
9. 上昇
10. 紫外
11. オゾン層
12. 中間圏
13. 下降
14. 夜光雲
15. 熱圏
16. 上昇
17. 電離
18. オーロラ
19. 等圧線
20. 高気圧
21. 低気圧
22. 高い
23. 低い
24. 直角
25. 右
26. 狭い
27. 時計回り（右回り）
28. 下降
29. 反時計回り（左回り）
30. 上昇

3 気団と前線

1. 気団
2. シベリア気団
3. 寒冷
4. 冬
5. 北西
6. 小笠原気団
7. 温暖
8. 夏
9. オホーツク海気団
10. 湿潤
11. 梅雨期
12. 梅雨
13. 前線面
14. 前線
15. 温暖前線
16. 
17. 暖気
18. 寒気
19. 寒気
20. 高層（乱層）
21. 寒冷前線
22. 
23. 寒気
24. 暖気
25. 暖気
26. 積乱
27. 停滞前線
28. 
29. 東西
30. 閉塞前線
31. 
32. 寒冷
33. 温暖
34. 弱
35. 長
36. 上
37. 南
38. 強
39. 短
40. 下
41. 北
42. 晴れ
43. くもり
44. 雨
45. 雪

4 日本の天気

1. 高気圧
2. 低気圧
3. 西高東低
4. 南北
5. 北西
6. 雪
7. 晴れ
8. 0
9. 高気圧
10. 低気圧
11. 南高北低
12. 小笠原
13. 南東
14. 積乱
15. 30
16. 移動性
17. 温帯
18. 西
19. 東
20. 周期
21. 小笠原
22. オホーツク海
23. 停滞
24. 梅雨
25. 低気圧

5 台風と天気

1. 熱帯
2. 17
3. 同心円
4. 前線
5. 上昇
6. 反時計（左）
7. 西
8. 偏西風
9. 北東
10. 太平洋
11. 大型
12. 超大型

（11，12は順不同）

13. 強い
14. 非常に強い
15. 猛烈な

（13～15は順不同）

16. 3

過去問に挑戦！

1　②
2　1

解説➡ **1**　**30**℃のときの飽和水蒸気量は**30.40g/m³**だから，湿度**82.0**％の空気に含まれる水蒸気量は

$$30.40 \times \frac{82.0}{100} = 24.928\,[\mathrm{g/m^3}]$$ である。

表から，この水蒸気量と飽和水蒸気量が最も近い温度を選ぶ。この温度が露点だから，露点は**26**℃である。

2　寒冷前線が通過するとき，激しい雨が短時間降り，通過後は気温が急に下がり天気は回復する。

3 太陽系と宇宙

1 地球・月・太陽

1. 6378　　2. 極
3. 赤道　　4. 楕円形
5. 1740　　6. $\frac{1}{4}$
7. 38万　　8. 自転
9. 公転　　10. 新月
11. 上弦の月　　12. 満月
13. 下弦の月　　14. 70万
15. 100　　16. 1億5千万
17. 400　　18. 日食
19. 月　　20. 地球
21. 新月　　22. 月食
23. 地球　　24. 月
25. 満月

2 太陽の動き

1. 西　　2. 東
3. 東　　4. 西
5. 南中高度　　6. 東
7. 15　　8. 23.4
9. 春分　　10. 秋分
（9, 10は順不同）
11. 夏至　　12. 冬至
13. 春分　　14. 秋分
（13, 14は順不同）
15. 夏至　　16. 冬至
17. 天球　　18. 黄道
19. 天の赤道　　20. 黄道
21. 天の赤道

3 星の動き

1. 15　　2. 東
3. 西　　4. 東
5. 西　　6. 南
7. 東　　8. 西
9. 北　　10. 反時計回り（左回り）
11. 30　　12. 東
13. 西　　14. 4
15. 2　　16. 1
17. 東　　18. 西
19. 反対　　20. 同じ
21. 春　　22. 夏
23. さそり　　24. 秋
25. 冬　　26. オリオン
27. 夏　　28. デネブ
29. 冬　　30. ベテルギウス
31. シリウス

4 太陽系と宇宙

1. 惑星　　2. 衛星
3. 公転　　4. 8
5. 地球　　6. 水星
7. 金星　　8. 地球
9. 火星
（6～9は順不同）
10. 木星　　11. 木星
12. 土星　　13. 天王星
14. 海王星
（11～14は順不同）
15. 内惑星　　16. 水星
17. 金星　　18. 外惑星
19. 火星　　20. 木星
21. 土星　　22. 天王星
23. 海王星　　24. 水星
25. 金星　　26. 二酸化炭素
27. 明け　　28. 宵
（27, 28は順不同）
29. 逆　　30. 火星
31. 極冠　　32. 木星
33. 大赤斑　　34. 土星
35. 環　　36. 天王星
37. 海王星　　38. 小惑星
39. 明け　　40. 東
41. 宵　　42. 西
43. 第1　　44. 楕円
45. 第2　　46. 第3
47. 3乗　　48. 2乗

過去問に挑戦！

1　22時
2　②

解説➡ **1**　星が同じ位置に見える時刻は，1日で4分早くなる。30日後では4×30＝120〔分〕早くなるため，Aの位置に見える時刻は16時である。また，星は1時間に15°，北極星を中心にして反時計回りに回転する。Aの位置から90°反時計回りに回転して，アの位置にくるのは6時間後である。よって，星がアの位置にくるのは22時である。

2　冬至の南中高度＝90°−観測地の緯度−23.4°
＝90−35−23.4
＝31.6°

6 コンピュータ・情報社会

1 コンピュータ

1 コンピュータの基礎

1．8　2．KB（キロバイト）
3．MB（メガバイト）　4．GB（ギガバイト）
5．TB（テラバイト）　6．1
7．2　8．2^0（1）
9．2^1（2）　10．2^2（4）
11．2^3（8）　12．11
13．余り　14．10010
15．0　16．1
17．0　18．0
19．1　20．入力
21．記憶　22．演算
23．制御　24．出力
25．マウス　26．スキャナ
（25，26は順不同）
27．USBメモリ
28．CPU（中央処理装置，中央演算制御装置）
29．プリンタ

2 コンピュータ用語

1．アイコン　2．イラスト
3．アプリケーション　4．インストール
5．フラッシュメモリ　6．CD-R
7．CD-ROM　8．CD-RW
9．CPU　10．GUI
11．カラー静止画像　12．MIDI
13．デジタル動画
14．OS（オペレーティングシステム）
15．基本ソフト　16．PDF
17．RAM　18．ROM
19．USB

● 過去問に挑戦！ ●

1 ③
2 ④

2 ネットワークと情報社会

1 インターネット

1．LAN　2．光回線
3．企業　4．ac
5．政府機関　6．半角カタカナ
7．HTML　8．マルウェア
9．コンピュータウイルス
10．USBメモリ　11．不正アクセス
12．パスワード　13．ユーザID

2 インターネット用語・略語

1．アップロード　2．イントラネット
3．サーチエンジン（検索エンジン）
4．サーバ　5．シェアウェア
6．ダウンロード　7．ファイアウォール
8．フィルタリングソフト　9．ブラウザ
10．プロトコル　11．プロバイダ（ISP）
12．HTML　13．URL
14．WWW

3 情報社会の用語・略語

1．デジタルデバイド　2．ユビキタス
3．CAI
4．DX（デジタルトランスフォーメーション）

● 過去問に挑戦！ ●

1 ②
2 ⑤

教員採用試験対策　オープンセサミシリーズ
セサミノート　一般教養

発　行　2023年10月20日　第1版第1刷

編　著　東京アカデミー
発行人　佐川泰宏
発行所　株式会社ティーエーネットワーク
〒450-6306 名古屋市中村区名駅1-1-1
ＪＰタワー名古屋６Ｆ
電話 ：052-586-7805㈹
FAX：052-563-2109
発売元　東京アカデミー七賢出版株式会社
〒171-0021 東京都豊島区西池袋1-11-1
メトロポリタンプラザビル13F
電話 ：03-6852-0803
FAX：03-6852-0180

ISBN978-4-86455-618-7　C7337

●出版案内，テキストの追補等の情報については東京アカデミー七賢出版のホームページをご覧ください。

https://www.shichiken.co.jp